DIE GROSSE RENAULT HERAUSFORDERUNG

EDOUARD SEIDLER

DIE GROSSE
RENAULT
HERAUSFORDERUNG

EDITA

Deutsche Übersetzung: Martin Pfundner

Ein Teil dieses Textes wurde unter dem Titel «Renault, der Weg zum
Weltunternehmen» im Jahre 1973 veröffentlicht.

ISBN 2-88001-118-3

In der Schweiz gedruckt

Dieses Buch erscheint gleichzeitig in demselben Verlag

auf französisch: LE DÉFI RENAULT
auf englisch: THE RENAULT CHALLENGE
auf spanisch: EL DESAFIO RENAULT

Pour diriger une entreprise, il faut connaître les hommes. Pour les connaître, il faut les écouter.

Detoeuf

Den 230 000 Männern und Frauen von
Renault und den Tausenden ihrer Vorgänger.
Den Millionen von Männern und Frauen,
denen Renault Beweglichkeit, Unabhängig-
keit und vielleicht Glück verschaffte.
Den Louis, Pierre und Bernard, welche mit
so manchem anderen die Régie auf die
Beine brachten und aufrechthielten.

Vorwort

Neben dem kleinen hundertjährigen Schuppen ist ein riesiger Lastwagen geparkt. Auf seinen gelblackierten Bordwänden steht in grosser Reklameschrift zu lesen: «Renault, Frankreichs erste Marke in der Welt.» Viel Wasser ist die Seine hinuntergeflossen und viele Wagen wurden in über achtzig Jahren zwischen der Pont de Sèvres und der Pont de Billancourt auf ihre Flösse verladen, in jenen mehr als achtzig Jahren, die nötig waren, um Renault zum grössten Automobilkonzern Frankreichs und zur populärsten Automobilmarke Europas zu machen, zum zweiundzwanziggrössten Unternehmen der Welt überhaupt.

Von den Wiesen von Billancourt, von den Gaststätten der Insel Seguin und dem Lustwäldchen, in dem sich die Pariser Jugend um die Zeit der letzten Jahrhundertwende unterhielt, blieben kaum mehr als eine Reihe Platanen und einige Quadratmeter Grasfläche. Den Rest haben Ziegel und Beton verschlungen. Lange Zeit haben Louis Renault, Pierre Lefaucheux und Pierre Dreyfus, die einander abgelöst hatten, von ihrem grossen, klösterlich-einfachen Büro ihren Blick durch das Laubwerk auf den kleinen, bescheidenen Schuppen da unten zu ihren Füssen auf der Wiese schweifen lassen, auf jenes Gebäude, von dem die erste Herausforderung von Billancourt ihren Ausgang nahm, damals, in grauer automobiler Vorzeit. Später haben die Kapitäne von Renault sich einen anderen Rahmen gegeben, grösser, moderner und auch funktioneller, ein Stückchen weiter stromaufwärts. Ein Gebäude aus Stahl und Glas wurde errichtet, weil es notwendig wurde, dem Unternehmen ein zeitgemässes Image zu geben. Dieses Gebäude hat das alte Ziegelhaus, in dem ein Dreivierteljahrhundert lang die Geschäftspolitik von Renault gemacht worden war, verdrängt. Marmorböden mussten Beton mit Spannteppichen weichen, die beinahe nackten Wände sind mit futuristischen Grafiken geschmückt. Der Generalstab der Regie hat seinen Horizont erweitert, indem er nunmehr im achten Stock residiert und die alte Prunkstiege wurde durch eine Reihe von Aufzügen ersetzt.

Die erste Werkstatt von Louis Renault, wie sie noch heute in Billancourt erhalten ist.

Der alte Schuppen ist noch intakt, er schlummert im Schatten der Platanen dahin. Langsam, immer mehr, gerät er in Vergessenheit, doch bleibt er der letzte Zeuge. Hier hat alles begonnen, hier hat im Jahre 1898 der Sohn eines Tuchhändlers vom Place des Victoires den Grundstein für eine industrielle Grossmacht unserer Zeit gelegt, nicht ahnend, welche Entwicklung seinen bescheidenen Anfängen bestimmt sein würde.

Er heisst Renault, Louis Renault. Alles bestimmt ihn zu einem bürgerlichen Dasein. Alles, ausser seinem Hass gegen ein mondänes Leben, ausser seiner Menschenscheu und seiner verzehrenden Leidenschaft für Maschinen. Er badet förmlich in Wagenschmiere, jubelt und träumt inmitten des Rauches der Schmiede, berauscht sich am Lärm des Hammers, der das Eisen formt. Was seine Erziehung anbelangt, so hat er vor allem vom Schuleschwänzen profitiert. Im Jahre 1888, im Alter von elf Jahren, erleuchtet er bereits sein Zimmer mit elektrischem Licht: von seinem Bett aus lässt er durch ein Kordelsystem die Zinkstäbchen in eine Säulenbatterie seiner eigenen Konstruktion hinabgleiten. Mit zwölf Jahren versteckt er sich unter einem Kohlenhaufen im Tender des Zuges Paris-Rouen, um dort zu entdecken, wie eine Lokomotive funktioniert. Er ist dreizehn Jahre alt, als seine Neugier den alten Serpollet verführt, der ihm am Steuer seines Dampfwagens die «Strassentaufe» gibt. Ein Jahr später überredet Louis Renault seinen Vater, ihm einen alten Panhard-Motor zu kaufen, an dem er unermüdlich im Schuppen von Billancourt hinten im Garten des Familien-

10

landhauses herumbastelt. Er tut so, als bereite er sich für die Aufnahmeprüfung in die «Ecole Centrale» vor, doch besteht er nur im Fache «Kunsthandwerk» das Examen.

Am Place des Victoires hat man die vage Hoffnung, der Militärdienst werde diesem verstockten Faulpelz, der immer noch nicht die Orthographie beherrscht und sich den Teufel darum schert, die Leidenschaft für die Mechanik und die Lust am Erfinden austreiben. Vergebliche Hoffnung. Louis Renault häuft in der Uniform weiter Erfindung auf Erfindung, spart an seinem Sold, um im Gelegenheitskauf einen de Dion-Bouton ¾ PS zu erstehen und kehrt in seinen Verschlag von Billancourt zurück, um dort weiter zu basteln.

Er ist 21 Jahre alt, hat ein langes schmales Gesicht mit einem feinen Schnurrbart und dem ein wenig trüben Blick eines Visionärs. Er stellt zwei Arbeiter an, arbeitet Tag und Nacht, baut seinen de Dion um, ersetzt die Transmission durch ein revolutionäres Getriebe mit direkter Schaltung. An einem Novemberabend des Jahres 1898 führt das von Louis Renault erneuerte, verwandelte Vierrad seine erste Spazierfahrt unter den Platanen

Die ersten Renault. Links Marcel Renault auf dem Vordersitz des de Dion-Quadricycles. Louis Renault am Steuer des ¾ PS starken Wägelchens. Rechts das erste für den Markt bestimmte Modell mit 1¾ PS-Einzylindermotor.

11

von Billancourt durch. Der Fahrer trägt eine Melone und einen Gesellschaftsanzug. Über seine schwieligen Hände mit den von Wagenschmiere zerfressenen Fingernägeln hat er Handschuhe gezogen. Er bringt ein paarmal die Seine entlang sein Fahrzeug auf eine Höchstgeschwindigkeit von nahezu 50 km/h.

Vierzig Jahre später, als die ersten Bomben des Zweiten Weltkriegs fallen, ist der kleine Schuppen immer noch da, von Efeu umrankt. Aber das Familieneigentum ist unter dem Mauergestein und dem Beton der «Renault-Werke» verschwunden.

Diese sind weit über den Rahmen des ehemaligen Gartens, über das Heideland, die Wiesen und das Gartenhäuschen hinausgewachsen, haben

Werkseingang der Firma Renault Frères in Billancourt anno 1905.

85 Hektar bis zur Sèvresbrücke, bis zu Marcel-Sembat verschlungen, haben über die Seine hinweg auf die Insel Seguin übergegriffen, die Louis Renault von 1920 an Stück für Stück gekauft hat. In einem einzigen Jahr, von Oktober 1938 bis September 1939, hat die Renault-Werke Aktiengesellschaft 45 388 Personenwagen (gegenüber 61 460 bei Citroën und 52 613 bei Peugeot) und 15 613 gewerbliche Fahrzeuge (vor Citroën – 9789 und Berliet – 4305) hergestellt. Als Louis Renault kurz nach seiner Haftentlassung – er war wegen Kollaboration mit der deutschen Besatzungsmacht angeklagt – am 24. Oktober 1944 in seinem Hause in Herqueville starb, hatten seine Fabriken seit der Firmengründung bis zu seinem Tode in einem knappen halben Jahrhundert 900 000 Fahrzeuge produziert. Nun sollte ein neuer Roman beginnen, nämlich jener der Régie Renault.

Aber in vielerlei Hinsicht geht die Geschichte weiter. In Billancourt wird Louis Renault durch Pierre Lefaucheux ersetzt. Die Firmenstatuten, die Ziele und bald auch die Mittel sind nicht mehr dieselben. Der Stil und die Philosophie des neuen Chefs stehen im Gegensatz zu denen des alten. Aber Lefaucheux arbeitet im Büro von Renault, in dem später auch Pierre Dreyfus arbeiten wird. Der Schreibtisch von Lefaucheux und später von Dreyfus ist derselbe, auf dem Louis Renault seine letzten Anordnungen unterzeichnet hat. Die Mitarbeiter, die von Oktober 1944 ab im Büro des ersten Stocks Pierre Lefaucheux gegenüber Platz nehmen, sind die gleichen, die noch einige Tage zuvor Louis Renault umgaben.

Auch die Werkstätten, die man wieder aufbauen muss, sind die alten. Die überalterten Maschinen sind da, die Louis Renault hatte installieren lassen. Die Arbeiter, die nach und nach ihren Arbeitsplatz nach Jahren des Krieges, der Gefangenschaft oder der Pensionierung wieder aufnehmen, sind die gleichen, die im Jahre 1939 den Stahl schmiedeten, die Blechpressen bedienten oder die Schrauben der Juvaquatre oder Primaquatre anzogen. Einige unter ihnen haben sogar zwischen 1942 und 1944 heimlich an einem seltsamen Prototyp mitgearbeitet, der «4 CV» heissen wird.

Stil und Geist werden sich selbstverständlich wandeln, so wie sich der Geschäftsumfang des Unternehmens, seine Zielsetzungen und seine Umwelt weiterentwickeln sollten. Doch das Werk, heute gut achtzig Jahre jung, wahrt seine Kontinuität, plant weit in die Zukunft, ohne jedoch die Vergangenheit zu verleugnen. Man gestaltet den künftigen Fortbestand des Unternehmens unter gewissenhafter Wahrung seines Erbes. Das Unternehmen hatte das bemerkenswerte Glück, in seinem mehr als achtzigjährigen Bestand bloss vier «Kapitäne» zu erleben: Renault, den genialen Erfinder, der das Schiff vom Stapel laufen liess; Lefaucheux, den leidenschaftlichen Baumeister, der das Unternehmen aus den Ruinen neu errichtete und es dann anschliessend über den engen Rahmen von Billancourt hinauswachsen liess; Dreyfus, den intuitiven und inspirierten Commando-Chef, der den Angriff auf die weite Welt einleitete und schliesslich Vernier-Palliez, den aufgeklärten Manager, welcher dem

13

Unternehmen seine modernen Strukturen geben sollte und ihm neue Grenzen steckte.

Fünf Kapitäne also, fünf Menschen, welche die fünf Epochen des Unternehmens auf seinem Höhenflug verkörperten. Verschieden und doch zugleich ähnlich, verhielten sie sich wie olympische Stafettenläufer, jederzeit bereit, in vollem Laufe die Flamme zu übernehmen, um sie ins Ziel zu bringen.

*

Zeichnet man so wie hier die Geschichte eines der weltgrössten Automobilkonzerne auf, so ist die Versuchung sehr stark, dabei der Technik, den Fabriken und den Fahrzeugmodellen den Vorrang zu geben und überwiegend die wirtschaftlichen, finanziellen, sozialen und technologischen Erfolge und Misserfolge zu analysieren. Die Gegebenheiten einer solchen Studie sind im wesentlichen bekannt. Aber man kennt weniger hinter dieser Fassade die Zufälle, die Glücksumstände und die Männer, die «das Werk» geschaffen haben – diese wenigen Spitzenmänner, deren Genie, aber auch deren Fehler das Los des Unternehmens und das tausend anderer Menschen bestimmt haben, deren Lebensinhalt oder einfacher Lebensunterhalt es ist. Diese Männer sind es, die wir hinter den Motoren, dem Beton der Fabriken, den nackten Zahlen wiederzufinden versucht haben. Der Gegenstand dieser Seiten ist jedoch nicht, wieder einmal zu erzählen, was das Leben, das ungeheure Werk und der Erfolg Louis Renaults waren. Nicht etwa, dass dieses Werk zu vernachlässigen gewesen wäre, weit davon entfernt. Aber diese Kapitel von der Existenz der Fabrik sind schon oft und mit Talent geschrieben worden. Es ist eine jüngere und vielleicht weniger bekannte Geschichte, die wir berichten wollen, nämlich die der Régie Nationale des Usines Renault, also die zweite und gegenwartsnahe Geschichte des Unternehmens. Ein Abenteuer unserer Epoche, eine stets erneuerte Herausforderung, ein wahrer, mit zahlreichen aus den Quellen geschöpften Zeugnissen angefüllter Roman, ein Soldatenstück, dessen Helden noch nicht aufgehört haben, vom Leder zu ziehen.

In den Ruinen und im Schmerz geboren, war es der Régie Renault bestimmt, sich von der Wiege an ihrer Haut zu wehren. «Wehre Dich nach rechts, hüte Dich nach links...» Hüte Dich vor denen, die Dir übel nachreden, vor Deinen Feinden, vor Deinen Konkurrenten, hüte Dich vor Deinen Freunden, vor denen, die Dich loben; manchmal sogar vor den Deinen! Ein Roman der Régie, die sich von 1944 an mit dem Schwert in der Hand geschlagen hat, die zu Ende der Fünfziger Jahre aufbrach, um in den Vereinigten Staaten Fuss zu fassen, die in den Sechziger- und Siebzigerjahren daranging, den Kampf um Europa zu gewinnen und die schliesslich zu Beginn der Achtzigerjahre den Vorstoss zu neuen Grenzen gewagt hat.

Dieser Roman hat mit dem Kanonendonner in den Ruinen des letzten Krieges begonnen...

Paris–Madrid 1903. Louis Renault bei der Ankunft in der Zeitkontrolle Bordeaux. Er hatte die 552 km mit dem damals sagenhaften Durchschnitt von 97 km/h zurückgelegt.

PIERRE LEFAUCHEUX

DIE RÜCKKEHR
DES KOMMANDANTEN GILDAS

Der Wagen ist soeben über den Rhein gefahren und jagt über die deutschen Strassen dahin. Richtung Mauthausen. Paris ist vor ein paar Tagen befreit worden. Am Ende dieses Monats August 1944 beginnt Deutschland kleiner zu werden. Man wird sich bald am Rhein, diesem breiten grauen Bande, schlagen, das Marie-Hélène Lefaucheux, ihren wertvollen Geleitbrief in der Handtasche fest an sich gepresst, gerade überquert hat.

«Schneller», sagt sie, «schneller.»

Pierre Lefaucheux – «Kommandant Gildas» in der Widerstandsbewegung – leitete die Französischen Streitkräfte des Inneren für die Pariser Region, als er im Monat Juni denunziert und mit seinem ganzen Stab verhaftet wurde, just im Moment der Landung Eisenhowers an der normannischen Küste. Zwei Monate später hat man ihn im letzten Deportiertenzug in Richtung Deutschland befördert, während die Kanonen der aliierten Streitkräfte schon vor den Toren von Paris donnerten. Marie-Hélène, die Frau von Lefaucheux, christlich-demokratische Mitstreiterin, Mitglied des Pariser Befreiungsausschusses, verfolgt den Zug, der ihren Mann entführt. In Strassburg belagert sie den Gauleiter, lügt dreist:

«Mein Mann ist irrtümlich verhaftet worden», so sagt sie, «gestatten Sie, dass ich ihn treffe, dass ich ihn freibekomme.»

«Ich werde der Sache auf den Grund gehen, Madame», sagt der Mann. «Kommen Sie morgen wieder!»

Sie kommt wieder. Der Gauleiter hat nichts nachgeprüft. Man hat keine Zeit, Nachforschungen anzustellen. In seinem Büro verbrennt man Dokumente, packt Koffer, denkt nur noch an die Flucht vor der Springflut der Befreiungstruppen. Hat Marie-Hélène den Deutschen überzeugt, oder will sich dieser ganz einfach und aufs Geratewohl eine Hintertür offenhalten?

«Wir haben nachgeprüft», sagt er, «die Verhaftung Ihres Gatten ist in der Tat ein Irrtum. Hier ist Ihr Passierschein, der Ihnen erlaubt, nach Mauthausen zu fahren und ihn abzuholen. Viel Glück!»

*

Pierre Lefaucheux ist im Lazarett des Lagers, geschwächt, mit glänzenden, hohlen Augen, gefangengehalten. Er hat in einigen Wochen 20 kg abgenommen. Mit geschorenem Schädel ist er unkenntlich. Marie-Hélène, nur mit ihrem Geleitbrief und einer ungeheuren Kaltblütigkeit bewaffnet, gelangt bis zu ihm, verhandelt mit den Wächtern, erlangt seine Befreiung, schiebt ihn in ihren Wagen und fährt ihn auf wunderbare Weise durch die deutschen Linien zunächst nach Nancy, wo ihn Freunde erwarten, schliesslich nach Paris.

Kommandant Gildas kehrt in seine Hauptstadt zurück, die er in einem Freudentaumel vorfindet: Paris explodiert mit hungrigem Magen, aber mit der Freude im Herzen. Er findet seine Wohnung am Boulevard Saint-Germain wieder, zieht einen seiner gestreiften Vorkriegsanzüge an, der ihm viel zu weit geworden ist. De Gaulle ist einige Tage zuvor zurückgekommen und hat sich im Kriegsministerium in der Rue Saint-Dominique niedergelassen. Die Widerstandsbewegung ist ans Ruder gekommen und bemüht sich bereits, die grossen, während des Krieges gereiften Pläne ins Werk zu setzen. Aber es heisst zunächst, das Dringendste zu schaffen. Während des Krieges haben Lefaucheux und seine Freunde – Ingenieure, Wirtschaftler, Industrielle, Beamte – ihre Ideen von einem neuen Frankreich entwickelt und ihm ferne Ziele gesteckt. Sie finden sich bald in dem sogenannten «Klub der Optimisten» wieder, der den Weg des Landes für 1960, 1970... vorzeichnet. Aber zunächst gilt es, eine lahmgelegte Maschine wieder in Gang zu bringen und noch vor der Instandsetzung der Elektrizitätswerke wieder Kohle zu fördern, Lastwagen auf die Strasse zu bringen; es geht einfach darum, Frankreich zu ernähren und den Krieg zu gewinnen, der sich weiter auf seinem Boden abspielt.

Von seinen Gefährten der Widerstandsbewegung findet Lefaucheux als ersten Jacques Piette wieder, einen ehemaligen Jazzmusiker im Orchester von Ray Ventura und «Oberst Niemand» in der Geheimorganisation, der Generalsekretär des Ministeriums für Industrielle Produktion wurde.

«Pierre», sagt Piette, «wir schicken eine Wirtschaftskommission nach England. Wir brauchen Kohle, Schiffe. Die Engländer können uns helfen. Du musst dorthin gehen!»

Pierre Lefaucheux geht über den Ärmelkanal. In London läuft er die Ministerien ab, schlägt sich mit der Verwaltung herum und führt einen Papierkrieg. Aber dieser Athlet von 46 Jahren ist kampfgewohnt. Er war noch ein Jüngling, als er sich im Jahre 1916 freiwillig meldete, Bücher und Logarithmentafeln beiseitelegte, um in den Krieg zu ziehen. Nach dem Krieg nahm er sein Studium wieder auf, wurde gleichzeitig Ingenieur an der Ecole Centrale und Doktor der Rechte. Er begann seine berufliche Laufbahn im Jahre 1922 bei der Eisenbahngesellschaft des Nordens, wo er insbesondere mit dem Wiederaufbau in den zerstörten Gebieten beauftragt wurde.

Als diese Aufgabe beendet war, vertraute man ihm Führungsfunktionen an. Aber die Verwaltungsarbeit befriedigte ihn nicht, was er wollte, war bauen. Er verliess den Norden und ging 1924 nach Afrika. Dort verbrachte er zwei Jahre bei der Firma Dyle und Bacan. Aber erst bei der Compagnie Générale de Constructions de Fours, einer Gesellschaft für den Bau von Brennöfen, fand er ab 1929 seinen wahren Weg. Zunächst baute er in ganz Europa als Ingenieur Gasfabriken, bewährte sich dann als allgemein geachteter Spezialist, stieg zum Posten eines Generalsekretärs auf und übernahm schliesslich die Leitung des Unternehmens. Als der Krieg ausbrach, war er 41 Jahre alt. Rüstungsminister Raoul Dautry suchte einen Mann, der imstande war, die Waffenmanufaktur von Le Mans, die «eingeschlafen» war und durch Verwaltungswiderstände lahmgelegt wurde, neu zu beleben. Er kannte Lefaucheux von der Zeit her, da er sein Untergebener bei den Nordeisenbahnen war, und er erinnerte sich seiner Dynamik und seiner Vorliebe für tatkräftiges Handeln. Er schickte ihn nach Le Mans, aber der neue Direktor hatte sich kaum zu Anfang des Jahres 1940 eingerichtet, als er sich mit seinem Arsenal zurückziehen musste, um es vor der deutschen Invasion in Sicherheit zu bringen. Im Juli kam er nach Paris zurück. Für ihn gab es keinen Waffenstillstand, er richtete Fluchtorganisationen ein, er erweckte die Kräfte im Schatten zum Leben und übernahm ihre Führung.

*

Lefaucheux ist gerade in London, als sich Louis Renault dem Untersuchungsrichter stellt. Er hatte sich im Departement Sarthe versteckt gehalten, nun riet ihm sein Freund und Anwaltskammerpräsident Ribet an, diesen Schritt zu tun. Renault wird am 23. September in Fresnes interniert. Sein Generaldirektor René de Peyrecave wird ebenfalls verhaftet. Es ist offenbar, dass die Renault-Werke Aktiengesellschaft der Verstaatlichung nicht entgeht. Aber

bevor man dem wie das ganze Land gelähmten Unternehmen von Boulogne-Billancourt eine Satzung gibt, muss man einen Chef an seine Spitze stellen, der imstande ist, es aus seiner Lethargie zu befreien.

Im Kabinett von Robert Lacoste, dem Minister für Industrielle Produktion, werden mehrere Namen genannt.

«Der Mann der Situation», so sagt Jacques Piette, «ist Lefaucheux.»

Lacoste kennt und schätzt Lefaucheux. Letzterer, der reich geheiratet hat, verbirgt seine Abneigung gegen die «200 Familien» nicht, gibt aber gerne zu, dass er selbst zu den «2000 Familien» gehört. Er ist politisch nicht engagiert, doch hat ihm der Krieg die Gelegenheit gegeben, einem gewissen Ideensozialismus – der mehr reformfreudig als marxistisch ist – anzuhängen und einer Studiengruppe beizutreten, die sich zum Ziel setzt, «Frankreich wieder aufzubauen». Unter den Massnahmen, die damals jene «aufgeklärten Bürger», denen sich Lefaucheux angeschlossen hat, ins Auge gefasst haben, spielt die Verstaatlichung mehrerer Industrien eine Rolle. Robert Lacoste fühlt sich den Zielsetzungen von Lefaucheux nahe. Er erkennt auch an, dass für einen Wiederaufbau von Renault ein Ingenieur wirksamer als ein Beamter ist.

«Einverstanden mit Lefaucheux», sagt er.

Pierre Lefaucheux kehrt aus London zurück und erfährt, dass er zum vorläufigen Verwalter des grössten französischen Unternehmens

20

ernannt wurde, jener teilweise zerstörten Zitadelle von Billancourt, die damals nicht viel anderes als Gasherddichtungen produzierte, die dem Druckmangel an den häuslichen Küchenherden abhelfen sollten. Er ist überrascht und versucht zunächst abzulehnen. Marie-Hélène drängt ihn zur Annahme. Kein besserer Posten als dieser wird ihm erlauben, das soziale Ideal, das er sich während des Krieges zurechtgelegt hat, zu verwirklichen.

Aber Lefaucheux interessiert sich nicht für das Automobil. Sein bevorzugtes Verkehrsmittel bleibt das Fahrrad: Sogar, als er Präsident der zukünftigen Régie Renault geworden ist, fährt er fort, zweimal täglich den weiten Weg von seinem Wohnsitz zur Fabrik auf einem Fahrrad zurückzulegen. Renault wieder aufzubauen, dem Unternehmen einen neuen Geist zu vermitteln, die Lebensfähigkeit eines verstaatlichten Unternehmens nachzuweisen, auf so konkrete Weise an der Wiederaufrichtung seines Landes mitzuwirken, erscheint ihm jedoch eine aufregende Aufgabe:

«Ich nehme an», sagt er zu Lacoste, «unter der Bedingung, dass ich an der Ausarbeitung der neuen Satzung des Unternehmens teilnehmen kann.»

«Einverstanden», sagt der Minister.

Bei den drei Bombenangriffen der Jahre 1942 und 1943 wurden zwei Drittel des Industriepotentials der Renault-Werke zerstört. Viertausend Maschinen wurden vernichtet und der Schaden war mit zwei Milliarden Francs zu beziffern.

Die Blätter vergilben schon auf den Platanen des Ehrenhofes, als Lefaucheux am 4. Oktober in Begleitung von Jacques Piette und Armand Ansay, dem Generalinspektor der Industriellen Produktion, der sein Beigeordneter wird, seinen Einzug im Werk hält. Einige Stunden zuvor ist der von Lacoste und Le Percq, dem Finanzminister, unterzeichnete Beschluss veröffentlicht worden. Er setzt die Renault-Werke Aktiengesellschaft auf die Liste jener Personen und Unternehmen, deren Tätigkeit «dem Feinde einen Vorteil gebracht hat», und nach der das Unternehmen verstaatlicht und Pierre Lefaucheux zum vorläufigen Verwalter mit ausgedehnten Vollmachten ernannt wird.

Durch die Verhaftung des «Chefs» aus der Fassung gebracht und tief verletzt durch das, was sie als einen «Raub» ansehen, sind die nächsten Mitarbeiter von Louis Renault zum Empfang des Unbekannten erschienen, der ihr neuer Herr wird und den die meisten von ihnen nicht weit davon entfernt sind, für einen Usurpator zu halten. Da ist Alphonse Grillot, der für die Fertigung zuständige Direktor. Er hat sich als Oberbefehlshaber an die Stelle von Renault und Peyrecave gesetzt, lässt aber ein Werk, das kein Stück Blech unter die Pressen zu legen hat, eher über sich eingehen, als dass er es leitet. Dann ist da Jean Louis, der Finanzdirektor, der bis dahin als mutmasslicher Erbe Renaults galt, und schliesslich findet man Hubert, den Verwaltungsdirektor und was vom Generalstab dieser Herren noch übrig ist.

Die Gruppe steigt die paar Stufen empor, die zum ersten Stock führen, und schreitet über den Flur, zum Büro von Louis Renault. Grillot tritt beiseite, um Lefaucheux eintreten zu lassen. Dieser entdeckt ein geräumiges, geradezu mönchisches Zimmer mit grauen Wänden, nur mit einem hölzernen Wandschrank, einem langen Arbeitstisch und einigen Ledersesseln möbliert. Der Tisch stammt von Louis Renault. Während der nächsten zehn Jahre wird er Pierre Lefaucheux gehören, ehe ihn Pierre Dreyfus übernimmt.

*

Das Werk ist ein ausgebluteter Körper. Auf der Insel Seguin, dem gewaltigen «Dampfer», der mitten in der Seine «Anker» geworfen hat, schweigen die Maschinen. Die «Schiffsluken» – diese 10 000 Fenster, die sich im Flusse spiegeln – sind erloschen. Dreimal war die Fabrik bombardiert worden. Sie ist dem deutschen Bombenhagel von 1940 entgangen, der nur Citroën getroffen hat. Aber die englischen Bomber haben ihre explosive Ladung während eines Nachtangriffes am 3. März 1942 über Billancourt ausgeschüttet; sie sind am folgenden 4. April wiedergekommen. Am 15. September haben die Amerikaner das Werk gebombt. Renault hat sich stets bemüht, die zerstörten Fertigungsstätten wieder aufzubauen. Er hat auch die Pfeiler der Brücken von Meudon und von Billancourt an der äussersten Spitze der Insel Seguin verstärken lassen müssen, doch ist das Potential des Unternehmens um zwei Drittel reduziert. Die entstandenen Schäden werden auf zwei Milliarden Francs geschätzt. Viertausend Maschinen sind zerstört worden. Diejenigen, die noch arbeiten können, sind zum grössten Teil veraltet. Das Durchschnittsalter des Maschinenparks, der seit 1938 nicht mehr erneuert wurde, beläuft sich auf mehr als 20 Jahre. Die Werkzeuge sind verschwunden. Entweder wurden sie durch Bomben zerstört oder in alle Winde zerstreut. Was aber noch schlimmer ist, die Kohlenlager sind leer. Man fängt gerade erst an, einige Tonnen per Lastwagen aus den Schleppkähnen, die auf den Nordkanälen, Richtung Saint-Quentin blockiert sind, zu bergen. Ohne Energie und Rohstoffe ist das Werk aber tot, und es besteht wenig Hoffnung auf eine baldige Wiederaufnahme der Produktion.

Das Werk ist jedoch weit davon entfernt, eine Wüste zu sein. Freilich werden die Gefangenen und Deportierten nicht vor dem nächsten Jahr an das Ufer der Seine zurückfinden, aber von den 38 000 Lohnempfängern, die das Werk vor dem Kriege zählte, blieben noch 14 000 in Billancourt. Man hat 8000 von ihnen – 6000 Arbeiter und 2000 Angestellte – für die Wiederinstandsetzungsarbeiten mobilisiert. Weitere 3000 sind durch die S.N.C.F. und das Strassenbauamt auf die vorhandenen Baustellen geschickt worden. Die restlichen 3000 blieben ohne Arbeit.

In diesem Klima relativer Untätigkeit erhält eine Aktion Priorität: die politische Säuberung. Die Kollaborateure sollen wegen ihrer Zusammenarbeit mit der Besatzungsmacht zur Rechenschaft gezogen werden. Da sind diejenigen, die freiwillig zur Arbeit nach Deutschland gegangen sind, und andere, die Widerstandskämpfer denunzierten. Über diese hinaus zielt man auch auf die Hierarchie der Werkmeister und Werkstattführer. Man macht sich daran, auch mit jenen abzurechnen, die zwar nichts mit den Ereignissen der Kriegszeit zu tun hatten, denen man aber andere Verschulden vorwirft. Die Erinnerung an die Angriffe der Mobilgarde im Werk im Jahre 1938, an die 3000 Entlassungen, deren Opfer vor allen Dingen Gewerkschafter waren, ist lebendig geblieben. Es hat Polizeispitzel gegeben – man findet eine Liste von 1500 von Louis Renault bezahlten Beobachtern in den Archiven der Personalabteilung. Begründeter oder unbegründeter Groll hat sich unter den Männern breitgemacht. Die Hexenjagd greift im Werk um sich. Ein Säuberungsausschuss wurde ins Leben gerufen, dem Vertreter der Gewerkschaften, der neu gegründeten Parteien und der Widerstandsbewegungen angehören. Der Ausschuss tagt in der Art eines Wohlfahrtstribunals unter der Präsidentschaft von Morvan, der die C.G.T. leitet. Anschläge werden im Werk ausgehängt: «Denunziert die Kollabos!» Stösse von Briefen häufen sich in den Lokalen des Ausschusses, während sich in den Werken die Widerstände vermehren: Die Männer fahren sich hart an, der eine weigert sich, unter den Befehlen eines gewissen anderen zu arbeiten, man beschliesst, jede Tätigkeit solle bis zum Abgang von X, bis zur Verurteilung von Y eingestellt werden.

Bald repräsentiert im Werk der Säuberungsausschuss die Autorität. Er ist gesetzgebend. Von seinen Entscheidungen hängen das soziale Klima und sogar die Tätigkeit des Unternehmens ab. Den Meistern und leitenden Angestellten ist die Macht völlig entglitten.

Lefaucheux unterhält sich einige Minuten mit den Direktoren, die ihn empfangen haben. Einige Wochen zuvor hatte sich an derselben Stelle ihr alter Chef, Louis Renault, an sie gewandt. Lefaucheux bemüht sich zunächst, die Kader zu beruhigen:

«Ich habe keinen anderen Ehrgeiz», sagt er, «als ein Werk, das vor jetzt nahezu einem halben Jahrhundert begonnen wurde, fortzusetzen, indem ich ihm eine neue Richtung gebe!»

Renault hat die Ile Seguin in zunehmendem Masse mit Beschlag belegt. Vor dem ersten Weltkrieg gab es hier bloss Pavillons, Wiesen und ein Stadion.

Ab 1920 begann Renault, eine Brücke von Billancourt zur Ile Seguin zu schlagen, anschliessend von der Insel nach Meudon am anderen Ufer. Die Ile Seguin wurde so zu einem Riesenfrachtschiff aus Beton und Glas, dem Herzen des Renault-Imperiums.

Und auf der Stelle verlangt der provisorische Verwalter eine Aussprache mit dem Säuberungsausschuss, der einzigen im Werke bestehenden Körperschaft, welche de facto alle Macht in Händen hat. Man ruft Morvan, den Präsidenten, Le Garrec, den Sekretär, und ihre Kameraden. Jacques Piette stellt ihnen Lefaucheux vor. Dieser trägt noch die Stigmata seiner Deportation: hohle Wangen, abrasiertes Haar. Von der Höhe seiner 187 cm blickt er diese Männer, einen nach dem anderen, prüfend an, sie, an die er sein Los kettet und die schon von seiner Statur, seinem Blick beeindruckt sind, bevor er noch spricht.

«Ich komme ganz allein hierher», sagt er. «Ich kenne niemand hier: ich kann mich nur auf Sie stützen. Ich weiss nicht, ob ich Ihnen Vertrauen schenken kann. Ihre Arbeit ist wesentlich. Ich lege Wert darauf, dass sie mit einem Maximum an Geschwindigkeit und Redlichkeit vollzogen wird. Sie werden die Akten weiterhin prüfen und mir Ihre Vorschläge mitteilen. Ich werde Ihnen dann sagen, was ich beschlossen habe!»

Die Zuhörer von Lefaucheux sind verdutzt.

«Was für ein Bursche! Der weiss, was er will», flüsterte Le Garrec Morvan zu.

«Und was für einer... Wir waren die Chefs, beschlossen alles allein, aber ich glaube, dass das nicht von Dauer sein wird!»

Am nächsten Morgen schon sieht Lefaucheux Morvan und Le Garrec wieder, um ihnen seine Befehle zu bestätigen: «Sie schlagen die Sanktionen vor. Ich entscheide darüber. Ich bin der alleinige Chef.»

Jeden Morgen, Punkt 9 Uhr, und das mehrere Monate lang, empfängt Lefaucheux den Sekretär des Säuberungsausschusses und seinen Beigeordneten, um ihre Vorschläge zu prüfen und ihnen Rechtmässigkeit zu verleihen. Er bestätigt automatisch die vom Ausschuss einmütig beschlossenen Massnahmen. Er verlangt, die Gründe der Minorität zu erfahren, wenn eine Massnahme nicht die Zustimmung aller Bevollmächtigter gefunden hat. Als überzeugter Patriot hat er kein Mitleid für diejenigen, die während des Krieges die nationale Sache verraten haben. Er jagt sie aus dem Werk und übergibt ihre Akten der zivilen Justiz. Aber er ist nachsichtig mit den anderen, gerecht gegen alle. Und vor allem liegt ihm daran, dem Klima des Schreckens, das die Existenz des Werkes bedroht, ein Ende zu setzen. Weniger als sechs Monate später ist die Säuberung beendet und das Werk bereit zu arbeiten. Nachdem das Kapitel Vergangenheit abgeschlossen ist, denkt man nur noch an die Zukunft, Lefaucheux hat sich als der wahre Chef des Unternehmens bewährt. Aber Billancourt zu säubern, reichte nicht aus. Das Werk musste wieder aufgebaut werden, eine Firmenpolitik war zu entwickeln und neue Satzungen mussten geschaffen werden.

Eine Satzung nach Mass

Lefaucheux hat einen ersten Kontakt mit der Basis des Unternehmens durch die Vermittlung des Säuberungsausschusses hergestellt. Er muss jetzt schnell den «Generalstab» überprüfen, den ihm Louis Renault hinterlassen hat, und in seinen Reihen die «Stützpunkte» finden, die ihm, der weder das Automobil noch das Werk kennt, unentbehrlich sind. Er hat sich kaum eingerichtet, als er in den ersten Oktobertagen die Kader des Unternehmens empfängt.

«Von nun an», so sagt er, «werden Sie nicht mehr für einen einzigen Mann, sondern für die ganze Nation arbeiten. Erwarten Sie jedoch nicht von mir, dass ich den kranken und am Boden liegenden Mann belaste, den ich bei Ihnen vertrete. Louis Renault war ein grosser Mann. Ich begreife Ihre Treue ihm gegenüber. Ich möchte sogar sagen, dass ich Sie verachten würde, wenn Sie ihm untreu wären. Aber es ist normal, dass diesem Hause eine neue Satzung gegeben wird, dass es nach neuen Zielen strebt!»

Er zitiert de Gaulle:

«Ich werde in diesem Unternehmen eine brüderliche Autorität einführen!»

Seine anfangs gespannten Zuhörer entspannen sich vor diesem Mann, der ihnen imponiert, in dem sie aber schon einen der ihren erkennen – er ist Ingenieur, Industrieller, Jurist – und seine Dynamik und sein Glaube sind ansteckend. Da er selbst wahrnimmt, dass er den Kontakt hergestellt hat, wird er familiärer und fügt hinzu:

«Man kann ein Chef sein, ohne ein Schupo sein zu müssen!»

Die vor Lefaucheux versammelten Kader denken an Louis Renault, dessen Lebenslicht zur selben Zeit im Gefängnis von Fresnes erlischt. Sie sind erschüttert über die Verhaftung des Chefs, sind fassungslos angesichts der Beschlagnahmung der Fabrik, misstrauisch gegenüber dem neuem Herrn, den der Staat ihnen vorschlägt. Aber schnell schenken sie diesem leidenschaftlichen Manne Vertrauen. Sie bleiben Louis Renault treu, aber sie werden seinem Nachfolger die gleiche Treue entgegenbringen – bevor sie noch in seinem Handeln präzise Gründe entdecken, ihn zu schätzen wissen, ja sogar zu lieben.

Lefaucheux ist unterwegs zwischen der Fabrik, die ihre Wunden pflegt, und dem Ministerium, von dem der Funke kommen muss, der die Maschine in Gang setzen wird, von dem die Satzung freilich, aber auch die Elektrizität, die Kohle, die Rohmaterialbons kommen müssen. Er ruft am 10. November die gesamte Belegschaft auf der Insel Seguin zusammen.

Vor 10 000 Mann spricht er auf einem Podium stehend in einer Halle, in der ein eisiger Wind weht, zwei Minuten von seinen Befürchtungen, eine halbe Stunde lang von seinen Hoffnungen. Es fehlt alles: Transportmittel, Energie, Kautschuk, Stahl. Alles ist rationiert. Der Krieg, der die baldige Wiederaufnahme der Friedensproduktion unmöglich macht, ist noch nicht zu Ende. Darauf soll es nicht ankommen:

«Ich nehme mit Ihnen das Risiko auf mich, das Werk vor der Wiederaufnahme der Transporte wieder in Gang zu setzen», so sagt er. «Wir müssen erst den Krieg gewinnen und ihn rasch gewinnen. Ich denke an die politischen Deportierten. Ich bin einer von ihnen gewesen mit rasiertem Kopf und nackten Füssen im Dreck. Ich habe also das Recht erworben, ihre Verteidigung zu übernehmen!... Um sie zu befreien, muss sich das Werk so schnell wie möglich an die Arbeit machen. Ein Werk, das einer notwendigen, aber menschlichen, gerechten, brüderlichen Autorität unterstellt ist. Wir müssen den Krieg gewinnen, aber auch die Schlacht der Produktion und die der Nationalisierung.»

Schon kündigt er die Dezentralisierung, die Expansion, die Internationalisierung an:

«Wir werden unsere Werkzeuge zu modernisieren haben, zunächst an Ort und Stelle, dann über die Grenzen von Billancourt hinaus, wo wir Gefahr laufen würden zu ersticken. Diese Modernisierung, diese Expansion sind unentbehrlich; denn, wenn wir während der Besatzung kaum Fortschritte gemacht haben, haben andere diese gemacht, und wir werden, wenn wieder Friede ist, eine harte internationale Konkurrenz vorfinden, gegen die wir zu kämpfen haben werden, und das vielleicht ohne die Schutzschranke der alten Zollrechte.»

Und er schliesst:

«Den wahren Grund, Vertrauen zu haben, gebt Ihr mir, meine Kameraden, die Ihr begriffen habt, was wir hier alle zusammen tun wollen, die Ihr entschlossen seid, es mit mir zu tun...»

Und in dem, was lange das «Galeerengefängnis» der Insel Seguin war, beginnt man, an diesen Mann zu glauben, der neue Zeiten ankündigt und der sie Tag für Tag auf dem Papier vorbereitet, indem er an der Ausarbeitung dessen teilnimmt, was der Freibrief des Unternehmens, seine Satzung sein wird.

*

Es wird keine kleine Schlacht sein. Im Ministerium für Industrielle Produktion denkt Robert Lacoste an eine Formel, die schon die Selbstverwaltung vorwegnähme, derzufolge dem Verwalter ein Direktions- und ein Beratungsausschuss beigegeben werden sollen, in denen alle Personalkategorien vertreten sein würden. Im Finanzministerium will man darüber hinaus den Verantwortlichen der zukünftigen Régie ein Geschwader von Kontrolleuren anhängen, das damit beauftragt wäre, ihre Amtsführung nach dem sakrosankten Prinzip der «Kontrollen a priori» zu überwachen, die die goldene Regel der französischen Verwaltung sind.

Aber Lefaucheux kämpft verbissen, um eine Satzung nach Mass zu erhalten, eine Satzung, mit der vor allem wirkungsvoll zu arbeiten sein wird. Seine kurze Arbeitszeit in der Munitionsfabrik von Le Mans zu Beginn des Krieges hat bei ihm einen tiefen Schrecken hinterlassen. Er hat dort die schädlichen und lähmenden Wirkungen der «a priori Kontrollen» erfahren. Er will frei sein. Er ist jedoch von dem Wert der «Beteiligung» überzeugt und definiert ihren Geist 20 Jahre, bevor der Ausdruck in den Sprachgebrauch übergeht. Aber er ist vor allem entschlossen, zwei Grundbegriffe vorherrschen zu lassen: die Integrität und die Verantwortlichkeit des Befehls.

«Der vorherrschende Zug eines Unternehmens wie Renault», so erklärt er in den Ministerkabinetten, «ist, dass es zum Konkurrenzsektor gehört, was im allgemeinen bei den anderen Branchen, die man nationalisieren will, nicht der Fall ist. Es ist also unumgänglich, dass der Präsident von Renault bei allen Gelegenheiten die Rolle eines Chefs des Unternehmens spielt, eines Chefs, der nicht 'der Staat' ist, sondern eines Chefs schlechthin – derjenige, der befugt ist zu handeln ...»

Der Finanzminister, der mit anderen Problemen zu ringen hat, schlägt sich in diesem Augenblick kaum mit Lefaucheux herum: Als es nach Annahme der Satzung zu spät ist, startet er oft, aber ohne Erfolg einen Angriff. Dagegen muss Lefaucheux mit den Beamten des Ministeriums für Industrielle Produktion, mit dem Staatsrat, die Klinge kreuzen.

Alles, was in den Statuten der Régie Nationale des Usines Renault dazu beiträgt, ihrem Präsidenten mit der Funktion eines Generaldirektors ausgedehnte Vollmachten zu geben, hat letzten Endes Lefaucheux selbst entworfen. Denen, die die Autorität des zukünftigen Chefs begrenzen wollen, antwortet Lefaucheux:

«Wenn ich das nicht erhalte, was ich brauche, dann nehmen Sie doch einen Beamten als Chef. Ich für meinen Teil brauche die Vollmachten eines Industriellen. Sie geben sie mir, oder ich gehe!»

Er findet einige Bundesgenossen: der Arbeitsminister Alexandre Parodi ist sein Freund. Der Hauptredakteur der zukünftigen Satzung, Paul-Marie Pons – der der Verfasser des ersten Automobilplanes ist und der vielleicht daran denkt, eines Tages seine eigene Kandidatur zur Präsidentschaft von Renault zu stellen – nimmt die Thesen von Lefaucheux an. Ingenieur wie dieser, ist er einverstanden, wenn der provisorische Verwalter von Renault erklärt:

«Renault braucht einen Mann, einen verantwortlichen Chef, der dem Chef 'Staat' eine menschliche Figur verleiht, der etwas anderes darstellt, als die blinde und taube Gewalt, die der Staat ist.»

Oder weiter:

«Der Staat soll nicht selbst leiten; er muss seine Vollmachten unzweideutig übertragen. Ihm kommt es zu zu herrschen, aber nicht zu regieren. Der Etatismus ist das schlimmste Übel, das die Régie treffen könnte. Eine Verstaatlichung braucht nicht zwangsläufig eine Eingliederung des Unternehmens in die bürokratische Hoheitsverwaltung zu sein. Sie bedeutet nicht automatisch eine Veränderung der Gestion des verstaatlichten Gutes.»

Die 'Schlacht', die Lefaucheux schlägt, dauert zwei Monate. Ende Dezember 1944 ist sie gewonnen. Nachdem die offiziellen Unterschriften geleistet wurden, wird am 16. Januar 1945 die Verfügung Nr. 45-68 betreffs Nationalisierung der Renault-Werke veröffentlicht. Die Unterzeichner sind der Präsident der provisorischen Regierung, Charles de Gaulle (der später sagen wird: «Die Régie ist meine Tochter»), Robert Lacoste, Pierre Mendès-France, Alexandre Parodi und René Pleven, die zuständigen Minister der Industriellen Produktion, der Nationalen Wirtschaft, der Arbeit und der Finanzen.

Diese Verfügung ruft die Régie Nationale des Usines Renault durch Abtretung des gesamten Vermögens von Louis Renault an den Staat ins Leben. Es ist aber nicht festgelegt, dass der Staat dem Unternehmen einen finanziellen Beitrag geben kann. Die Satzung entspricht genau den Wünschen von Lefoucheux. Sie definiert die Régie als «ein Werk industriellen und kommerziellen Charakters mit eigener Rechtspersönlichkeit und finanzieller Autonomie». Gewiss ist das Unternehmen «der Autorität und der Kontrolle des Ministers für Industrielle Produktion unterstellt». Aber es ist ausdrücklich gesagt, «dass es in Bezug auf die finanzielle und verantwortliche Leitung nach den Regeln betrieben wird, wie sie bei industriellen, kommerziellen Gesellschaften üblich sind» und dass es «der finanziellen Kontrolle enthoben ist, die für alle autonomen öffentlichen Einrichtungen und alle Unternehmen vorgesehen ist, die Anspruch auf eine finanzielle Beteiligung des Staates erheben».

Der Staat leitet das Unternehmen nicht: Er überträgt seine Vollmachten einem Generaldirektor, dem ein Verwaltungsrat und ein Zentralausschuss beigegeben sind. Es wird schliesslich bestimmt, dass die Gewinne der Régie nach näher zu definierenden Modalitäten zwischen dem Staat, den sozialen Einrichtungen der Régie und der Belegschaft aufgeteilt werden.

Die Verfügung, die die Organisation und die Tätigkeit der Régie, sowie die respektiven Befugnisse des Generaldirektors, des Verwaltungsrates und der Ausschüsse des Unternehmens bestimmt, wird erst am 7. März erlassen und Lefaucheux offiziell am 31. ernannt. Aber er hat schon am 27. Januar einen Brief von Robert Lacoste erhalten, in dem ihn dieser bittet, «alle Ämter» des «Generaldirektor-Präsidenten» der Régie zu übernehmen. Pierre Lefaucheux kommt der Bitte nach.

30

Renault-Werke in Billancourt, an den Ufern der Seine.

Seine Amtsvollmachten sind kaum begrenzter als die eines Firmenchefs des privaten Sektors. Der Verwaltungsrat vertritt den Aktionär, also den Staat. Er setzt sich aus sieben Delegierten der verschiedenen Ministerien, zwei Delegierten der Konsumenten und sechs Delegierten der Belegschaft (drei Vertreter der Arbeiter, einer der Angestellten und Meister, zwei der Ingenieure und der leitenden Angestellten) zusammen. Dieser Rat hat die Aufgabe, die Bilanz, die Jahresabrechnungen und alle Urkunden zu prüfen und zu billigen (Grundstücksgeschäfte, Anleihen, Beteiligungen, Fabrikations- und Investierungsprogramme), die die Zukunft der Régie festlegen können.

Der Zentralausschuss des Unternehmens, dessen Vorsitzender der Generaldirektor der Régie ist, besteht aus elf Mitgliedern (davon ein Vertreter des Werkes Le Mans). Er übernimmt die Verwaltung der sozialen Einrichtungen und nimmt an der Verbesserung der Arbeitsbedingungen im Einvernehmen mit der Generaldirektion teil; er «prüft die Anregungen des Personals, indem er sich bemüht, den Ertrag der Régie zu verbessern, und schlägt die von den Arbeitern für ihre Initiativen, Vorschläge und Mitarbeit erworbenen Belohnungen vor».

Der Generaldirektor informiert den Zentralausschuss über die Fragen, die die allgemeine Verwaltung der Régie betreffen, und teilt ihm die Jahresabrechnungen des Unternehmens mit. Der Ausschuss kann Wünsche vorbringen, die auf eine bessere Wirksamkeit der Verwaltung abzielen.

Der Staat, die Öffentlichkeit und das Personal sind so eng an der Verwaltung der Régie beteiligt, aber ihr Leiter – der im wesentlichen «a posteriori-Kontrollen» unterworfen ist – ist nichtsdestoweniger der unumschränkte Herr des Unternehmens. Er braucht alle ihm erteilten Vollmachten, um die «Maschine» zunächst wieder in Gang zu setzen und sie dann weiter zu entwickeln.

*

«Wir müssen die Schlacht um einen neuen Anfang gewinnen!» stellte Pierre Lefaucheux fest.

Während des ganzen Jahres 1944 laufen 1045 Nutzfahrzeuge von den Fliessbändern von Billancourt, zum grössten Teil vor dem Monat August und vor der Befreiung von Paris. Das erste Fahrzeug der Nachkriegszeit wurde am 10. Oktober, sechs Tage nach der Ankunft von Lefaucheux, montiert. Es ist gelungen, die Nutzfahrzeug-Produktion von fünf Einheiten pro Tag am 16. Oktober, auf 20 am 28. November, und auf 30 vor Weihnachten zu steigern. Sie werden der Armee geliefert, die sie ... auf Vorrat hält, während sie die unwahrscheinliche Anlieferung von Gummireifen abwartet! In den ersten Monaten von 1945 ist Bilancourt – eine ungeheure Baustelle – vor allem eine riesige mechanische Reparaturwerkstatt, in der man das Dringendste erledigt, um Vorkriegswagen sowie rollendes Material aus Beständen der amerikanischen Befreiungstruppen schlecht und recht instandzusetzen.

So reparieren die Werkstätten der Régie an die hundert Selbstfahrlafetten, 63 Panzerwagen, 1000 Lastwagen, 16 000 amerikanische Motoren, 2000 Motoren für Personenwagen, 400 Werkzeugmaschinen. Gleichzeitig stellen sie 36 000 Gummireifen und 3450 Tonnen Ersatzteile her.

Als er die Bilanz dieser Periode zieht, in der es sich mehr darum handelte, den Krieg siegreich zu beenden, als bereits den Frieden zu gewinnen, ruft Lefaucheux begeistert aus:

«Die erste Hilfskolonne, die auf den Fersen der alliierten Armee ins Lager von Buchenwald kam, setzte sich aus Lastwagen der Régie Renault zusammen, die drei Tage zuvor Billancourt verlassen hatten. Und es sind die in der Régie reparierten Panzer des Typs B I, die unter dem Oberbefehl des Generals de Larminat die noch von eingeschlossenen deutschen Truppen gehaltenen Atlantikhäfen befreit haben.»

Den Arbeitern, die er in den Werkstätten aufsucht, denen er auf Kisten stehend eine Rede hält, wiederholt er:

«Ihr steht in der Kampffront. Wir werden die Schlacht um einen neuen Anfang gewinnen. Wir müssen danach die der Produktion und die der Nationalisierung gewinnen!»

Lefaucheux redet in der Sprache der Soldaten:

«Nicht zu arbeiten bedeutet desertieren», so sagt er – «die Faulpelze der Produktion sind Verräter!»

Er kämpft ebenfalls mit den Behörden, die er anklagt, die Régie alles dessen zu berauben, was ihr fehlt: Kohle, Stahl, Kautschuk.

«Man bremst systematisch die Eisen- und Stahlerzeugung und das Automobil», so beklagt er sich, «indem man vorgibt, dass diese Industrien nicht die gleiche wesentliche Bedeutung für das unmittelbare Leben des Landes haben wie andere Tätigkeiten, deren Wiederaufnahme unsere ferne Zukunft bestimmen!»

Er tritt zum ersten Male am 25. September 1945 vor die Presse und liefert den ersten seiner zahlreichen Angriffe gegen den Immobilismus und den wirtschaftlichen Malthusianismus, die seiner Meinung nach für die Niederlage Frankreichs verantwortlich sind:

«Was man deutlich erkennen muss», so erklärt er, «ist, dass eine Industrie wie die unsrige nicht vegetieren darf. Wenige Länder in der Welt besitzen eine wirkliche Automobilindustrie. Frankreich hat lange die erste besessen. Es lag noch im Jahre 1939 in der Spitzengruppe. Es muss an der Spitze bleiben, und zwar nicht so sehr aus Prestigegründen und weil man keine grosse Nation ist, wenn man keine bedeutende Industrie hat, sondern weil die 40 Millionen Franzosen sich nicht ausschliesslich der Landwirtschaft und dem Handwerk widmen können.

Man muss die Franzosen arbeiten lassen, und das Automobil stellte im Jahre 1939 für 780 000 unter ihnen ein Tätigkeitsfeld dar, das wir nicht das Recht haben, verschwinden zu lassen. Nun gilt aber in einer Industrie wie der unsrigen ein eisernes Gesetz: Wer nicht fortschreitet, fällt zurück und muss untergehen!»

Renault macht langsam Fortschritte. Zu Anfang April beläuft sich die Produktion auf 45 Nutzfahrzeuge pro Tag, im September auf 60. Aber nur wenige Fahrzeuge haben Billancourt verlassen können: 1000 stehen noch eine Zeitlang aufgebockt in der Fabrik, bis man sie endlich mit Reifen ausstatten kann.

Im wesentlichen arbeitet man nachts, da man während des Tages nicht die erforderliche Stromzuteilung bekommen kann. Die Strom-kürzungen wie die Zuteilungen von Rohmaterial werden damals in einem Büro des Ministeriums für Industrielle Produktion entschieden, das die Régie in keiner Weise auf Kosten ihrer Konkurrenten begünstigen will. Der allmächtige Mann, der in diesem Büro sitzt, ist ein Generalinspektor für die industrielle Produktion. Er heisst Pierre Dreyfus und wird zehn Jahre später der Nachfolger von Pierre Lefaucheux in Billancourt...

Schon ist Dreyfus häufig Zeuge der Entrüstung des Generaldirektors der Régie. Lefaucheux schimpft auf die Verwaltung, die es ihm nicht erlaubt, die Produktion so schnell, wie er es gerne möchte, wieder in Gang zu setzen. Er schimpft angesichts derer, die unaufhör-lich die Melodie der Verleumdung gegen die Régie, ihre Satzung und ihre Männer anstimmen. Die falschen Gerüchte sind Legion, die falschen Nachrichten folgen einander. Man behauptet wechselweise, das Gehalt von Lefaucheux werde vom Ministerrat, von der Beleg-schaft, ja sogar vom Botschafter einer alliierten Macht bestimmt. Dieses Gehalt selbst variiere nach den Schätzungen, die man insgeheim zirkulieren lässt, von einer Million bis zu sieben Millionen Francs.

Nachdem man so den Mann in Verruf gebracht hat, macht man die Erzeugnisse schlecht:

«Kauft keine Renault-Fahrzeuge», sagt man hinter vorgehaltener Hand. «Die Produktion wird in Billancourt sabotiert. Man arbeitet dort in der Anarchie, die Fahrzeuge sind aus Sardinenbüchsen gefertigt, die mit Schnur und Leim zusammengeflickt sind!»

Andere behaupten, das Unternehmen arbeite mit Defizit und sei ein «Abgrund für Milliarden», wobei die Schätzung der mutmasslichen Verluste zwischen einer Milliarde pro Monat und einer Milliarde pro Jahr schwankt.

Am 22. März 1946 kündigt der Abgeordnete Desjardins auf der Tribüne der Nationalversammlung an:

»Die Régie Renault hat 700 Millionen Reserven, 800 Millionen Vorräte und 800 Millionen neu eingenommene Gelder vergeudet. Das gesamte Defizit beträgt 2300 Millionen! Und dabei geniesst das Unternehmen Steuererlass und ist ermächtigt, die offiziell festgelegten Höchstpreise um 25 Prozent zu überschreiten!»

Jeder dieser Angriffe bringt Pierre Lefaucheux ausser sich und steigert seine Entschlossenheit, immer mehr, besser und schneller zu produzieren. Die Régie, die von ihrem Aktionär, dem Staat, nicht mit Kapital ausgestattet wurde – ein Zustand, der bis 1962 anhält – hat gewiss im Jahre 1945 eine Anleihe von 800 Millionen aufgelegt. Aber sie hat auch Lefaucheux Ansehen verschafft, 399 Millionen Steuern gezahlt, 300 Millionen zur Instandsetzung der Einrichtung verwandt, ihre Reserven um 300 Millionen, ihre Vorräte um 746 Millionen vermehrt, ihrem Personal eine Summe von 110 Millionen als «Treueprämie in gemeinsamer Anstrengung» zugesprochen und 50 Millionen Gewinn erzielt.

Nach der Rückkehr der Kriegsgefangenen und Deportierten – nahezu 5000 – hat das Unternehmen seine Effektivstärke Ende 1945 auf 23 000 Personen anwachsen sehen. Aber es hat im Laufe seines ersten Betriebsjahres nur 12 036 Fahrzeuge hergestellt, unter denen man nicht mehr als fünf Pkw zählt, zu denen einige hundert Traktoren hinzukommen. Sie wurden im Werk Le Mans gebaut, das Lefaucheux wieder hat instandsetzen können. Er hatte Materialbons, die für die Nutzfahrzeuge von Billancourt bestimmt waren, für sie abgezweigt.

Der Augenblick ist jedoch gekommen, das Produktionsprogramm in Angriff zu nehmen, das Pierre Lefaucheux schon entwickelt hat, als er sich erneut am 5. Oktober 1945 auf der Insel Seguin an das gesamte Personal wendet; er sagt:

«Ich erkläre Ihnen, dass ich stets die kühnste Haltung einnehmen werde, weil diese das einzige Mittel ist, den Erfolg zu erzwingen!»

Die Transfer-Strassen der Werkshalle U 5 wurden für Lefaucheux zur Wunder-
waffe für den Wiederaufbau. Aus aller Welt kamen die Besucher, um diese
elektromechanisch gesteuerten Maschinen zu bestaunen, bei denen jedes
Werkstück automatisch von einem Bearbeitungsplatz zum nächsten transportiert wird.

Der erste Prototyp des 4 CV hatte bloss zwei Türen und einen bombierten Deckel des vorderen Kofferraums. Er erinnerte stark an den KdF-Wagen, der später zum Volkswagen wurde. Im Heck – hinter der Achse – befand sich der kleine Vierzylindermotor von 760 ccm. Dieser Prototyp unternahm Ende 1942 seine ersten Versuchsfahrten.

Ein kleiner Butterklumpen

«Ich bin im Jahre 1918 reingefallen, das darf nicht wieder vorkommen!»

Von den verantwortlichen Leitern seines Entwicklungsbüros umgeben, dem er jeden Tag einen Besuch abstattet, denkt Louis Renault an diesem grauen Herbsttage 1940 schon an die Nachkriegszeit. Im Verlauf des Ersten Weltkriegs hat er alle seine Bemühungen auf die Rüstungsproduktion konzentriert, während seine Konkurrenten schon die Modelle vorbereiteten, die sie am Tage nach Beendigung der Feindseligkeiten auf den Markt werfen wollten. Er erinnert sich an die Verspätung, die er im Jahre 1919 gehabt hatte. Er ist dieses Mal fest entschlossen, sofort nach Friedensschluss die neuen Modelle, die Frankreich verlangen wird, in Angriff zu nehmen.

«Nach dem Kriege wird Frankreich arm sein», so sagt er sich. «Wir werden klein anfangen, einen in erster Linie wirtschaftlichen Wagen schaffen müssen.»

Er ist von allem, was er auf der Automobilausstellung von Berlin im Februar 1938 gehört hat, sehr beeindruckt gewesen, nämlich vom sogenannten KdF-Wagen (Kraft durch Freude), jenem populären Automobil, das Ingenieur Porsche gerade herausgebracht hat und das später der berühmte «Volkswagen» werden wird. Auf der Ausstellung selbst hatte Hitler stolz angekündigt, dass 30 Exemplare des KdF-Wagens schon im Versuch laufen würden. Der neue Wagen, der von einem luftgekühlten Vierzylinder-Boxermotor angetrieben wird, muss zum niedrigsten Preis, der möglich ist, und in sehr grossen Serien hergestellt werden. Louis Renault ist von Hitler in der Staatskanzlei empfangen worden und kann eine vollständige Beschreibung dieses Wagens mitnehmen: Es ist ein Heckmotor-Fahrzeug mit Ganzstahlkarosserie, die auf ein Plattform-Chassis montiert ist. «Man muss mir einen Wagen wie den der Deutschen machen», sagt er zu seinen Männern, die er nach seiner Rückkehr zu sich ruft. Da sind Edmond Serre, der Direktor der Entwicklungsabteilung, Fernand Picard, sein Mitarbeiter; Guettier, der Getriebeexperte; Barthaud, der für die Karosserien verantwortlich ist. Die Deutschen, die die Fabrik besetzt halten, haben den Entwurf von Prototypen untersagt. Louis Renault und Edmond Serre kümmern sich nicht um dieses Verbot. Serre und Picard beginnen, die Pläne für einen 750-ccm-Motor zu zeichnen. Ende 1941 wird der erste Motor montiert. Im Februar 1942 läuft er erstmals auf dem Versuchsstand. Mit einer Benzin-Alkohol-Mischung gespeist, die damals der einzig verfügbare Kraftstoff ist, entwickelt er 19,2 PS bei 4500 U/min.

Louis Renault schneidet eine Grimasse, befiehlt aber, die Motorversuche und die Vorbereitung des Wagens fortzusetzen. Gerüchten zufolge, sollen alle Pläne beim Bombenangriff am 3. März verbrannt sein mit Ausnahme der Konstruktionszeichnungen des Motors. Sie will man in einer Wasserlache, die vom Löschen zurückgeblieben ist, verschmutzt zwar, aber immer noch leserlich, wiedergefunden haben. In Wirklichkeit hatte Louis Renault vorsichtigerweise schon 1941 angeordnet, die Kopien aller Zeichnungen des Entwicklungsbüros in einem ungenannten Hause von Le Neubourg in der Nähe seines Besitztums von Herqueville aufzubewahren. Die Werkstatt Tricoche selbst, wo der Prototyp abgestellt ist, bleibt unversehrt. Die Arbeiten am Wagen werden normal fortgesetzt, während die zerstörten Hallen in Erwartung des nächsten Luftangriffes wieder aufgebaut werden.

Nach einem anderen Gerücht haben die Ingenieure von Renault damals über einen Prototyp des zukünftigen Volkswagens verfügt, der von Prof. Porsche selbst nach Billancourt gebracht worden sei. Nichts davon ist wahr: erst im August und September 1946 wird man ein Muster des Volkswagens bei Renault sehen. Zu dieser Zeit wird die endgültige Version des 4 CV bereits in Algerien getestet.

*

Frankreich geht in seinen härtesten Kriegswinter, als der erste Prototyp des 4 CV am 23. Dezember fahrbereit ist. Er fährt tatsächlich 12 Tage später und leistet sich als «Aperitif» die Fahrt die Côte des Gardes in Meudon hinter der Fabrik hinauf und nimmt den Gipfel mit 84 km/h Durchschnitt. Einem hartnäckigen Gerücht nach soll dieser rote Prototyp dem Fürsten Albert von Urach, einem der Direktoren von Mercedes-Benz, der zum Kommissar in den Renault-Werken ernannt worden ist, allzu auffällig erschienen sein, und er soll die Weiterführung der Versuche untersagt haben, was Edmond Serre veranlasst hätte, den Prototyp vorsichtigerweise schwarz anstreichen zu lassen. In Wirklichkeit ist der Prototyp Nr. I des 4 CV immer schwarz gewesen, und wenn von Urach ihn tatsächlich in den Alleen des Werkes gesehen hat, dann begnügte er sich damit, seinem Fahrer mehr Diskretion bei den Versuchsfahrten zu empfehlen.

Dies hindert Louis Renault nicht daran, alle seine Freunde den Wagen ausprobieren zu lassen, einschliesslich einigen Journalisten, unter anderen den berühmten Charles Faroux, so dass bald das ganze Werk und seine Nachbarn von Boulogne, Sèvres und Meudon um die Existenz dieses seltsamen Prototyps wissen. Der erste 4 CV hat nur zwei Türen. Seine Motorhaube ähnelt zum Verwechseln der des KdF-Wagens, so dass die Spezialisten beim ersten Kontakt glauben, Louis Renault habe nur den zukünftigen Volkswagen kopiert. Aber es handelt sich beim 4 CV um etwas ganz anderes.

Dieser 4 CV hat keinerlei Beziehung zu den Renault-Wagen der

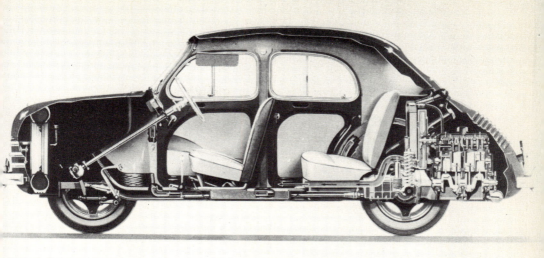

Der hier zu Beginn seiner Laufbahn im Heck angeordnete kleine Motor des 4 CV wird noch ein Vierteljahrhundert später eine der Hauptwaffen von Renault sein.

Vorkriegszeit. Sein Motor ist im Heck des Wagens untergebracht, die Karosserie hat einen stabilen, widerstandsfähigen Rahmen und ein Fahrwerk mit Einzelradaufhängung vorn und hinten. Der Motor hat 4 Zylinder von insgesamt 760 cm³ Hubraum mit von Kipphebeln betätigten Ventilen und dreifach gelagerter Kurbelwelle. Der Prototyp wiegt nur 442 kg, was aus ihm ein wirtschaftlich ideales Modell macht, sowohl in bezug auf die Herstellung als auch im Gebrauch. Aber man ist noch nicht so weit, bei weitem nicht. Während ein zweiter Prototyp in Angriff genommen wird, nimmt sich der verantwortliche Mann für die Versuche, Jean-Auguste Riolfo, den Prototyp Nr. I vor und bringt ihn auf die Strasse. Seine Versuchsfahrten, die in Richtung Soissons und Château-Thierry gehen, überschreiten nie 300 km, und das aus dem einfachen Grunde, weil es in dieser Mangelperiode unmöglich ist, woanders als in Billancourt aufzutanken. Später organisiert Riolfo heimliche Versorgungsstellen bei verschiedenen Konzessionsträgern der Marke in Marseille und Grenoble, um den Prototyp Nr. 2 Testfahrten von längerer Dauer zu unterwerfen.

Um den voll belasteten Wagen besser beurteilen zu können, unternimmt er sogar eine Alpenfahrt über die Route Napoléon in Gesellschaft eines gewichtigen Freundes, eines gewissen Pierre Leroux, dessen 110 kg zum grossen Erstaunen der Neugierigen ohne zuviel Schwierigkeit auf dem Passagiersitz unterkommen. Dieser Prototyp kann jedenfalls nicht unbemerkt bleiben: Man hat ihm ein rotes Gewand gegeben, und wenn er vorbeifährt, ändert von Urach schamhaft die Blickrichtung.

Der 4 CV hat immer noch zwei Türen, aber seine Motorhaube ist flacher geworden, und seine Form hat sich dem endgültigen Entwurf angenähert. Als Pierre Lefaucheux in Billancourt ankommt, gilt einer seiner ersten Besuche der Werkstatt Tricoche – damals trugen die Werkstätten des öfteren noch den Namen ihres Chefs – wo er sogleich die zwei Prototypen entdeckt. Der rote steht neben dem schwarzen, und sie sind beide unverändert. Sie haben relativ wenig Kilometer auf dem Tacho: nicht mehr als 25 000 km zusammen. In ihrer Nähe entdeckt Lefaucheux dann noch zwei Versionen eines anderen Prototyps, der während des Krieges ausgereift ist: den 11 CV, der vom Primaquatre abgeleitet ist und mit einer an den Plymouth erinnernden Karosserie ein wenig amerikanisiert wurde. Er entspricht weit mehr der Tradition von Renault und gewinnt die fast einstimmige Billigung der kaufmännischen Leitung des Unternehmens, die von den Qualitäten des 4 CV wenig überzeugt ist.

«Mit dem '11 CV' schlagen wir Citroën», sagen sie.

«Was geht mich Citroën an?», entgegnet Lefaucheux. «Ich denke an die Engländer, die Amerikaner, die Deutschen.»

Vom ersten Tag an hat Lefaucheux gefühlt, dass man, um zu wachsen und ein weitgestecktes Ziel zu erreichen, im gegebenen Augenblick das kleinste der beiden Modelle in die Produktion werfen muss. Aber zu diesem Zeitpunkt ist noch nicht daran zu denken, Personenwagen zu bauen. Im Plan der Automobilindustrie, den Paul-Marie Pons im Ministerium für Industrielle Produktion aufstellt, ist auch nicht vorgesehen, dass Renault den Bau von Personenwagen wieder aufnimmt. Man möchte die Régie Nationale ausschliesslich auf die Produktion von Nutzfahrzeugen beschränken. Vor dem Kriege nahm Renault tatsächlich eine vorherrschende Stellung auf diesem Gebiete ein, während Citroën und Peugeot dem Unternehmen von Billancourt auf dem Sektor der Personenwagen vorangingen.

«Die Aufgabe von Renault ist es, Nutzfahrzeuge herzustellen», sagt Pons.

In Lyon wurde Berliet, der drittgrösste nationale Produzent von Nutzfahrzeugen vor dem Kriege, beschlagnahmt. Pierre Dreyfus, der damals mit der Verwaltung der «Güter ohne Eigentümer» beauftragt war, schlägt Lefaucheux die Schaffung eines staatlichen Unternehmens für Nutzfahrzeuge vor, indem man Renault und Berliet entsprechend umorganisiert; Berliet sollte gleichfalls verstaatlicht werden. Lefaucheux verspürt grosse Lust dazu, will aber deswegen in nichts auf das verzichten, was Renault produzierte: Personenwagen, Traktoren, Werkzeugmaschinen . . . Und als die Familie Berliet, von den Kadern ihres Unternehmens unterstützt, aktiv gegen einen Plan der Zusammenarbeit mit Renault ankämpft, gibt Lefaucheux diese Idee auf: «Eine aufgezwungene Zusammenarbeit mit Berliet würde zu einer Krebskrankheit führen, die uns zerfrisst.»

Er geht dagegen zum Angriff auf Pons über, um zugunsten von Renault den Entwicklungsplan der Automobilindustrie abändern zu lassen, den dieser gerade aufstellt. Es handelt sich um einen Fünfjahresplan für die Periode 1946-1950, der vorsieht, dass in dieser Zeitspanne 1 029 000 Pkw, 593 000 Lieferwagen, 5000 Traktoren, 25 000 Omnibusse und 20 000 Lastkraftwagen produziert werden sollen.

Der Plan sieht in der Sorge um einen hohen Wirkungsgrad vor, die Serie zu rationalisieren. Er teilt so jedem Unternehmen den Bau eines bestimmten Fahrzeugtyps zu: für Renault sollen es die Lieferwagen sein. Die kleinen Personenwagen von 3 und 4 PS soll Panhard bauen.

Lefaucheux erreicht in extremis, dass die Régie noch für die Produktion des 4 CV im Plan vorgemerkt wird. Die Aussicht, ein Fahrzeug dieser Klasse zu bauen, ist jedoch immer noch weit davon entfernt, für den Generalstab von Lefaucheux als attraktiv zu erscheinen. Die Männer, aus denen er sich zusammensetzt, sind die gleichen, die Louis Renault umgaben. Ausser Jean Louis – dem ehemaligen Kronprinzen, der das Unternehmen verlassen hat, um die Präsidentschaft von Babcock und Wilcox zu übernehmen, als man ihm versicherte, dass die ehemaligen Kader von Billancourt auf ihrem Posten bleiben würden. Zum Generalstab stiessen dann noch einige Neue, die zum Gefolge von Lefaucheux gehörten: Armand Ansay, der auf kurze Zeit einer der stellvertretenden Generaldirektoren wird, und Pierre Meilhan, der die Position eines juristischen Direktors übernimmt.

Die Gegner des 4 CV bringen eine Reihe von Argumenten vor: der Wagen sei zu eng, zu wenig attraktiv. Er weiche extrem von jenem Fahrzeugtyp ab, den die Franzosen bevorzugen. Er entspreche nicht dem traditionellen Markt von Renault. Es sei schwieriger, mit einem kleinen als mit einem grossen Modell Geld zu verdienen.

Ihnen gegenüber steht Lefaucheux allein oder fast allein. In Wirklichkeit sprechen sie nicht die gleiche Sprache. Lefaucheux hat die Automobiltradition und besonders die von Renault nicht tief genug in seinem Herzen verankert, um sie verewigen zu wollen. Er weiss hingegen, dass das Land arm ist – an Rohstoffen, an Kraftstoff, an Geld. Er kümmert sich damals weniger darum, eines Tages Gewinne zu erzielen, als die Mission zu erfüllen, die seiner Meinung nach einer Nationalen Régie zukommt; nämlich ein demokratisches Transportmittel für eine grosse Zahl von Kunden zu Niedrigpreisen zu produzieren und so zur Wiederankurbelung der Wirtschaft beizutragen. Der Wagen, den man produzieren wird, stellt dabei unter diesem Aspekt mehr ein Mittel zum Zweck dar. Und dann hat er in bezug auf Renault einen Ehrgeiz, den die ehemaligen Renault-Leute nicht haben: er weiss, dass die Zukunft der grossen Serie gehört, und dass nur ein wirtschaftliches Fahrzeug in der unmittelbaren Gegenwart sich für die Fertigung in Gross-Serie eignet.

Er hat ausserdem eine nationale Auffassung von seiner Rolle:

«Wir müssen», so erklärt er, «die Wiedergeburt heraufbeschwören, indem wir Wohlstand durch Arbeit und durch Produktion schaffen. Nun aber lebt die französische Automobilindustrie gefährlicher als die anderen infolge der zu hohen Preise für Energie, Rohmaterialien und besonders für Stahl. Diese Situation stellt unserer Industrie die vordringliche Aufgabe, Gewichtseinsparungen anzustreben, die gleichzeitig eine Ersparnis an Energie im Betrieb wie auch eine Ersparnis an Rohstoffen bei der Herstellung bedeuten!»

Ganz unbewusst hat Lefaucheux damit dem französischen Automobil eine Richtung gegeben, von der es auch später niemals wesentlich abweichen sollte.

Um nichtsdestoweniger gewissen Kritiken am 4 CV Rechnung zu tragen, lässt er einen Prototyp mit vier Wagentüren konstruieren («die Franzosen», so sagt man ihm, «werden nie einen Wagen mit zwei Türen kaufen») und das Testprogramm intensivieren. Das Hauptproblem ist die Lenkung, die erst später durch Rückholfedern eines neuen Typs verbessert werden wird. Ein Problem stellen auch die Hebel-Stossdämpfer dar, die später durch Teleskopstossdämpfer ersetzt werden.

Aber diese technischen Schwierigkeiten sind für ihn Probleme, die man lösen kann. Er zeigt den Wagen den Mitgliedern des Verwaltungsrates.

«Er ist amüsant», sagt der zukünftige Präsident des Automobile Club de France, Jean Richard-Deshais, der Louis Renaults Freund war, bevor er als Vertreter der Autofahrer zum Verwaltungsrat ernannt wurde. «Ja! Sehr amüsant, wenn man bedenkt, dass Sie einen Wagen bauen wollen, in den Sie, der Präsident der Régie, nicht hineinpassen!»

«Wie!» entgegnet Lefaucheux und rutscht mit seinen 187 Zentimetern hinter das Steuer. «Sie sehen wohl, dass ich da ganz bequem sitze!»

«Aber Ihr Kopf berührt fast das Dach!»

«Zunächst berührt er es nicht. Und dann werden wir es ausbeulen. Das wird seine Steifigkeit verstärken und das Ausstanzen erleichtern!»

«Er steht trotzdem ein wenig hoch auf den Rädern», bemerkt darauf Richard-Deshais.

«Nicht, wenn ich drin sitze!» ruft Lefaucheux lachend aus.

Die Arbeiten am Prototyp schreiten voran. Das Projekt von Lefaucheux reift aus. Um die Fabrik zu modernisieren und auf höchste Leistung zu bringen, muss man ihre Produktion rationalisieren. Im Jahre 1938 baute Louis Renault 6 Typen von Personenwagen mit 24 Aufbauvarianten; seine Serie von Nutzfahrzeugen umfasste 13

Bei der Wiederaufnahme der Tour de France wurde der 4 CV zum offiziellen Fahrzeug für die technischen Kommissäre dieses Radrennens bestimmt.

Modelle mit 19 Varianten. Lefaucheux ist fest entschlossen, nur einen einzigen Pkw in der ersten Zeit zu bauen, und dieser Wagen kann für ihn nur der 4 CV sein. Auf dem Gebiet der Nutzfahrzeuge hält er sich nur an 3 Typen: einen 1-Tonner, einen 2,5-Tonner und einen 3,5-Tonner. Ein Otto-Motor des gleichen Typs treibt die zwei leichten Fahrzeuge und den einzigen Traktor an, den Renault produzieren wird, und ein Dieselmotortyp wird für den schweren Lastwagen und den Omnibus verwendet werden.

Am 9. November 1945 versammelt Lefaucheux seine engsten Mitarbeiter um sich. Die Stimmung ist gut: Die Zeitungen haben gerade die Abschaffung der Brotmarken – die unangenehmste Rationierung für die Franzosen, denen ihre «baguettes» unendlich wichtig sind – angekündigt, und die ersten Autobusse beginnen an diesem Tage wieder auf den Strassen von Paris zu verkehren. Aber man vergisst bald diese erfreulichen Nachrichten über die Entscheidungen des Chefs. Pierre Lefaucheux hat alle seine Beigeordneten

43

befragt: acht von neun sind gegen das Projekt der Produktion des 4 CV und stimmen für das grössere Modell. Ein einziger stellt sich hinter Lefaucheux.

Aber dieser hat bereits entschieden.

«Wir bauen den 4 CV», sagt er. «Wir werden alle unsere Eier in den gleichen Korb legen, das heisst, dass wir den Korb besser überwachen müssen, aber auch, dass dieser grösser sein wird. Unser erstes Ziel ist eine Tagesproduktion von 300 Wagen!»

Am Tisch könnte man eine Fliege summen hören, so still ist es. 300 Einheiten desselben Modells pro Tag, wenn das ganze Werk weniger als 250 Fahrzeuge des gesamten Typenprogramms in 24 Stunden am Vorabend des Krieges herausbrachte! Die Skeptiker schneiden eine Grimasse, die Unruhigen zittern. Später spricht man von Kühnheit. Im Augenblick neigen die Zeugen vielmehr dazu, diesen Plan für eine Utopie, für eine sanfte Tollheit zu halten!

«Die malthusianischen Tendenzen sind in Frankreich natürlich», fügt Lefaucheux hinzu. «Es ist unsere Pflicht, den Lauf der Dinge zu ändern. Die Aufnahmefähigkeit der Märkte und die Rohstoffversorgung lassen uns keine andere Wahl als die des 4 CV. Wir müssen unsere Zukunft sicherstellen, indem wir einen wirtschaftlichen Wagen in grosser Serie herstellen, und wir müssen es allein schaffen, ohne irgendeine staatliche Unterstützung oder Erleichterung abzuwarten, die man uns nicht geben kann!»

Und sogleich legt Lefaucheux vor den Männern, die weit davon entfernt sind, seinen Optimismus zu teilen, die Etappen seines Weges fest:

«Der 4 CV wird auf dem Salon des nächsten Jahres vorgestellt. Die Produktion der Vorserie muss im Lauf des Sommers 1947 beginnen, und wir müssen 300 Exemplare vor dem Automobilsalon im Oktober 1947 an unsere Händler geliefert haben. Vor dem darauf folgenden Sommer wird unsere Produktion 130 bis 190 Wagen täglich betragen. Wir müssen im Laufe des Jahres 1949 auf 300 kommen!»

Die Entscheidung von Lefaucheux erregt innerhalb wie ausserhalb des Werkes einen Sturm der Ungläubigkeit. Man muss in der Tat in diesem Spätherbst mit dem Glauben eines Visionärs ausgestattet sein, um die Verwirklichung derartiger Ziele für möglich zu halten. Aber Lefaucheux will an nichts zweifeln, weder an sich selbst, noch an der Régie, noch an Frankreich. Er hat gerade eine Gruppe gegründet, die ihn prächtig definiert: den «Klub der Optimisten». Seine Mitglieder versammeln sich in regelmässigen Abständen bei Banketten, die entweder im Direktionsspeisesaal von Billancourt oder in einer Zuckerfabrik stattfinden, die einer der ihrigen, Poulain, ein Landwirt, leitet, welcher gerade die Kooperativen für Benutzung landwirtschaftlicher Geräte gegründet hat. Die Mitglieder dieses Klubs sind Industrielle und hohe Beamte, unter denen man Pierre Dreyfus findet. Sie adoptieren alle eine sehr einfache Spielregel: Jeder berichtet im Verlauf des Banketts, zu dem sie sich einfinden, den anderen seine Erfolge – nur seine Erfolge! Berichtet von Expansionsprogrammen, die er für sein Unternehmen oder seinen Tätigkeitsbereich vorhat. Die Fortschritte der einen ermutigen die anderen. Alle sind entschlossen, gegen den Malthusianismus zu kämpfen, der zwischen den zwei Kriegen geherrscht hat. Jeder von ihnen ist überzeugt, dass die Wirtschaft willensbetont sein muss. Lefaucheux findet bei «seinen Optimisten» neue Gründe, sich zu schlagen und gegen jede Skepsis zu beharren. Er findet weitere Gründe bei seiner Frau Marie-Hélène, deren ehrgeizige Ermutigungen ein mächtiger Ansporn für ihn sind.

Und weiter weiss Lefaucheux, dass er, während die Régie Renault sich noch immer mit dem Materialmangel herumschlägt, eine aussergewöhnliche Waffe in Reserve hat. Eine Waffe, die die Konstrukteure von Fertigungsstätten begeistert: die Transfer-Strasse. In der Gefangenschaft hat ein junger Ingenieur von Renault, Pierre Bézier, dieses Prinzip studiert. Es handelt sich um Maschinen mit vielfältigen Arbeitspositionen, die es erlauben, an ein- und demselben Werkstück eine ganze Serie verschiedener, aufeinanderfolgender Operationen auszuführen, wobei das Stück in einer Übertragungsbewegung seinen Platz ändert und automatisch von einer Arbeitsposition zur anderen befördert wird. Jedes Band enthält eine bestimmte Anzahl von Produktionseinheiten, die Werkzeuge aller Art zum Bohren, Fräsen und Gewindeschneiden aufnehmen können. Diese Einheiten werden von einem elektromechanischen «Gehirn» gesteuert. Eine Gruppe dieser «Gehirne» bildet die Transfer-Strasse. Diese Einheit von hoher Präzision – die selbst mit äusserster Genauigkeit die Dimensionen der Bauteile, die sie herstellt, überprüft – führt so ohne irgendwelche menschliche Beteiligung den gesamten Herstellungsprozess der kompliziertesten Komponenten durch.

Die Transfer-Strasse wird die absolute Waffe, die Lefaucheux ins Feld führt, um die Schlacht für den 4 CV zu gewinnen. Er lässt 29 Bänder installieren, und man kommt aus der ganzen Welt nach Billancourt, um die berühmte Werkstatt «U 5» zu besuchen, die sie beherbergt. Später verkauft man solche ebensogut in Detroit wie in Moskau. Einige dieser Transfer-Strassen sind mehr als 30 m lang und lassen 28 Arbeitspositionen mit 36 elektromechanischen Operationen zu, die mehr als 200 Werkzeuge steuern. Zwei Männer genügen zur Bedienung einer derartigen Maschine, während zuvor mehrere hundert erforderlich waren.

Als die Transfer-Strassen fertiggestellt sind, erstrecken sie sich hintereinanderaufgestellt über eine Strecke von zwei Kilometern: die Entfernung vom Place de la Concorde bis zum Arc de Triomphe.

*

Frankreich litt unter einem würgenden Devisenmangel. Sobald die ersten 4 CV vom Fliessband liefen, setzte Renault alles daran, um einen grossen Teil der Produktion zu exportieren. 1947 wurden 26 000 Wagen aus einer Gesamtproduktion von 68 000 Einheiten ausserhalb Frankreichs verkauft.

Die Wahl des 4 CV ist die erste grundsätzliche Entscheidung der Régie Renault gewesen. Das Signal für «freie Fahrt» zur Konstruktion der Transfer-Strassen – die in eigenen Werkstätten montiert werden – wird die zweite. Aber um dies zu erreichen, muss Lefaucheux einige Berge versetzen.

Während viele seiner Konkurrenten, von einem blutarmen Markt und einer unsicheren Versorgung eingeschüchtert, zu investieren zögern, ist Lefaucheux der einzige, der die freilich äusserst knappen Devisen annimmt, die das Ministerium für Industrielle Produktion der Automobilindustrie anbietet. Im Jahre 1946 kauft er vom Modernisierungs- und Ausrüstungsfonds 3,5 Millionen Dollar, derer er sich bedient, um neue Maschinen in den USA zu bestellen.

Er reist übrigens nach Amerika und kommt von dort, in seinen Vorstellungen bestärkt, zurück.

«Das einzige Geheimnis der amerikanischen Automobilindustrie», so sagt er, «ist im Grunde die grosse Serie. Wir sind weder dümmer noch weniger leistungsfähig als die Amerikaner, und es besteht keinerlei Grund, dass wir nicht ebenso erfolgreich sind wie sie!»

Die Arbeiter und Syndikate stehen auf der Seite von Lefaucheux. Es ist die Zeit, in der fünf kommunistische Minister in der Regierung des Generals de Gaulle sitzen und Maurice Thorez, der Generalsekretär der französischen kommunistischen Partei, Reden an die Massen im Namen der Produktion hält:

«Produziert, produziert! Das Interesse der Arbeiterklasse ist Arbeit und Produktion!»

L'Accélérateur, der Monatsbericht des Zentralausschusses des Unternehmens, dessen erste Nummer im Mai 1946 erscheint, teilt die Besorgnisse von Lefaucheux und vervielfacht die Appelle zum Sieg in der Schlacht um die Produktion und die Verstaatlichung.

«Man muss zugeben», so schreibt der Bericht, indem er über die Produktionskonferenz vom 27. April Rechnung ablegt, «dass ein gewisser Geist bei Renault wie in ganz Frankreich herrscht. Er zielt darauf ab, die Techniker und Kader gegen die Arbeiter aufzuhetzen. Aber durch Vervielfältigung der Kontakte werden wir uns gegenseitig schätzen lernen, und das bei Louis Renault entstandene Klima wird verschwinden!»

Die Namen der Arbeiter, die es erlaubt haben, diesen oder jenen Engpass zu sprengen und die eine technische Anregung unterbreitet haben, welche die Produktion verbessern kann, werden von der Régie bekanntgegeben.

«Wir sind glücklich, das Personal davon in Kenntnis zu setzen», so schreibt beispielsweise der *Accélérateur*, «dass unser Kollege Hoccry von der Werkstatt 230, Urheber der Anregung Nr. 98, in Zusammenarbeit mit dem Kollegen Remondière, eine vom Arbeitsminister als Belohnung für seine Initiative zur Verbesserung der Produktion und zur Sicherheit seiner Kollegen ausgesetzte achttägige Reise nach Algerien gewonnen hat.»

Man prangert die unzureichende Versorgung, die Lieferungsverzögerungen, die Haltung der Behörden an und fordert diese dringend auf, die Internationalisierung des Ruhrgebietes – politisch und wirtschaftlich vom übrigen Deutschland getrennt – unter der Kontrolle der Vereinten Nationen und des Weltgewerkschaftsbundes zu betreiben. Man beklagt sich über den Mangel an Ersatzteilen, der die Produktion lahmzulegen droht.

«Eine grosse Anzahl Fahrzeuge laufen halbfertig von den Fliessbändern und müssen nachträglich vervollständigt werden. Wir leben von einem Tag zum anderen. Die Schwierigkeiten, unter denen unsere

Ein neuer Wagen für eine neue Generation. Mit Begeisterung entdecken die Nachkriegskinder den «Flch» der Régie, welcher nach und nach Frankreich wieder auf vier Räder stellte.

Zubehörlieferanten leiden (Mangel an Rohstoffen oder Qualitätsmangel) werden mit jedem Tag grösser.»

Im Laufe des Monats Mai 1946 werden der Kundschaft in Ermangelung von Wagenhebern, Hämmern, Universalzangen und Schraubenschlüsseln, Fahrzeuge ohne Werkzeugausrüstung geliefert. Das ganze Jahr hindurch bleibt die Lage kritisch. Das Werk produziert nichtsdestoweniger im Jahre 1946 20 000 Nutzfahrzeuge und 8500

Personenwagen, im wesentlichen Juvaquatre, dessen Produktion wieder aufgenommen worden ist, aber auch schon einige «106 E.I.», die interne Bezeichnung, unter der der zukünftige 4 CV Gestalt annimmt.

Freilich fehlt immer noch am meisten die Kohle, obgleich die französische Produktion um 20% höher liegt als im Jahre 1938. Der Werksausschuss beklagt sich über die Verminderung der Einfuhren aus dem Ruhrgebiet, und das Büro des C.G.T. veröffentlicht sogar einen amtlichen Bericht, in dem es ankündigt, es habe, «von den durch die gegenwärtige Krise in der Kohlenversorgung gestellten Problemen unterrichtet, beschlossen, diese Situation bei dem britischen Trade Union Congress anhängig zu machen und ihn um seine Unterstützung zu bitten, damit Frankreich eine ausserordentliche Zuteilung von Ruhrkohle erhält». Lefaucheux fügt mit lauter Stimme diesem Konzert von Klagen hinzu:

«Die Kontingente an Rohstoffen», so sagt er, «werden uns auf der Basis von 70% unseres Verbrauches von 1939 zugeteilt. Man hindert uns so daran, die Gross-Serien aufzulegen. Will man uns dazu verurteilen, die Gestehungskosten zu hoch zu halten, so dass wir gegen die internationale Konkurrenz nicht bestehen können?»

Als Symbol für den eingekehrten Frieden öffnet der 35. Automobilsalon am ersten Donnerstag des Monats Oktober im Grand Palais seine Tore. Ein seltsamer Salon, in dem alle ausgestellten Wagen entweder Museumsstücke oder einfache Versprechen sind. Das einzige Fahrzeug, das man dort tatsächlich kaufen kann, ist ein 20 CV-Delahaye mit Spezialkarosserie. Aber der 4 CV ist da, er zieht die Massen an und lässt sie lächeln. Dieser «handgefertigte»Wagen, den man nur ansehen darf, ohne ihn zu berühren oder ausprobieren zu können, ist der ungewöhnlichste des Salons. Man fragt sich sogar, ob er wirklich fährt. Die Position seines Motors setzt in Erstaunen. Man überhäuft ihn mit Sarkasmen, man erfindet wenig gefällige Namen für ihn wie «Schmetterling», «Floh», «kleiner Butterklumpen». Seine Farbe schwankt zwischen der frischer Butter und Cremegelb. Eine Farbe, wie sie die ersten Versuchsfahrzeuge haben werden, die zum Teil nach Nordafrika gehen und zum Teil den Kadern der Fabrik anvertraut werden, die sie auf den Strassen der Hauptstadt zur Probe fahren sollen.

«Ich will, dass man sie sieht», hat Pierre Lefaucheux gesagt. Man hat auf das traditionelle Schwarz verzichtet und sie in ein Bad gelblichen Lacks getaucht – eine durch Zufall aus den Vorräten von Rommels Afrikakorps erbeutete Farbe.

«Wenigstens» sagt Lefaucheux, indem er die Bilanz aus diesem ersten Nachkriegssalon zieht, «haben unsere zukünftigen Käufer feststellen können, dass es sich wohl um ein Automobil und nicht um einen Dreiradler handelt!»

Gala-Soirée zu Ehren von Princess Margaret von England anlässlich ihres Paris-Besuchs.
Sie wird von Pierre Lefaucheux namens der Régie willkommen geheissen.

Wenn Renault sich erkältet...

Der Winter 1946—1947 ist rauh. Man registriert in Paris Temperaturen von −15° C. Die Jahreszeit ist auch in Billancourt unangenehm, wo man hart arbeitet, um aufzubauen und die Werkzeuge für den 4 CV zu installieren.

Denn der Wagen wird wohl 4 CV heissen. Lefaucheux hat für die Belegschaft einen Wettbewerb ausgeschrieben, um für seinen neuen Wagen einen Namen zu finden. Man hat die «Régine», die «Réginette», die «Régiequatre» vorgeschlagen, aber die Einfachheit hat überwogen, die Bezeichnung «4 CV», und so bleibt es bei 4 CV.

Im Verlauf des Winters und des darauffolgenden Frühjahrs werden für den neuen Wagen 350 000 Stunden für Konstruktionszeichnungen und 2 600 000 Arbeitsstunden in der Werkstatt aufgewendet. Für das neue Fahrzeug werden 500 Spezialmaschinen, 1450 Blechbearbeitungswerkzeuge und 2450 Montageanweisungen für Bearbeitung und Bleche entworfen.

Um die erforderlichen Geldmittel zu beschaffen, legt Renault eine Anleihe von 500 Millionen Francs auf. Da sich Lefaucheux nicht an Privataktionäre wenden kann und auch nicht den Staat um Hilfe angehen will, entscheidet er sich für den öffentlichen Kapitalmarkt und die Banken. Der Zinssatz ist noch niedrig: für die Anleihe von 1947 beträgt er 4,25%. Aber es herrscht auch Inflation, die die Schuldenlast weniger drückend werden lässt. Entschlossen, zu wachsen, zu bauen, also zu investieren, kümmert sich Lefaucheux damals weniger darum, Gewinne zu erzielen, als die Produktion im Werk zu entwickeln. Die Gewinne tragen gewiss zur Selbstfinanzierung bei, aber die Anleihe in dieser Periode ständiger Geldentwertung sorgt auch wohl für die Finanzierung der Investitionen.

Als Lefaucheux den Feldzug für seinen Wagen und die Régie führt, lädt er Minister und andere Persönlichkeiten ein, am Steuer des 4 CV Platz zu nehmen. Eines Tages fährt er so in Begleitung von Marcel Paul, der für eine Zeitlang Minister für Industrielle Produktion wurde. Ein anderes Mal ist es André Siegfried von der Akademie, ein grosser Amerika-Fachmann, der in Lefaucheux den Geist Henry Fords wiederzufinden meint.

Wenn der Präsident von Renault Gruppen von Industriellen, Politikern und hohen Beamten empfängt, gerät er in Leidenschaft, um sie von der Zukunft des Automobils und seiner bevorstehenden Demokratisierung zu überzeugen.

«Diese wirklich überholte Auffassung vom Automobil als Luxusartikel, das den vermögenden Privilegierten vorbehalten ist, muss verschwinden», sagt er. «Das Beispiel Amerikas zeigt uns, dass das Auto immer breiteren Schichten der französischen Bevölkerung zugänglich werden muss. Zuerst wird der Ingenieur, dann der Meister und schliesslich auch der Arbeiter den täglichen Weg zwischen seiner Wohnung und seiner Arbeitsstätte im Automobil zurücklegen. Dies wird ihm auch erlauben, sich seinen Wohnort in einer gewissen Entfernung von den Industriezentren zu wählen. Von dieser Idee liessen wir uns in der Régie leiten, als wir den Beschluss fassten, im Personenwagenbau sämtliche Anstrengungen auf einen zwar komfortablen, aber vor allem in der Anschaffung, in der Wartung und im Verbrauch billigen Wagen zu konzentrieren. Dieser soll breiten Käuferschichten zugänglich sein, welche in dem Masse weiter wachsen werden, als sich die Kaufkraft der Franzosen im Zuge des Wiederaufbaus erholt. Wir verlangen weder Subventionen noch Protektion, aber wir verlangen mit allem Nachdruck, den unsere gute Sache rechtfertigt, billige Rohstoffe und Energie, die wir benötigen, um Frankreich die modernen Transportmittel zu verschaffen, die unentbehrlich sind, wenn es Frankreich bleiben will!»

Und der Ausschuss des Unternehmens stimmt bei:

«Es ist unbedingt erforderlich, dass der 4 CV sofort seinen Platz auf allen Märkten einnimmt, da wir auch an die entstehende Konkurrenz des Volkswagens denken müssen, für den man bedeutende Produktionszahlen und niedrige Preise vorsieht. Wir wollen in der Tat bei uns nicht das Elend, die Arbeitslosigkeit und die Verlangsamung des sozialen Fortschritts sich einnisten sehen, die die unvermeidlichen Folgen eines Scheiterns im Produktionskampf wären. Dafür brauchen wir dringend Rohstoffe!»

*

Wenn Lefaucheux auch von den Gegnern der Verstaatlichung angegriffen wird, ebenso von jenen, die seine Kühnheit vermessen nennen, wenn ihn auch jene verspotten, die angesichts dieses sonderbaren kleinen Wagens, den er Frankreich verspricht, skeptisch bleiben, so hat er doch das Werk gut in der Hand. Die kameradschaftlichen Kontakte in den Werkstätten bringen ihn seinen Männern nahe. Er erreicht es, dass gewisse Abteilungen bis zu 72 Stunden pro Woche arbeiten, damit das Unternehmen die Termine einhalten kann.

Er hat den Sekretär des Säuberungsausschusses, einen hartnäckigen, mächtigen und tief menschlichen Bretonen, Edmond Le Garrec, zum Personalchef befördert. Das vor dem Kriege angefertigte Karteiblatt von Le Garrec, das aus jener Zeit stammt, in der er Fertigungschef der Blechbearbeitung war, gibt an: «Sozialist, ausgezeichnetes Element, für seine Arbeit zu erhalten!»

Lefaucheux hat sein Gerechtigkeitsgefühl, seinen Mangel an Sektierertum, seinen gesunden Menschenverstand in der Zeit, da sie gemeinsam die Mitarbeiter des Werkes auszusuchen hatten, schätzen gelernt. Er beruft ihn zu sich:

Fühlen Sie sich stark genug, um Personaldirektor zu werden?»
Verdutzt entgegnet Le Garrec:
«Es ist so, als forderten Sie einen Leutnant auf, General zu werden!»
«Sie haben Eigenschaften, die Sie selbst nicht ahnen. Sie werden den Posten sechs Monate auf Probe übernehmen. Wenn es nicht klappt, werde ich für Sie etwas anderes finden.»
«Nur, wenn meine Gewerkschaft einverstanden ist», antwortet Le Garrec.
»Nun gut! Fragen Sie sie!»
Die zuständigen Männer der Gewerkschaft sind davon begeistert. einen der ihren in dieser Schlüsselposition zu sehen. Indem Lefaucheux die Männer mit Hilfe von Le Garrec führt, mit dem Ausschuss des Unternehmens zusammenarbeitet und von den Gewerkschaften unterstützt wird, die sich darüber klar sind, dass man zunächst «die Produktionsschlacht gewinnen muss», verdoppelt er die Anstrengungen, um das Werk auf die ehrgeizigen Ziele vorzubereiten, die er genau bezeichnet hat.

Es ist eine erstaunliche Periode, in der im Monat Februar 1947 die Abgeordneten der Belegschaft, nachdem das Werk während des vorangegangenen Betriebsjahres einen Gewinn von 46 Millionen erzielt hat, öffentlich erklären:

«Es scheint uns nicht angebracht, zu einer Verteilung der Gewinne zu schreiten, und zwar aus drei Hauptgründen: Die Régie ist Eigentum der Nation und der Belegschaft; die Notwendigkeit, die Einrichtung und die Werkzeuge zu erneuern, erfordert es, dass ein Teil des Gewinns wieder investiert wird; endlich muss den Löhnen aufgrund der Ergebnisse des Betriebes, die ihrerseits vom Produktionszuwachs abhängig sind, Rechnung getragen werden!»

Es ist auch die Epoche, in der Lefaucheux eine sogenannte Treueprämie einführt, die die staatliche Altersversorgung vervollständigen soll.

Aber dieses Klima des Verständnisses und der brüderlichen Zusammenarbeit hält nicht an: Die Régie erlebt im April 1947 ihren ersten Streik, und dieser Arbeitsstillstand hat schwere politische Folgen.

Er beginnt in der Zahnradabteilung, wo man eine Lohnerhöhung verlangt. Lefaucheux fragt Coste, den kommunistischen Abgeordneten von Billancourt, ob er eingreifen könne. Die beiden Männer kennen sich gut und schätzen einander. Auch Coste ist deportiert gewesen. Er ist populär im Werk: das Personal hat vor dem Kriege Geld in Höhe von einem Franc pro Arbeiter gesammelt, um ihm einen Primaquatre zu schenken. Er hat stets die Bemühungen von Lefaucheux unterstützt und vor den ungeduldigsten Arbeitern wiederholt: «Bevor man ein Haus verschönert, muss man es erst bauen!»

Aber dieses Mal vermag er nichts. Eine unkontrollierte Gruppe, die «demokratische Gewerkschaft», ist Anstifterin der Streikbewegung. Die Abgeordneten der C.G.T. gehen sogar soweit, dass sie Lefaucheux aufsuchen und ihn bitten, die Hetzer zu entlassen:

«Mit welchem Recht?» entgegnet Lefaucheux.

Der Mangel an Zahnrädern lähmt bald das ganze Werk. Lefaucheux spricht zu den Streikenden; zum ersten Mal aber gelingt es ihm nicht, sich Gehör zu verschaffen. Das Echo des Konfliktes hallt über das Fabrikgelände hinaus. Der Sozialist Paul Ramadier präsidiert damals eine Regierung, in der noch die Kommunisten ihren Sitz haben.

«Niemals wird uns die Linke überrennen», erklärt mit Nachdruck der kommunistische Arbeitsminister Ambroise Croizat.

Das französische politische Leben nimmt so eine entscheidende Wendung: Als der Konflikt am Verlöschen ist, beschliesst die C.G.T., den Streik der Abteilungen 6 und 18 zu unterstützen. Die Kommunisten aber verlassen die Regierung, um nicht mehr zurückzukehren.

Vergeblich versichert Lefaucheux, dass «Renault nie Politik macht, sondern nur Autos baut»; aber es wird offenbar, dass der Einfluss von Billancourt auf die politische und wirtschaftliche Entwicklung des Landes schon bestimmend ist und stets bestimmend sein wird. Es ist auch offenbar, dass Renault schwerlich die soziale Harmonie der Anfänge der Régie wiederfinden wird.

Man merkt es wohl, wenn der Leitartikler des *Accélérateur* in freilich gemässigtem Ton die Angriffe wieder aufnimmt, die schnell in den offiziellen Gewerkschaftsberichten zur Gewohnheit werden.

«Im Rahmen der autoritären Lohnregelungen», so schreibt er, «werden die nationalisierten Unternehmen in ihrer Gesamtheit Widerstandsinseln gegenüber jeder Aktion, die zum Ziele hat, das Lebensniveau der Arbeiter zu verbessern ... Der Chef 'Staat' ersetzt nur die Aktionäre der Privatgesellschaften.

Da die Verstaatlichung den Arbeitern keine Verbesserung ihres Lebensstandards gebracht hat, die sie davon erwarteten, könnten sie sich davon abwenden ... Vielleicht ist übrigens diese Entfremdung des Personals, die man hinsichtlich der Verstaatlichungen hervorrufen möchte, nur eine der Formen des heimtückischen Kampfes, den man gegen sie führt!» Lefaucheux ist tief getroffen von dieser Entwicklung. Er ist jedoch weit davon entfernt, niedergeschlagen zu sein. Im Werk, in den Werkshallen bleibt sein Prestige unangefochten. Aber er weiss, dass das Schicksal des Unternehmens vorgezeichnet ist.

«Wir müssen immer zwischen den Verteidigern der 'guten Prinzipien', die Renault nicht lieben, weil es nationalisiert ist, und den Verteidigern der 'wahren Prinzipien', die es nicht lieben, weil es keine Gütergemeinschaft ist, hindurchmanövrieren. Wie schade, dass es keine in der Mitte orientierten Prinzipien gibt, das hätte die Dinge sehr erleichtert...!»

Er zieht die Bilanz aus dem Streik: 2000 Fahrzeuge im Wert von 500 Millionen, von denen 40% hätten exportiert werden können und die einen Gegenwert von 200 000 Doppelzentnern Getreide geliefert hätten, wurden nicht gebaut. Er schreibt mit Hinblick auf die Belegschaft:

«Lassen wir uns nicht entmutigen! Ahmen wir den Radfahrer nach, dessen Reifen auf dem Höhepunkt des Rennens geplatzt ist: Fluchen wir ein wenig, pumpen wir schnell den Reifen wieder auf und spurten wir wieder an die Spitze des Feldes...!»

Er weiss jedoch, dass er soeben seine erste Niederlage erlitten hat:

«Eine beklagenswerte Propaganda ist gegen unser nationalisiertes Werk unternommen worden und hat unseren Gegnern wieder Mut gemacht. Diese haben in jenem Streik ein Vorzeichen für das Scheitern des Experimentes Renault zu sehen geglaubt. Und dann hat der Streik die Anstrengungen gewisser anderer Kräfte wiederbelebt, die unserem so lebendigen und dynamischen Unternehmen eine Routineverwaltung geben möchten, indem sie es einem engen Formalismus unterwerfen!»

Man hat tatsächlich nie den Plan aufgegeben, der Régie jene Vorkontrollen aufzuerlegen, denen Lefaucheux bei Abfassung der Satzung zu entgehen verstanden hat, und Lefaucheux wird sich dessen auf eigene Kosten gewahr werden. Jeder Fehltritt in der Affäre von Billancourt wird so von denen ausgebeutet, die sich nicht damit abgefunden haben, dass das Werk und sein Chef eine Autonomie geniessen, die wenig konform mit der Natur eines öffentlichen Unternehmens ist.

*

Renault erholt sich jedoch von diesem ersten Schock und verfolgt seinen Marsch nach vorwärts. Die ersten in Serie hergestellten 4 CV rollen am 12. August 1947 nach den Ferien vom Band. Lefaucheux hat verlangt, dass 300 Wagen – einer für jeden Händler – vor Eröffnung des Salons bereitstehen. Sie stehen bereit: am 2. Oktober, zwei Tage vor dem dritten Jahrestag der Ankunft von Pierre Lefaucheux in Billancourt, läuft der 300. 4 CV vom Band. Am Salon, wo der 4 CV nachbarlich neben einem noch ungewöhnlicheren Prototyp, dem des 2 CV Citroën steht, begnügen sich die Kunden diesmal nicht damit, den Wagen anzuschauen und über ihn zu lächeln: Sie können ihn auch ausprobieren.

Und sogleich vergeht ihnen das Lachen. Dieses kleine, leichte und temperamentvolle Auto begeistert jene, die es erstmals ausprobieren. Der 4 CV ist nicht gross, aber vier Personen finden darin bequem Platz.

Der 4 CV ist nicht teuer. Sein Benzinverbrauch ist gering, kaum mehr als 6 Liter auf 100 Kilometer. In einer Zeit, in der der Kraftstoff immer noch streng rationiert ist – man hat jedem Automobilisten grosszügig 20 Liter für die Ferien zugesprochen! – und da sein Preis gerade auf 43 Francs pro Liter anstieg, sind das beachtenswerte Argumente. Sofort beginnen die Bestellungen zu fliessen. Die Lieferfristen klettern auf ein Jahr, auf 18 Monate, auf zwei Jahre.

«Es wird schwer sein, uns in Frankreich zu schlagen!» erklärt Lefaucheux strahlend.

Das Frankreich der Nachkriegszeit stellt sich unter die Glücksziffer der Régie: 4 CV – 4 Türen – 4 Plätze.

Man wäre glücklich, würden die Wogen der politischen Auseinandersetzungen im Palais Bourbon nicht bis Billancourt rollen, wo am 18. November 1947 ein neuer Streik ausbricht. Er wird lange dauern – drei Wochen –, kostspielig und unangenehm werden. Gleich zu Anfang verletzen sich zwei Mitglieder des Streikausschusses, der Chemiker Lamarca und der Arbeiter Loeffler, beim Anfertigen von Molotow-Cocktails. Am Sonntag, dem 23. November, untersagt das Streikkomitee den Angestellten, die sich gegen den Streik ausgesprochen haben, den Zutritt zum Werk. Man musste den 26. abwarten, bis die als Schiedsrichter auftretende Regierung den Streikenden ihre Vorschläge unterbreitet, die diese aber ablehnen. Die Direktion verlangt eine freie Abstimmung der Belegschaft. Die Gewerkschaften widersetzen sich. Nichtsdestoweniger wird entschieden, dass am 1. Dezember im Ausstellungspark an der Porte de Versailles eine unter

Die 300 ersten 4 CV sind am Vorabend des Automobilsalons 1947 in Reih und Glied in Billancourt aufgestellt, um programmgemäss den Händlern übergeben zu werden.

die Kontrolle des Arbeitsministeriums gestellte Abstimmung organisiert wird – daselbst, wo später der Automobilsalon stattfinden wird.

Die Untergrundbahn jedoch, die schon am Morgen mit geringerer Frequenz verkehrte, setzt gegen Mittag in Ermangelung elektrischen Stromes völlig aus. Das Ministerium unterbricht daraufhin die Abstimmung. 7925 Arbeiter und Angestellte haben jedoch daran teilnehmen können: 73% von ihnen sind für die Wiederaufnahme der Arbeit. Aber die Streikenden halten die Fabrik weiterhin besetzt. Als Lefaucheux später die Bilanz aus dieser Besetzung zieht, stellt er ernsthafte Beschädigungen fest, aber auch zahlreiche Diebstähle: 5400 Liter Benzin, mehr als 100 Tonnen Kohle und Koks!

Die Arbeit wird schliesslich am 10. Dezember wieder aufgenommen: Lefaucheux, der Optimist, ist diesmal tief betrübt und verbittert. Er ruft alarmiert aus:

«Welches Recht haben wir, den Ast, auf dem wir sitzen, abzusägen? Die Régie hat keine anderen Mittel, als die Frucht ihrer Arbeit. Sie kann aus ihren Kassen nur das herausnehmen, was sie durch ihre Arbeit verdient hat. Volle Kassen sind aber notwendig, um die Politik der hohen Löhne, die wir alle wünschen, zu realisieren!»

Er weiss freilich, dass man mit dem Arbeitsstillstand nicht die Régie treffen wollte, sondern die Regierung. Er zweifelt jedoch nicht daran, dass eine Wiederholung solcher Vorgänge nur zwei Opfer haben kann: das Unternehmen und die Nationalisierung.

«Die Lage ist äusserst ernst», fügt er hinzu. «Ein dritter Streik würde sicher die Nationalisierung unserer Fabriken zu Grabe tragen. Sie würde vielleicht sogar zur Schliessung unseres Unternehmens führen!»

Aber er lernt, mit der Widerwärtigkeit zu leben und mit dem Streik. Später zieht er daraus eine realistische, aber ein wenig traurige Philosophie, indem er feststellt, dass «Renault von Anfang an der Balkon des Gewerkschaftskampfes und des rechthaberischen und rebellischen Pariser Metallarbeiters ist».

«Das Zentrum der Zyklone, die manchmal über Paris hinweggehen, hat sich vom Vorort Saint-Antoine und vom Rathausviertel, wo es sich in den Jahren 1789, 1830, 1848 und 1871 befand, in das industrielle Weichbild und insbesondere nach Billancourt verlagert. Aber es wäre falsch zu sagen, dass die Nationalisierung von Renault, dieser industrielle, technische und kommerzielle Erfolg, ein sozialer Misserfolg sei. Die auf sozialem Gebiet und in der Arbeit gemachten Anstrengungen reichen nicht aus, von heute auf morgen eine Fabrik, die nicht gerade den Ruf genoss, ein Paradies zu sein, in ein solches zu verwandeln!»

*

Es fehlte vorerst die wirtschaftliche Basis für die Herstellung von Sondermodellen für Autoliebhaber und Rennsportfreunde. Der 4 CV war die Antwort hierauf und sehr bald entstanden originelle und sportliche Versionen auf der Basis des kleinen Flohs, teils von Bastlern, teils von Professionellen gefertigt.

Wenn Renault sich erkältet, niest Frankreich. Aber das Umge-
kehrte ist auch wahr. In diesem Fall erholen sich beide schneller,
als man es von dieser «Erkältung» erwarten konnte. Renault hat
1947 25 000 Nutzfahrzeuge und nahezu 19 000 Personenwagen
(ausschliesslich das Vorkriegsmodell Juvaquatre) produziert. Ein
Jahr später steigt die Produktion auf 35 000 Nutzfahrzeuge und
32 000 Pkw.

Der Etoile Filante brach auf dem Bonneville Salzsee in Utah, USA, mit 309 km/h den Weltrekord für Turbinenwagen. Er wurde von einem 270 PS-Turbomeca-Triebwerk angetrieben und entwickelte sich bald zu einem hervorragenden Werbeinstrument der Régie.

Mehr denn je zuvor ist die Régie, die «Lokomotive» der französischen Industrie, von nun an zuverlässig an ihre eigene «Lokomotive» angehängt: Die Produktion des 4 CV wächst nach dem von Pierre Lefaucheux gesetzten Ziel. Im Dezember 1948 erreicht der «kleine Butterklumpen» eine Tagesproduktion von 232 Einheiten und nähert sich damit allein schon der Gesamtproduktion von Renault im Jahre 1938.

Der Umsatz steigt von 12,3 auf 31,5 Milliarden Francs, und Renault erzielt einen Gewinn von 762 Millionen. Im Juli sind 124 Millionen unter dem Titel «Ausdauerprämie bei der gemeinsamen Anstrengung» an die Belegschaft verteilt worden. Nach Fertigstellung der Bilanz wird die Belegschaft zum ersten Mal an den Ergebnissen des Unternehmens direkt interessiert: 300 Millionen Gewinne werden an den Staat gezahlt und 300 weitere unter Arbeiter, Angestellte und Kader verteilt.

Der Maschinenpark wurde in beträchtlichem Ausmass modernisiert: Sein mittleres Alter betrug unmittelbar nach dem Kriege 20 Jahre, es beträgt nun nur noch 17 Jahre. Die Effektivstärke der Belegschaft ist auf 40 000 angestiegen, die Produktivität des Werkes nimmt jedoch ebenfalls laufend zu: Im Jahre 1945 produzierten 15 Arbeiter ein Auto pro Monat, 1946 waren hierfür nur noch 8, 1947 bloss 6 und 1948 gar nur noch 5 Arbeiter erforderlich.

Man ist nicht mehr weit davon entfernt, die Produktion von 1938 zu verdoppeln: Dies wird im Jahre 1949 Wirklichkeit. Um diese Expansion zu finanzieren, hat die Régie Renault eine neue Anleihe im Betrag von einer Milliarde Francs aufgelegt: Einige Wochen später wird der Franc erneut abgewertet. Er ist das Opfer einer inflationistischen Spirale, die die aufeinanderfolgenden Regierungen nicht zu bremsen vermögen.

In seinem ersten Lebensjahr hat der 4 CV Frankreich noch nicht zur Vollmotorisierung verholfen. Aber er hat bereits zwei «Prix d'Elégance» gewonnen und den Freunden des Automobilsports neue Hoffnung eingeflösst. Sehnsüchtig warteten diese auf ein erschwingliches Auto, das auch für den Sport geeignet wäre. Im Juli 1948 nahmen drei 4 CV am 1800 km langen «Circuit des Alpes» teil und bewältigten die Strecke mit der vorgeschriebenen Durchschnittsgeschwindigkeit. Im September belegen 4 CV die ersten fünf Plätze ihrer Kategorie beim Bergrennen am Mont-Ventoux, wo Daligand den Gipfel des «Riesen der Provence» mit mehr als 60 km/h Schnitt erreicht.

Man hat in der Zwischenzeit einen der zwei Hauptfehler des neugeborenen Modells behoben, indem man seine allzu harte Lenkung mit einer Rückholfeder versehen hat. Man beseitigt den zweiten Fehler im Jahre 1949 durch Einbau von Puffern zur Begrenzung des Federweges der Hinterräder.

Flins war «sein Werk», deshalb wurde es auch nach seinem Tode Werk Pierre
Lefaucheux getauft. Vor dem Werkseingang erinnert ein nüchternes Monument
an jenen Mann, der in zehn Jahren der Régie eine Seele und eine neue Dimension
gegeben hat.

Direktion Flins

Lefaucheux ist von 35 bis 40 Herren umgeben. Alle leitenden Angestellten, alle Direktoren sind anwesend. Der Chef, wie immer eine Gauloise im Mundwinkel, lacht über das ganze Gesicht. Seine langen Ritte zu Pferd, seine Fahrradtouren, die Ferien im Kanu oder beim Camping halten ihn offenbar in Form.

Man erzählt noch in Billancourt die Geschichte jenes Ministers, der mitten während eines Generalstreiks Lefaucheux an einem Morgen Ende Juli telefonisch zu erreichen suchte.

«Bitte, geben Sie mir Herrn Lefaucheux», ersucht er die diensttuende Sekretärin.

«Er ist nicht da, Herr Minister!»

«Wie, nicht da? Mitten im Streik?»

«Die Fabrik ist nicht in Streik getreten, Herr Minister. Sie ist in Ferien und geschlossen!»

«Das ist egal. Ich muss Herrn Lefaucheux sprechen. Wo ist er?»

«Auf Korsika, Herr Minister, mit seinem Boot!»

«Nun gut! Wie heisst sein Boot? Ich werde ihn per Funk rufen lassen . . . !»

«Das können Sie nicht, Herr Minister. Herr Lefaucheux fährt Kanu und schläft im Zelt . . . !»

An jenem Tage entdecken seine Mitarbeiter überrascht einen neuen Gegenstand in seinem Büro, nämlich einen Globus. Er hat ihn nach einer Konferenz, bei der von der Expansion des Exports die Rede gewesen ist, durch seine Mitarbeiterin Marguerite Dubruel kaufen lassen.

«Seien Sie so freundlich und beschaffen Sie mir einen Globus!» hat er sie damals gebeten. «Ich muss doch wissen, welchen Weg wir einschlagen!»

Mit den Fingerspitzen dreht er den Globus und wendet sich an seinen Stab:

«Ich hatte Ihnen gesagt, dass wir 300 4 CV täglich fertigen würden. Wir sind bald soweit. Wenn ich Sie nun zu mir gebeten habe, so deshalb, weil ich jeden von Ihnen fragen möchte, was er in seinem Sektor braucht, um 500 Wagen herstellen zu können!»

Einige der Anwesenden blicken sich vielsagend an. Aber Lefaucheux lässt ihnen nicht die Zeit, ihrer Skepsis Ausdruck zu geben.

«Und in sechs Monaten», so fährt er fort, «machen Sie mir die gleiche Aufstellung für 1000 Einheiten pro Tag!»

Stille im Saal . . . Diese neue Zielsetzung macht alle diese reifen und erfahrenen Männer, die ihr Handwerk bei Louis Renault gelernt haben und die die Vorkriegszeit nicht an so wahnsinnig hohe Produktionsziffern, an so ehrgeizige Ziele, gewöhnt hat, stutzig und sprachlos.

Der Beweis ist jedoch schon geliefert, dass Renault für die grosse Serie kein besser geeignetes Modell in jenen Jahren hätte entwickeln können. Und die Zeit liegt weit zurück, als ein Minister bemerkte, dem Lefaucheux den Prototyp 4 CV zeigte:

«Renault ist ein grosses Unternehmen, das Grosses leisten muss. Es muss also grosse Wagen bauen!»

In Erinnerung an dieses Wort verzichtet Lefaucheux nie auf die Schlussfolgerung:

«Dieser Minister war ein Dummkopf!»

Er neigt übrigens dazu, alle in einen Topf zu werfen und freut sich darüber, auf ein ministerielles Amt verzichtet zu haben, wozu ihn Marie-Hélène in der ersten Zeit nach der Befreiung drängte. Dieser Draufgänger, dieser Kämpfer, dieser Maschinenbauer vermag sich nicht dazu zu zwingen, diplomatisch zu verhandeln, wenn er an die Türen der ministeriellen Kabinette klopft. Jeder Finanzminister träumt davon, über Lefaucheux ein Redeverbot zu verhängen und ihm seine Vormundschaft aufzuerlegen.

Als er einige Jahre später den Minister jener Zeit, Maurice Petsche, um die Genehmigung bittet, eine neue Anleihe aufnehmen zu dürfen, wird die Unterredung derartig gespannt, dass er zwar ohne Anleihe das Ministerium verlässt, dagegen aber fast mit der Gewissheit, einen staatlichen Kontrolleur aufgehalst zu bekommen. Ratlos sucht er Pierre Dreyfus im Ministerium für Industrie auf. Dreyfus, seit Dezember 1947 Mitglied des Verwaltungsrats der Régie und seit März 1948 ihr Vizepräsident, ist ihm gleichzeitig ein aufrichtiger Freund und wertvoller Bundesgenosse geworden. Dreyfus, mit Kabinett und Verwaltung bestens vertraut, bewegt sich im Sumpf der Macht wie ein Fisch im Wasser. Er hat für Lefaucheux eine wahre Bewunderung und lächelt über die an diesen impulsiven und unabhängigen Industriekapitän freigebig verschwendeten Kritiken:

«Lefaucheux», so sagt man in der Regierung, «handelt nur nach seinem Kopf. Man muss ihm eine Haube aufsetzen!»

Dreyfus lässt Lefaucheux sein Missgeschick erzählen.

«Beunruhigen Sie sich nicht!» so sagt er. «Wir werden zusammen zu Petsche zurückkehren. Aber vor allem, machen Sie nicht den Mund auf!»

«Vor dem Finanzminister gibt Dreyfus Lefaucheux die Schuld; Lefaucheux hat Mühe, an sich zu halten. Und nachdem Dreyfus den Minister beruhigt hat, wird er einschmeichelnd und liebenswürdig. «Notwendig», so sagt er, «ist die Ernennung einer Kommission von drei oder vier hohen Beamten, die die Geschäfte der Régie überwachen!»

Petsche ist besänftigt und lässt sich erweichen. Er ernennt eine Kommission von drei Mitgliedern, «einen juristischen Beirat», der sich aus Dreyfus selbst, und aus Bloch-Lainé, dem damaligen Direktor des

Bei seiner zweiten Präsentation am Pariser Automobilsalon im Oktober 1947 ist der 4 CV nicht mehr bloss ein Versprechen, sondern eine Realität. Die Besucher können ihn ausprobieren und bestellen.

Schatzamtes, und aus Rosenstock-Frank, dem Direktor für Preiskontrollen, zusammensetzt, und beauftragt sie, die Entwicklung von Renault aufs engste zu kontrollieren. Die verhaltene Wut von Lefaucheux kommt auf der Treppe des Ministeriums zum Ausbruch.

«Sie haben Unrecht», sagt Dreyfus. «Wir haben gewonnen. Sie haben keine 'Kontrolle a priori'. Einmal im Monat laden Sie Ihre Kommissäre zum Essen ein; Sie werden sich prächtig mit ihnen verstehen, da wette ich mit Ihnen. Sie werden sehen, es werden die besten Verteidiger der Régie...!»

Und sie werden es in der Tat.

Im April 1949 erreicht der 4 CV die erste Stufe von 300 Einheiten pro Tag. Schon ist ein Fünftel der Produktion jenseits der Grenzen in den Überseeländern Frankreichs und sogar in den Vereinigten

Staaten verkauft, wo er im vorhergegangenen Sommer eingeführt wurde. Das Ziel für New York ist der Verkauf von möglichst 1000 Wagen pro Monat. Aber der amerikanische Markt kennt keine halben Massnahmen: von September 1948 an wurden 3200 4 CV jenseits des Atlantiks in einem einzigen Monat bestellt; Renault ist ausserstande, die Nachfrage zu erfüllen.

Man steigert die Produktion, während die Auftragsbücher 18 Fertigungsmonate füllen. Der Rhythmus der Produktion des 4 CV steigt von 315 Einheiten pro Tag im Oktober 1949 auf 330 Einheiten im Dezember 1949, und auf 400 im Juni 1950. Inzwischen hat die Montage eines Drehstabs die Strassenlage des Fahrzeugs verbessert, und der Durchmesser der Achsschenkellager – die von nun an mit Stahlbuchsen ausgerüstet sind – ist vergrössert worden, um ihre Lebensdauer zu erhöhen.

Ausstellfenster ersetzen die Schiebefenster der vorderen Türen, und eine «Luxusvariante» kommt heraus, bei der das Dach stärker gewölbt ist, die Stossfänger Puffer erhalten und die Motorhaubenscharniere verchromt sind.

Die Belegschaft zählt in diesem Sommer 1950 nahezu 50 000 Personen, die auf die Fabriken von Billancourt und Le Mans, die Stahlwerke von Saint-Jean-de-Maurienne, die 1946 eröffneten Werkstätten von Orléans und die neue, im Jahre 1949 in Choisy-le-Roi eingeweihte Fabrik für Schienenbahnen verteilt sind. Die Régie hat im Jahre 1946 für die S.N.R., ein Tochterunternehmen, die Kugellagerfabrik von Annecy gekauft und wieder aufgebaut und das Potential der Stahlwerke von Hagondange erhöht. Nahezu 6000 neue Maschinen sind seit 1944 angeschafft worden, und das Durchschnittsalter des Maschinenparks wurde auf 16,3 Jahre reduziert. Die Giessereien, die Schmieden und die Lackiererei wurden völlig erneuert. In der Abteilung für Blechverformung haben 17 grosse und 30 mittlere Pressen die Kapazität verdoppelt. Die Montagezeiten sind durch die Einführung von elektrischen Schweissmaschinen erheblich verkürzt worden. Und vor allem haben die Transferbänder die Bearbeitung der Motoren, Gehäuse, Nockenwellen, Federn und Bremsen revolutioniert.

«Wir singen, denke ich, unsere kleine Melodie in dieser Hymne an die Produktivität, die seit dem Kriege im ganzen Lande ertönt, ganz anständig», bemerkt ein lächelnder Lefaucheux, als er sich einige Tage vor Eröffnung des Automobilsalons von 1950 an die Presse wendet.

Und die kommerziellen Ergebnisse des Unternehmens unterstreichend, fügt Lefaucheux mit offensichtlichem Augenzwinkern zum Finanzminister hinzu:

«Unsere Erfolge verdanken wir im wesentlichen dem günstigen Urteil unserer kaufmännisch orientierten Kundschaft, welche die

Urteile unserer Bankiers und unserer Obligationäre bestätigt hat. Denn, wenn uns die ständige a-priori-Kontrolle erspart ist, wenn wir frei unser Handwerk ausüben können, so deshalb, weil wir mit dem strengsten, ja sogar kleinlichsten, permanenten Kontrolleur, seiner Majestät, dem Kunden, zu tun haben!»

Renault hat seinen schärfsten Konkurrenten, Citroën, von der Spitze verdrängt. Im Laufe der ersten zwei Nachkriegsjahre lagen die beiden Firmen Kopf an Kopf. Aber Renault hat 1949 mehr als 108 000 Nutzfahrzeuge und Personenwagen gegenüber 64 000 bei Citroën gebaut, und die Régie wird im Jahre 1950 den Abstand mit einer Produktion von 134 000 Einheiten gegen 81 000 noch vergrössern.

So rosig sieht es aber nicht überall aus.

Die Inflation wütet immer noch: In einem Jahr steigt der Preis für Glas um 40%, für Zink um 58%, für Blei um 33%, für Kupfer um 31%. Die Produktivität der französischen Lieferanten der Régie bleibt unzureichend. Man hat nicht genügend zu investieren verstanden, um die Produktion zu modernisieren. Die Kosten für diese Lieferungen versetzen so die französische Automobilindustrie im Vergleich zur ausländischen Konkurrenz in eine schwierige Lage. Es kommt damals nicht selten vor, dass das amerikanische Blech, das nach Billancourt geliefert wird, billiger ist als entsprechendes französisches Blech.

Im Innern sind die autofeindlichen Politiker hartnäckig: Die Regierungen spielen weiter die Karte der Eisenbahn gegen die des Strassentransportes. Die Besteuerung bremst das Automobil. Die Abgaben für den Kraftstoff erreichen eine astronomische Höhe, der Preis für einen Liter französisches Benzin ist mit mehr als 65 Francs der teuerste in Europa.

Die Preissteigerung der Automobile bei immer noch sehr schwacher Kaufkraft hat sogar zu Anfang des Sommers 1949 den ersten Rückgang in der Automobilindustrie bewirkt. Sie wird erst durch das Freiwerden des Benzinverkaufs, eine künstliche Baisse des Verkaufspreises von Automobilen im Oktober und durch die Einführung höherer Zölle gegen die anglo-amerikanische Konkurrenz gebremst.

«Der Staat», so stellt Lefaucheux fest, «ist nicht nur ein schlechter Aktionär, sondern auch ein schlechter Kaufmann: er vertreibt die Kundschaft, indem er sie zu sehr auszubeuten sucht!»

Bei allen öffentlichen Interventionen legt Lefaucheux eine harte und rückhaltlose Unabhängigkeit gegenüber den Behörden an den Tag. Er greift regelmässig die Administration an, die kurzsichtigen Politiker, ein Feudalsystem, das allzu versteinert und schwerfällig ist, als dass sich die industrielle Revolution in Frankreich auswirken kann.

«Es leben also die übermässigen Steuern», so bricht es aus ihm heraus, «es leben unsere guten alten Grundstoffindustrien, unsere guten alten Eisenbahnen! Verharren wir also in unserer Sklerose, bis noch ernstere wirtschaftliche Phänomene die Behörden dazu bringen werden, in Überstürzung und Unordnung – wenn die Zeit es noch erlaubt – heilsame Entscheidungen zu treffen, zu denen sie uns seit Jahren durch eine allmähliche Entwicklung hätten führen sollen!»

Der Staat antwortet auf die Probleme, die er auf andere Weise zu lösen sich nicht als fähig erweist, durch aufeinanderfolgende Geldentwertungen. Aber man spielt auch jenseits der Grenzen mit dem Geld. Die englische Abwertung von 1949, die noch grösser als die französische ist, hat den Briten eine Spanne von 10% gelassen. Die Währungslaunen machen alle Exportanstrengungen vom Zufall abhängig und schwierig.

Und dann geht der Kleinkrieg, der seit Mai 1947 die C.G.T. und die Direktion entzweit, zwischen zwei Waffenstillständen weiter.

Die Régie Renault bleibt auf industriellem und sozialem Gebiet «das führende Unternehmen», das Lefaucheux aus ihr hat machen wollen. Sie ist es natürlich auch durch ihre strategische Lage. Auf diesem «Balkon des Gewerkschaftskampfes» wird immer etwas los sein.

Als Renault für 1949 einen Nettogewinn von 696 Millionen (1,46% des Umsatzes) ankündigt, von dem 350 Millionen unter die Belegschaft verteilt werden sollen, mobilisiert die C.G.T. ihre Truppen, um Lefaucheux anzuprangern.

«Die Zahlen von Lefaucheux sind falsch», erklärt die Gewerkschaft. «Renault hat 7 Milliarden im Jahre 1948 verdient, mehr noch 1949.»

Ein Traktat der Gewerkschaft vom März 1950 präzisiert die Anschuldigungen: die Régie verheimlicht ihre Gewinne, sie hat 1949 10 Milliarden verdient!

In fetten Buchstaben schreien die in Billancourt ausgehängten Anschläge:

«Lefaucheux, Du lügst! Lefaucheux, Betrüger! Lefaucheux, Deine Bilanz ist gefälscht.»

Lefaucheux gerät ausser sich. Er, der sich wenig um den Profit als solchen schert («Wenn wir Geld verdienen», so sagt er, «dann nur, um mehr produzieren und unsere Arbeiter besser bezahlen zu können»), hat vor allem Gewinne freigemacht, um sie an die Belegschaft verteilen zu können. Und jetzt setzt man seine Rechtschaffenheit in Zweifel, greift mit ihm die Régie an. Er beschliesst, gegen die Ansicht von Mitarbeitern, die vergeblich versucht haben, seinen Zorn zu besänftigen, seine Gegner wegen Verleumdung vor das Gericht zu zitieren. Die Gerichtssitzung findet vor der 17. Kammer statt. Sie ist stürmisch und verworren und endet mit der grundsätzlichen Verurteilung der Ankläger der Régie.

«Unter uns», so stellt Lefaucheux fest, «ist eine Minderheit von Männern, die eine Katastrophenpolitik gewählt hat, weil sie der Meinung ist, dass unser Unternehmen in der ihm gegebenen Form der

Nationalisierung ihren politischen Auffassungen nicht entspricht und weil die Régie eben durch ihre Existenz eine Bedrohung für den Erfolg ihrer Doktrin darstellt. Sie denken auch, dass diese Doktrin nur begünstigt durch soziale Wirren verwirklicht werden kann; letztere sind aber nur in einem Klima der Unzufriedenheit möglich. Sie denken schliesslich, dass die Werke von Billancourt, die das bedeutendste französische Unternehmen darstellen und schon seit sehr langer Zeit als Betätigungsfeld für berufliche Agitatoren gedient haben, dass diese 'Lokomotive der Pariser Metallindustrie' die am besten geeignete Kriegsmaschine sein muss, um Unruhen in der Hauptstadt auszulösen.

Sie ziehen daraus die praktische Schlussfolgerung, dass die Régie in einem dauernden Zustand der Unruhe gehalten werden muss, die Produktion mit allen Mitteln und so häufig wie möglich behindert wird, um so die Régie in eine schwierige finanzielle Lage, wenn möglich zum Bankrott, zu führen. Sie wollen auf jeden Fall die Régie daran hindern, ihre Belegschaft in den Genuss materieller Vorteile zu bringen, die nur gewährt werden können, wenn das Unternehmen wächst und gedeiht.

Auf diese Katastrophenpolitik, die Elend erzeugt, hat die Direktion der Régie bereits reagiert und wird mit allen Kräften weiter reagieren, um die 'Politik des Besseren' siegen zu lassen, was unter den gegenwärtigen Umständen der einzige Rettungsanker ist!»

Wie weit ist man von jenem Novembertag 1944 entfernt, an dem sich Pierre Lefaucheux eindrucksvoll mit seinem glatt rasierten Schädel eines eben ins Vaterland Zurückgekehrten an die Arbeiter der Insel Seguin wandte und sie «Meine Kameraden» nannte... Heute dagegen geschieht es, dass sich der Präsident der Régie an einem Streiktag mit der Faust den Weg zu seinem Büro bahnen muss...

*

Glücklicherweise hat sich der Präsident von Renault inzwischen eine andere, für ihn ebenso aufregende Aufgabe wie den sozialen Dialog gestellt, nämlich die Errichtung einer neuen, zum Bau eines noch unbekannten Wagens bestimmten Fabrik.

Diese Fabrik begeistert Lefaucheux offen gesagt mehr als der Wagen. Bereits bei seiner Ankunft in Billancourt hat er übrigens begriffen, dass die Zukunft von Renault in der Dezentralisierung liegt. In Frankreich und in der Welt. Schon werden 4 CV in England in der bereits 1904 in Acton geschaffenen Montagefabrik zusammengebaut und in Irland in dem neuen Werk von Dublin montiert, in Haren in Belgien, wo Wagen der Marke seit 1927 montiert werden, in Sydney in Australien, wo der lokale Generalvertreter im Jahre 1949 ein Werk geschaffen hat, in dem täglich zwischen 20 und 25 4 CV montiert werden, schliesslich in East-London in Südafrika, wo seit 1950 die Cars Distributors Assembly gleichfalls für die Renault-Händler zur Montage der 4 CV übergeht.

Aber es handelt sich da erst um Randoperationen, die durch die protektionistischen Verordnungen der zur Diskussion stehenden Länder veranlasst worden sind. Das Wesentliche ist von nun an, Billancourt, das nahe daran ist zu ersticken, mehr Raum zu schaffen und einen grösseren und luxuriöseren Wagen, den der Markt bald verlangen wird, in das Programm aufzunehmen. Gewiss stellt Renault auf dem Salon von 1950 eine Serie von Kombinationsfahrzeugen vor, und zwar den Prairie und den Colorale. Aber es sind hauptsächlich Nutzfahrzeuge, die für kommerzielle und koloniale Zwecke bestimmt sind. Der Name des Colorale, eine Zusammensetzung von *coloniale* und *rurale*, ist übrigens bezeichnend. Die ganze Serie basiert auf dem gleichen Chassis konventioneller Bauart, einem Motor «85», vorn und hinten liegendem Getriebe. Zehn verschiedene Karosserien werden der Kundschaft geboten, vom Prairie – einem Lieferwagen mit Entladeklappe hinten für den Einsatz auf dem Land – bis zum Colorale über ein Taxi 85, einen Schnell-Lieferwagen von 800 kg Nutzlast für die Stadt, einen Kleinlastwagen und ein Kabinenchassis.

Aber die kommerziellen Möglichkeiten einer solchen Serie sind offenbar begrenzt, und was Renault braucht, ist ein neues Grossserienfahrzeug, welches den etwas gebesserten wirtschaftlichen Verhältnissen der Fünfzigerjahre angemessen sein muss. Das Prinzip seiner Konstruktion ist übrigens schon in der berühmten Versammlung vom 9. November 1945 beschlossen worden, als Lefaucheux gegenüber dem Prototyp 11 CV, der vom Primaquatre abgeleitet ist, dem 4 CV Vorrang gegeben hat. Lefaucheux hat selbst die beiden Varianten – den 11 und 13 CV – letzteren auf einer Inspektionsreise zum Stahlwerk von Saint-Jean-de-Maurienne, gefahren.

Während das Entwicklungsbüro den Prototyp eines «grossen 4 CV« – das Projekt 108 von 1948, das aufgegeben wird – entwickelt, richtet es die aus dem Primaquatre abgeleiteten Prototypen zweckmässig ein. Im Oktober 1949 führt Lefaucheux der Generaldirektion ein Modell in Naturgrösse, eine originelle Variante des Grundobjekts, vor. Es ist ein Wagen mit fünf bis zu sechs Plätzen; in der Tradition, die Renault seit nahezu 40 Jahren teuer ist: der 11 CV von 1914, der KZ, Vivaquatre und Primaquatre. Er wird der erste in grosser Serie produzierte französische Wagen mit unabhängiger Aufhängung für alle vier Räder. Es dauert jedoch sechs Wochen, bis alle über die endgültige Form dieses Modells einig sind. Die äusseren Abmessungen müssen nämlich reduziert werden, damit das Modell ohne Behinderung durch die Lackiertunnel, deren Maximalgrösse 1,72 m beträgt, hindurchkommt.

Die endgültige Entscheidung, das neue Modell zu bauen, fällt im Dezember 1949. Das erste Exemplar – ohne Windschutzscheibe und in leuchtendem, mexikanischem Rot – startet am 20. Juli 1950 zu einer Reihe von Probefahrten über das Pflaster des Nordens, dann in die französische Schweiz und in die österreichischen Alpen. Der Wagen kehrt nach 100 000 km ohne ernsten Zwischenfall zu seinem Ausgangspunkt zurück.

Es ist offenbar nicht die Rede davon, das neue Modell in Billancourt zu fertigen, das mit einer fast um das Dreifache grösseren Tagesproduktion als 1938 bald aus den Nähten platzt. Es heisst also, eine neue Fabrik zu bauen, aber wo?

Schon bei der Befreiung hatte sich Raoul Dautry, der Minister für Wiederaufbau, bemüht, Lefaucheux davon zu überzeugen, Billancourt aufzugeben.

«Anstatt das Werk an Ort und Stelle wieder zu errichten, gehen Sie doch lieber anderswohin, in die Provinz. Es ist ein Verbrechen, dass man eine solche Fabrik in Paris gebaut hat!»

«Man kann nirgendwo anders als hier gute Mechanik machen», hatte Lefaucheux geantwortet.

Aber es stand schon zu diesem Zeitpunkt fest, dass die Erweiterung von Renault nur ausserhalb der Hauptstadt vorgenommen werden konnte.

Indem sich Louis Renault in Billancourt niederliess, hatte er 60 Jahre zuvor die Richtung angegeben, die Lefaucheux einschlagen sollte: Nach Westen, der Seine entlang, die die Nabelschnur zwischen der alten und der neuen Fabrik sein wird. Und Lefaucheux fand Flins, eine weite Zone von Wiesen am Rande der Seine, 40 km von Paris entfernt.

Zuerst erscheint den Ehemaligen von Billancourt Flins ein wenig als das Ende der Welt. Diejenigen, die dorthin arbeiten gehen, haben den Eindruck im Exil zu sein, und Lefaucheux sagt bei der Einweihung des neuen Werks nicht ohne Heimweh:

«Wie Adam und Eva sind wir aus dem Paradies des unmittelbaren Pariser Weichbildes vertrieben worden!»

Aber Claudius-Petit, der Minister für den Wiederaufbau, hat zu diesem Zeitpunkt die von Lefaucheux vorgeschlagene Position akzeptiert und er durfte im Rahmen der offiziellen Politik der Dezentralisierung auch kein anderes Gelände genehmigen, das näher bei der Hauptstadt liegt.

«Bauen Sie eine schöne Fabrik», sagt Claudius-Petit, «und schützen Sie vor allem den natürlichen Rahmen. Wählen Sie den Architekten, den Sie wollen, aber nehmen Sie vorzugsweise den besten!»

«Wen denn?»

«Hier haben Sie eine Liste.»

Lefaucheux wählt Zerfuss.

«Und dann», bittet der Minister, «wachen Sie darüber, dass nicht mehr als 6000 Personen in Flins beschäftigt werden»!

«Einverstanden», sagt Lefaucheux, ohne sich vorzustellen, dass dort einmal 20 000 arbeiten werden.

*

Es wird eine schöne Fabrik. Man knausert nicht bei der Qualität der Materialien. Dies ist seit dem Einsturz der Wände einer Werkshalle, der im Jahre 1917 250 Opfer in Billancourt forderte, eine Tradition bei Renault. Louis Renault befahl damals, die Werkshalle auf die solideste Art wieder aufzubauen. Seither wird bei Renault immer «teuer» gebaut, und die Investitionen für Bauten sind hier höher als anderswo.

Die Bulldozer gehen gegen Ende August 1950 in den Einsatz. Der erste Abschnitt der Fabrik, für eine Produktion von 400 Fahrzeugen pro Tag, nimmt 15 Monate später seine Arbeit auf. Der erste Wagen läuft wie vorgesehen vor Ende 1951, am 29. Dezember, vom Band. Aber ein Fahrzeug einer Vorserie ist schon im November mit grossem Pomp im Palais de Chaillot vorgeführt worden. Sein Name: Frégate.

Dieser Name ist ganz zufällig einige Monate zuvor gewählt worden. Lefaucheux und seine rechte Hand, Vernier-Palliez, Generalsekretär der Régie, haben vier ihrer Verwaltungsrats-Mitglieder eingeladen, um das neue Modell auszuprobieren: Pierre Dreyfus, der damals Präsident der Lothringer Kohlenzechen ist; Marcel Wiriath, Präsident der Bank Crédit Lyonnais; André Rumpler, Direktor für Strassenbau im Ministerium für öffentliche Arbeiten; Jean Richard-Deshais, Präsident der S.G.D.T. Bemerkenswertes Zeichen einer aussergewöhnlichen Kontinuität: sämtliche Präsidenten der Régie für die nächsten dreissig Jahre sind an diesem Tage bereits dabei. Sie fahren zunächst in das Wäldchen von Meudon, an der Peripherie der Fabrik, machen dann einen Abstecher auf die Autobahn des Westens. Sie treffen schliesslich alle an einer gedeckten Tafel in Pontchartrain wieder zusammen. Kommentare, Kritiken. Der Wagen ist geräumig, komfortabel, aber ein wenig schwer. Seinem Motor fehlt es an Elastizität. Lefaucheux verspricht, die Mängel abzustellen. Im Augenblick liegt ihm vor allem daran, so schnell wie möglich die Produktion aufzunehmen. Er hat in der Tat erfahren, dass die Armee nichts Geringeres im Sinn hat, als ihm seine Fabrik «wegzuschnappen», um dort eine Rüstungsfabrikation in Gang zu setzen! Man führt Krieg im Fernen Osten, es fehlt an militärischem Material.

Lefaucheux hat daher angeordnet, Flins so schnell wie möglich auf hohe Touren zu bringen, da Renault seine Fabrik besetzen muss, bevor man sie ihm nimmt. Dies erklärt teilweise eine gewisse Überstürzung in der Fertigstellung des neuen Wagens. Ebenso die

Am 30. November 1950 präsentiert Pierre Lefaucheux im Palais de Chaillot das Modell Frégate, welches zugleich für Frankreich das Ende der Notzeiten symbolisiert.

wenig herzlichen Beziehungen, die die Régie jahrelang zum Militär unterhält, das ihr während mehr als zehn Jahren sehr wenig Aufträge erteilt.

Doch lässt sich Lefaucheux vor seinen Gästen nicht lang über diese Probleme aus.

«Wir müssen einen Namen für ihn finden», sagt er beim Nachtisch.

Die Tafelrunde diskutiert die vorliegenden Namen. Jemand erinnert an die in Poissy hergestellte Vedette Ford, und sogleich ist man mitten drin in der Marine-Terminologie.

«Goélette», sagt einer.

«Gallion», schlägt ein anderer vor. Sein Vorschlag soll später für einen Lastwagen der S.A.V.I.E.M. wiederauferstehen.

«Hmm . . .»

«Frégate», wirft Richard-Deshais in die Debatte.

«Frégate, Flins, Flins, Frégate. Perfekt. Frégate. Sehr schön», sagt Lefaucheux. «Einverstanden mit Frégate.» Und damit heisst das neue Modell Frégate.

Man hat das von der UNO verlassene Palais de Chaillot gemietet, um dort am 30. November 1950 das neue Modell vorzustellen. Es wird gut aufgenommen, wenn die folgende Zeit ihm auch weniger günstig gesinnt ist. Lefaucheux aber ahnt nicht, dass er in dem Wagen, den er herausgebracht hat, weniger als viereinhalb Jahre später sterben wird!

Im Augenblick handelt es sich für ihn darum, zu bauen. Man sieht ihn immer wieder auf der Baustelle. Er gibt dort seiner Freude am Leben, Handeln und Schaffen Ausdruck und überträgt seine Begeisterung auf andere. Er gehört zu jenen Menschen, die die Dinge ernst nehmen, ohne sich selbst je ernst zu nehmen. Wenn ihm ein schwieriges Problem gestellt wird, das keine unmittelbare Lösung findet, reibt er sich die Wange und antwortet mit dem Satz, den alle seine Mitarbeiter zur Genüge kennen: «Eile mit Weile...!»

Bevor die Kapazität der Fabrik den anfangs vorgesehenen Wert von 2000 Wagen täglich erreicht, heisst es lavieren, um die erforderliche Produktion sicherzustellen. Die Fabriken von Billancourt und Le Mans haben noch Reserven, was die Fabrikation der mechanischen Komponenten anbelangt. Flins kann ohne Probleme die Blechverarbeitung, die Montage und Sattlerei, das Lackieren und Verchromen und die endgültige Montage aller Fahrzeuge übernehmen, die man damals zu produzieren bereit ist. Aber Renault leidet, was die Karosseriefertigung betrifft, an Erstickungserscheinungen.

In der Nähe von Flins wird ein bedeutendes Bauprogramm in die Wege geleitet: 300 neue Wohnungen sollen dort jedes Jahr erstehen, um die Arbeitskräfte von Billancourt zu dezentralisieren. Schon im März 1952 sind in Flins 80 000 m² Werkhallen gedeckt worden, und 50 Frégate laufen täglich vom Band.

In dieser Zeit schafft Renault auch eine Direktion für «Soziale Beziehungen», die damit beauftragt ist, darüber zu wachen, dass den menschlichen Rückwirkungen aller technischen Entscheidungen Rechnung getragen und so eine vollständige Sozialpolitik entwickelt wird.

Die Fabrik wird offiziell am 2. Oktober 1952 von Jean-Marie Louvel, dem Minister für Handel und Industrie, eingeweiht. Bei seinem Empfang denkt Lefaucheux, dass er ein gewisses Glück gehabt hat, in dieser Zeit chronischer Regierungskrisen und ständiger Ministerwechsel, in acht Jahren nur drei Vormundschaftsminister, nämlich Robert Lacoste, Marcel Paul, wieder Lacoste und endlich Jean-Marie Louvel, gehabt zu haben. Lefaucheux erlebt an jenem Tage eine seiner Stunden grössten Stolzes. Er hat alle Klippen des Widerstandes umschifft; der Streit um die Verstaatlichung schwillt ab, Renault wurde seiner Berufung als Muster-Unternehmen, sowohl in industrieller und wirtschaftlicher Hinsicht, als auch in bezug auf die Dezentralisierung, den Export, auf sozialem Gebiet und in menschlicher Hinsicht gerecht – selbst wenn die Stürme, die gelegentlich über Billancourt hinwegbrausen, vielleicht die Hoffnungen und die Begeisterung abgekühlt haben. Aber jetzt ist Lefaucheux darüber hinaus; er hat eine neue Fabrik gebaut, zahlreiche Spuren des französischen Malthusianismus beseitigt und eine expansive Politik betreiben können. Die Ansprache von Jean-Marie Louvel ist ihm wie Balsam auf der Seele.

«Die Angriffe, denen Sie selbst und Ihr Personal ausgesetzt gewesen sind», bemerkt der Minister, «sind Ihr bester Ansporn gewesen, ist es nicht so? Der Erfolg ist für Sie die überzeugende Antwort an jene, die früher Ihre Lästerer waren und die jetzt, wenn sie ehrlich sind, Ihnen nur Beifall spenden können... Ihrem Unternehmen ist keinerlei Begünstigung zuteil geworden. Dieses Werk ist also ausschliesslich das Ihre und das Ihrer Mitarbeiter. Sie haben mit gleichen Waffen gegen Ihre Konkurrenten gekämpft, und ich lege Wert darauf, dies öffentlich zu erklären!»

Um ihr Wachstum fortzusetzen, hat die Régie Renault im Jahre 1950 eine neue Anleihe von 15 Milliarden Francs aufgelegt, die zu den Obligationsausgaben von 1945, 1947 und 1948 hinzukommt. Ausnahmsweise hat der Staat im Jahre 1949 seinen Gewinnanteil – 350 Millionen – dem Unternehmen zur freien Verfügung überlassen, er zeigt 1951 aber nicht die gleiche Grosszügigkeit, als Renault 800 Millionen unter die Belegschaft und den Staat verteilt.

«Wir sind die vom Staat am schlechtesten unterstützte französische Industrie», empört sich Lefaucheux wieder einmal. «Wir sind den gleichen Gesetzen unterworfen, zahlen die gleichen Steuern, haben nie Subventionen erhalten, sondern im Gegenteil, beteiligen den Staat sogar am Gewinn. Wir verfügen über keine grösseren Kredite staatlicher oder halbstaatlicher Herkunft als unsere Konkurrenten. Wir erhalten sogar weniger als einige unserer Lieferanten – ich meine die Metallindustrie! Als man in Frankreich neue Auto- und Traktorenfabriken bauen wollte, zogen Simca, International Harvester und andere, wie Massey Harris, ihren Nutzen aus offiziellen Darlehen, nicht aber die Régie Renault...!»

Der Winter 1952/1953 ist nicht gut. Frankreich erfährt die ersten ernsthaften Rückschläge nach dem Alarm von 1949. Die Produktion von Nutzfahrzeugen bei Renault, die im vorangegangenen Jahr den Totalrekord von 66621 Einheiten erreicht hat, sinkt 1952 auf 50626 ab. Ein Rückgang, den eine grössere Anzahl von Personenwagen nicht auszugleichen vermag: im Jahre 1952 baut Renault 121000 Pkw (ein Drittel der in Frankreich produzierten Wagen) gegen 100000 im Jahr zuvor. Aber Lefaucheux hat keine Entlassungen vorgenommen und die Verminderung der Arbeitsstunden auf die gesamte Belegschaft verteilt.

Der Salon von 1952 zeigt eine schmucklose Variante des «Flohs», des 4-CV-Lieferwagens, mit Verbesserungen, die u. a. einen grösseren Hauptbremszylinder, Teleskopstossdämpfer (1951), eine stärkere Handbremse (1952) umfassen. 1953 folgten schliesslich weitgehende Verbesserungen: Die Sitzbank im Fond wird weiter nach hinten gerückt, um mehr Raum zu gewinnen, die Batterie vom vorderen Kofferraum in den Motorraum verlagert, wodurch mehr Platz für Gepäck frei wird, die Leistung der Heizung wird verbessert.

Parallel dazu entwickeln sich die Bemühungen, um das Interesse der Kundschaft zu steigern. Die hundertprozentige Garantieformel tritt für den Frégate in Kraft, und die sogenannten «Kreuzfahrten der Wahrheit» leiten eine neue Art des Kontaktes mit der Kundschaft ein. Was den 4 CV betrifft, so erzielt er schon sehr schöne sportliche Erfolge in der Hand talentierter Kunden. Ein 4 CV hat bei der ersten Rallye Monte Carlo der Nachkriegszeit, 1949 mit Louis Rosier als Fahrer und dessen Sohn als Beifahrer seine Klasse gewonnen. Im Jahre 1951

Bei den 24 Stunden von Le Mans 1951 legt ein 4 CV 2668 km mit einem Durchschnitt von 111 km/h zurück und gewinnt damit seine Klasse.

gewinnt dieses Team beim 24-Stundenrennen von Le Mans auf einem 4 CV seine Klasse. 1952 triumphiert Jean Rédélé, ein Renault-Händler, mit seinem Freund Louis Pons als Beifahrer bei der Mille Miglia mit einem Durchschnitt von mehr als 100 km/h in seiner Klasse über alle Fiat und übertrifft sogar noch die optimistischsten Prognosen der Veranstalter, indem er mit einem Vorsprung von zwei Stunden ins Ziel fährt. Im selben Jahr sind 4-CV-Konkurrenten bei der Alpen-Rallye, beim Marathon Lüttich—Rom—Lüttich und bei der Tour de France für Automobile, in der Spitzengruppe zu finden.

Was ihren Kunden ohne jede Werksunterstützung gelungen ist, versucht die Régie durch eigene Anstrengungen zu ermutigen. Die «Spezial-Versuchsabteilung», die Werkstatt 26 des Ingenieurs Girousse, wird bald zu einem Begriff für die Automobilsport-Freunde und sehr bald zur Keimzelle einer eigenen Rennabteilung.

Der 4 CV «1063», eine sportliche Variante des Grundmodells, entsteht bald und kommt ab Ende 1952 in kleiner Serie heraus. Die Rallye-Fahrer reissen sich um sie. Zur selben Zeit greift ein Barquette 4 CV mit Spezialkarosserie auf der Bahn von Montlhéry eine Reihe internationaler Rekorde an. Am 7. Oktober 1952, mitten während des Automobilsalons, lösen sich Landon, Pairard und Fretet am Steuer ab und stellen acht Rekorde auf. Sie legen 2000 km mit der fast unglaublichen Durchschnittsgeschwindigkeit von 166,090 km/h – nur 7 km/h unter dem Rekord, der im Jahre 1926 auf derselben Strecke von einem 40 CV Renault aufgestellt wurde – zurück.

Einige Monate später erringen Estager und Gillard auf dem 4 CV bei der Rallye Monte Carlo einen neuen Klassensieg, während sich die Damen Pochon und Terray den Coupe des Dames holen. Rédélé und Pons siegen erneut bei der Mille Miglia und erzielen dort im Jahre 1954 ihren dritten aufeinanderfolgenden Erfolg vor vier anderen 4 CV.

Im Rennen um die industrielle Vormachtstellung, die nach Produktionseinheiten bemessen wird, muss Renault jedoch auf seinen zweiten Aufschwung warten: 1953 werden 161 000 Fahrzeuge produziert – 6000 weniger als zwei Jahre zuvor. Davon wurden wie im Jahre 1952, 120 000 Pkw in Billancourt und Flins montiert. Die Pause wird aber nicht von langer Dauer sein: Die Régie Renault unterstreicht ihren zehnten Jahrestag mit einem neuen Marsch zum Gipfel.

*

Am 8. April 1954 feiert die Régie im Palais de Chaillot gleichzeitig die Fertigstellung des halbmillionsten 4 CV und der 50 000. Frégate. Damit hat die Régie Renault insgesamt eine Million Fahrzeuge gebaut, seit Gründung der Firma Renault im Jahre 1898 sind über zwei Millionen Wagen produziert worden.

Glatteis in Saint-Dizier...

Die Champagnerpfropfen knallen in diesem Monat April 1954. Die Krise ist überstanden. Die 4 CV-Aufträge schlagen mit täglich 800 Einheiten im Durchschnitt alle bisherigen Rekorde, und 45% der Käufer erwerben erstmals ein Automobil. Am meisten freut sich aber Pierre Lefaucheux darüber: im vorigen Monat haben 516 Angestellte der Régie Renault auf ihr gewöhnliches Transportmittel, die Eisenbahn, U-Bahn oder das Fahrrad verzichtet und haben sich einen Wagen gekauft, bis zum Jahresende werden es insgesamt 3900 sein.

«Sie werden sehen, dass eines Tages alle einen Wagen haben werden», sagt er. «Dann wird das Unternehmen wahrhaft 'menschlich' geworden sein!»

Am 8. April 1954 mietet Renault wieder einmal das Palais de Chaillot, um dort mit Glanz eine ganze Serie von Rekorden zu feiern. Die ausländische Presse wurde dazu eingeladen:

«Sie müssen wissen», sagt Lefaucheux zu den aus ganz Europa angereisten Journalisten, «dass es in Paris noch etwas anderes als die französische Küche, die schönen Denkmäler und den Lido gibt!»

Im März hat die Régie ihren monatlichen Produktionsrekord geschlagen, indem sie 18 577 Fahrzeuge produzierte. Die 50 000. Frégate hat Flins verlassen, und man feiert an jenem Tage den 500 000. vom Band laufenden 4 CV.

Nur 14 Tage vor dem Ereignis feiert man bei der gleichen Gelegenheit die erste Million der von der Régie produzierten Fahrzeuge, die zweite seit der Gründung des Werkes im Jahre 1898. Beschleunigung der Geschichte: 46 Jahre hat Louis Renault gebraucht, um Millionär an Nutzfahrzeugen, Personenwagen und Traktoren zu werden, weniger als zehn Jahre benötigte Pierre Lefaucheux, um dieses Resultat zu verdoppeln. Flins, das die Frégate nicht völlig auslastet, kommt Billancourt zu Hilfe und montiert 80 4 CV täglich. Aber Fernand Picard, der Direktor der Entwicklungsabteilung, bereitet schon den Wagen vor, der das Arbeitstempo von Flins steigern wird: das «Projekt 109», die zukünftige Dauphine, deren Konstruktion schon im Juli 1951 beschlossen wurde, und die der Nachfolger des 4 CV sein wird, von dem sie einige Komponenten übernimmt.

Es ist der Wagen, den Renault erwartet, um seine Offensive auf den ausländischen Märkten zu verstärken. Die Régie exportiert gewiss 52 000 Wagen im Jahre 1954 – ein Viertel ihrer Produktion und 41% des gesamten französischen Exports – aber man hat schon darauf verzichtet, den Absatz des 4 CV auf einem Markte wie dem der USA. zu fördern (nur 316 4 CV werden in jenem Jahr dort verkauft), da man lieber mit einem besser geeigneten Fahrzeug den Kampf auf diesem Markt aufnehmen will.

Devisen braucht nicht nur die Régie, sondern auch das Land. Um seiner Berufung als ein «nationalisiertes Unternehmen» nachzukommen, reist Pierre Lefaucheux immer mehr. Schon 1951 hat er mit der F.A.S.A., Fabricación de Automóbiles S.A., in Spanien einen Vertrag über die Montage und die progressive Fertigung des 4 CV in Valladolid unterzeichnet.

Im Oktober 1953 hat er ein gleiches Abkommen in Japan mit der Hino Diesel Industry abgeschlossen. Als er ein Jahr später wieder nach Tokio fliegt, wo er dem Präsidenten von Hino Diesel, Herrn Okubo, die Insignien der Ehrenlegion überreichen soll, sind schon 3000 4 CV montiert und in Japan ausgeliefert worden. Personenwagen sind damals in Tokio äusserst rar, und der Privatverkehr wird grösstenteils durch Taxigesellschaften sichergestellt. Diese nehmen den 4 CV günstig auf, wie folgender Brief des französischen Sportlers Jacques Vernier auf seiner Japanreise bezeugt, den damals die Zeitschrift L'Equipe veröffentlicht, und der es ermöglicht, den seither von der japanischen Automobilindustrie zurückgelegten Weg zu beurteilen:

«Obgleich unser 4 CV teuer ist, ziehen die Taxis ihn den einheimischen geräumigeren Wagen vor. Denn diese japanischen Wagen haben die unangenehme Eigenschaft, wenig zuverlässig und im Gebrauch nicht sehr ansprechend zu sein. Man wird in ihnen wie in einer Salatschüssel durchgerüttelt, sie sind undicht, und eine Federung ist praktisch nicht vorhanden; das Klappern der Türen und allen beweglichen Zubehörs schwächt den Lärm des Motors ein wenig ab...»

Zu diesem Zeitpunkt – Ende 1954 – werden zwischen 150 und 180 4 CV täglich in sieben ausländischen Fabriken montiert. Und Pierre Lefaucheux ist so von der Zukunft einer zur Unabhängigkeit berufenen französischen Union überzeugt (er hat selbst eine entsprechende Note an Ministerpräsident Pierre Mendès-France geschickt), dass er bei seiner Rückkehr aus Tokio in Saigon Halt macht, um dort über die Einrichtung eines Montagewerkes zu verhandeln und die Wiedereröffnung der Reparaturwerkstatt von Hanoi vorzubereiten. Er ist einer der ersten, der begriffen hat, dass die koloniale Ära zu Ende geht, und einer der wenigen, die daran glauben, dass eine Zusammenarbeit mit den ehemaligen, vom Mutterland abgetrennten Kolonien möglich ist. Er hat die Absicht, die Leitung der Fabriken, die in den unabhängig gewordenen Gebieten errichtet werden, lokalen Kadern anzuvertrauen. Aber er wird nie selbst die grossen Pläne verwirklichen, die er zum Reifen bringt.

Die Pressekonferenz, die er am 1. Oktober 1954 abhält – drei Tage vor dem zehnten Jahrestag seiner Ankunft in Billancourt – ist seine letzte. Beim Aufstellen der Bilanz dieses Jahrzehnts braucht er kaum noch von der Nationalisierung zu sprechen, die er so oft gegen die

Angriffe verteidigt hat, denen sie ausgesetzt war. Der Streit um die Satzung gehört in der Tat zu denen, die sich wie der Kampf der freien Schule gegen die Konfessionsschule zunächst tief in der französischen Seele verankert haben, um dann allmählich mit der Bewährung im Laufe der Zeit abzuflauen.

Lefaucheux macht nichtsdestoweniger darauf aufmerksam, dass, obwohl die Régie seit ihrem Bestehen keinerlei Subvention vom Staat erhielt, sie dagegen ausser 15,6 Milliarden Steuern 1,05 Milliarden Gewinn abwarf.

An diesem Vorabend der Eröffnung des Salons hat Renault eine revolutionäre Finanzierungsformel für den Automobilkauf, «den Sparkredit», geschaffen. Das System erlaubt dem Kunden, seinen 4 CV in 25 Monatsraten abzuzahlen, ihn aber vom 9. Monat an in Besitz zu nehmen.

Vor Ende des Jahres trifft die Régie noch eine Neuerung auf sozialem Gebiet, indem sie eine Prämie auf der Grundlage des Dienstalters einführt.

In zehn Jahren hat Renault 1 025 000 Fahrzeuge produziert und rangiert damit vor Citroën (707 000), Peugeot (513 000) und Simca (327 000). Aber indem Lefaucheux diese Ergebnisse in Erinnerung bringt, zeichnet er den Weg seines Unternehmens in Richtung auf Europa und die Welt vor und weist darauf hin, was den Rivalitäten zwischen Automobilherstellern desselben Landes an Kleinlichkeit anhaftet. Die grossen, damals doch wenig zahlreichen französischen Produzenten sind bis zu einem solchen Grade miteinander zerstritten, dass sie sich in zwei syndikale Kammern gespalten haben.

«Der Zwiespalt auf nationalem Gebiet lässt mich», so sagt er, «an die grauenhaften Kämpfe denken, die sich im Innern eines sinkenden U-Bootes die Männer liefern, welche sich bemühen, die schon durch den Druck von aussen versperrten Notausgänge zu erreichen. Das, worum wir weit mehr besorgt sein müssen, als um die diversen Empfindlichkeiten der verschiedenen Automobilwerke, ist die Zukunft unserer nationalen Industrie in der Weltkonkurrenz!»

Der Vertrag von Rom für die gemeinsame Zukunft Europas wird unterzeichnet. Lefaucheux gibt einem bedingungslosen Optimismus in bezug auf die Zukunft seines Unternehmens Ausdruck. Er wehrt sich gegen den Vorwurf der Selbstüberschätzung.

«Man hat mir oft vorgeworfen», sagt er, «zu gross zu sehen, übertrieben optimistisch, kühn und waghalsig zu sein. Die Wirklichkeit hat mir jedoch immer recht gegeben. Heute sind wir und müssen wir uns immer mehr auf die grosse Serie einstellen und unsere Produktionsmittel dementsprechend entwickeln, um auf die völlige Öffnung der Grenzen vorbereitet zu sein!»

In den ersten Tagen des Jahres 1955 bewirbt er sich zwar um keinen neuen nationalen Titel für die Régie, erhebt aber noch für sie den Anspruch auf die Trophäe des «Fahrzeugherstellers Nr. 1 in Kontinentaleuropa» trotz der 1000 Käfer, die das Volkswagen-Werk pro Tag herstellt. Die Tagesproduktion von Renault belief sich damals auf 950 Fahrzeuge – 575 4 CV, 180 Frégate, 200 Colorale, Juvaquatre, Lastwagen, Traktoren, Schienenfahrzeuge. Die grosse Fertigungstiefe, bei der Régie als ein Erbteil von Louis Renault grösser als bei fast allen anderen Automobilkonzernen, wird schrittweise abgebaut.

Dies erfolgt, nachdem die auswärtigen Zulieferer den entsprechenden Nachweis erbracht haben, zum gleichen Preis und in gleicher Qualität das liefern zu können, was Renault bis dahin selbst zu fertigen gezwungen war. Lefaucheux will sich nur dem «Wesentlichen», dem Bau von Nutzfahrzeugen und Pkw widmen. Man fabriziert in Billancourt keine Gummireifen, Zündkerzen, Scheinwerfer, Stossdämpfer, Lichtmaschinen, Anlasser, Kupplungen usw. mehr. Hingegen hat man aus der Entwicklung der Transfer-Strassen eine bedeutende Werkzeugmaschinen-Fertigung aufgezogen.

Renault verfügte damals über nahezu 22 000 Maschinen, von denen die Hälfte weniger als zehn Jahre alt ist. Die Produktionsstätten der Régie bedecken eine Fläche, die der der Stadt Chartres gleichkommt. Die Effektivstärke der Belegschaft entspricht etwa jener der Stadt Poitiers.

Lefaucheux ist bereit, weiter zu gehen. Aber sein Weg wird vor einem Umleitungs-Verkehrszeichen auf einem Stück Glatteis zwischen Paris und Strassburg brutal unterbrochen.

*

Freitag, der 11. Februar 1955... Lefaucheux hat versprochen, im Foyer der katholischen Studenten in Strassburg einen Vortrag zu halten. Er lässt sich keine Gelegenheit entgehen, das Beispiel der Régie Renault zu erklären, zu verteidigen und zu loben. Er hat eine Eisenbahnfahrkarte in der Tasche: das Wetter ist schlecht, man fürchtet Glatteis. Im letzten Augenblick beschliesst er jedoch, im Auto nach Strassburg zu fahren. «Ich komme so früher an», sagt er. Als er in Billancourt anfing, war er ein mittelmässiger Fahrer, inzwischen aber ist er ein schneller und leidenschaftlicher Fahrer geworden. Er fährt gern und fährt viel. Er tut sich etwas darauf zugute, es den Testfahrern gleichzutun: es ist für ihn auch noch ein Mittel, mit seinem Unternehmen eng verbunden zu sein.

Er wirft seinen Koffer auf den Hintersitz der Frégate und gibt Gas. Als Saint-Dizier in Sicht kommt, überrascht ihn ein Schild, das eine Umleitung anzeigt. Er könnte geradeaus weiterfahren, versucht jedoch, die Kurve links in Richtung der Umleitung zu nehmen. Er bremst, aber auf der Strasse ist Glatteis. Der Wagen macht eine plötzliche Drehung, überschlägt sich und kommt in einem tiefer gelegenen Feld zur Ruhe. Der Fahrersitz ist fast unbeschädigt, aber

Unfall auf Glatteis, der Wagen überschlug sich und landete in einem Felde. Pierre Lefaucheux wurde von seinem nach vorne geschleuderten Koffer, der ihn am Nacken traf, getötet.

Pierre Lefaucheux wurde durch den nach vorn geschleuderten Koffer, der ihn im Nacken traf, auf der Stelle getötet.

Man findet bei ihm den Text der Ansprache, die er einige Stunden später in Strassburg halten sollte. Es ist eine Bilanz, aber auch ein Testament – optimistisch, wie Lefaucheux immer war, heiter, wie ihm der Erfolg zu werden erlaubt hatte.

Er nahm sich vor, die Régie zu erläutern, wieder einmal ihre Struktur zu preisen, aber ohne darauf aus zu sein, jemand zu seiner Lehre zu bekehren.

«Unser Unternehmen soll seinen Konkurrenten nicht deswegen allein als Modell dienen, weil es nationalisiert ist. Übrigens ist die französische Automobilindustrie äusserst lebendig, ihr Erfolg ist manchmal nicht von Dauer. Es stünde mir schlecht an, mich einer Position an der Spitze zu rühmen, die ich zehn Jahre lang inne hatte, um daraus auf die Überlegenheit unserer Struktur über die unserer Konkurrenten zu schliessen. Einige dieser letzteren haben keine Lektion von uns zu erhalten, und ich werde mich auf den Wunsch beschränken, dass das im Oktober 1944 in den Renaultwerken begonnene Experiment der Nationalisierung noch lange fortbesteht, ohne dass unangebrachte Parlaments-, Regierungs- und vor allem Verwaltungsinitiativen durch Abänderung der Bedingungen unsere Struktur zu Grunde richten. Bedingungen, unter denen seit zehn Jahren ein Test praktiziert wird, der den Wirtschaftlern, Soziologen und Politikern der Zukunft gestattet, über ein wesentliches Dokument des experimentellen Sozialismus zu verfügen!»

Ist das Experiment schon ein voller Erfolg? Lefaucheux ist nicht weit davon entfernt, es zu glauben. Der Umfang und die Heftigkeit der sozialen Agitation haben seit 1952 stark abgenommen. Die Aktion des Unternehmens in bezug auf den Lebensstandard, die Vergütungsmodalitäten, die Information, die Formation und die Erziehung hat ihre Früchte getragen.

Acht Tage nach Pierre Lefaucheux' Tod pilgerten Tausende Freunde und
Mitarbeiter nach Billancourt, um dem Dahingegangenen an einem traurigen,
grauen Novembernachmittag des Jahres 1955 die letzte Ehre zu erweisen.

«Es bleibt uns noch viel zu tun», hat Lefaucheux mit seiner feinen
und nervösen Schrift geschrieben, «und es wäre äusserst unvorsich-
tig, sich auf einem so wenig festen Boden allzu optimistisch zu zeigen.
Die letzten Misserfolge der Streikbewegungen allgemeinen Charakters
in der Régie Renault sind nichtsdestoweniger sehr ermutigende
Symptome, und ich kann versichern, dass unsere gegenwärtige, und
sagen wir neue soziale Stabilität dazu beigetragen hat, eine gewisse
Anzahl von Bewegungen zum Scheitern zu bringen, vor allem, wenn
sie politischen Charakter hatten. Aber noch einmal, die Vorsicht,
wenn nicht die Bescheidenheit, erlaubt uns nicht zu triumphieren.
Sagen wir einfach, dass es ein soziales Problem Renault gibt, dass wir
es in Angriff genommen und teilweise gelöst haben und dass wir
damit rechnen, es völlig zu lösen!»

Einige Wochen zuvor hatten die vierzehn Vorstandsmitglieder
Lefaucheux zu einem Dîner bei Drouant eingeladen, um das zehn-
jährige Jubiläum seiner Amtsübernahme in Billancourt zu feiern. Als
Geschenk überreichte man ihm eine der ersten High-Fidelity-Anla-
gen. Der Abend war beschwingt und ein grosser Erfolg.

84

«Sie kommen alle im Februar zum Abendessen bei mir zu Hause, und wir werden dazu Musik auf Ihrer prachtvollen Hi-Fi-Anlage hören. Was sagen Sie zu Montag, dem Einundzwanzigsten?»

Dieses Abendessen bei ihm zuhause sollte nie mehr stattfinden. Schon zehn Tage früher nahm das Werk zum letzten Male von ihm Abschied.

*

Die Tränen, die ernsten Mienen, die tiefe Bewegung der Tausenden von Kadern, Ingenieuren, Angestellten und Arbeitern, die am Samstag, dem 19. Februar 1955, zur Insel Seguin pilgern, um Lefaucheux die letzte Ehre zu erweisen, sind die beste Antwort, die sie den Anstrengungen und Hoffnungen des Verschiedenen entgegenbringen können. Die Régie trauert. Sie beweint ihren Chef, gewiss, sie beweint aber vor allem einen Mann, den Mann, der immer kämpfte, um dem Unternehmen ein menschliches Gesicht zu geben; für den eine Fabrik nie ausschliesslich eine Masse von Material, von Techniken, Werkzeugen und Maschinen war, sondern auch und vor allem eine Gemeinschaft von Wesen aus Fleisch und Blut.

Sie haben zuerst nicht an seinen Tod glauben wollen. Alphonse Grillot, der sein Beigeordneter war, nachdem er diesen Posten bereits bei Louis Renault ausgeübt hatte, erklärt mit vor Bewegung erstickter Stimme:

«Wir haben den Eindruck gehabt, dass alles zusammenbrach, dass alles zu Ende sei, dass alles stillstand. Wir beweinten ihn, wie man einen sehr nahen und sehr teuren Verwandten beweint. Indem er von uns geht, hat er einen Teil von uns, den besten, mit sich genommen. Aber er hat uns ein grosses Erbe, ein prächtiges Beispiel hinterlassen, das uns verpflichtet. Sein Gedanke, seine Erinnerung werden von nun an unsere Handlungen Tag für Tag bestimmen. Im Zweifel werden wir uns an ihn wenden, uns unaufhörlich auf den Geist beziehen, der ihn beseelte und den er uns mitgeteilt hat. Wir werden unser Unternehmen schöner, grösser, mächtiger und menschlicher gestalten. Dies wird die schönste Huldigung sein, die wir seinem Gedächtnis widmen können!»

Die mit granatfarbenem Velours bespannte, von einem Photo von Pierre Lefaucheux im Trauerflor überragte Halle ist angefüllt mit Kränzen von offiziellen Stellen und mit Blumen von vielen Unbekannten. Marie-Hélène hat den Wunsch geäussert, dass diese Blumen zum Mont-Valérien transportiert und am Fusse des Denkmals der Opfer der Widerstandsbewegung niedergelegt werden. Grausame Ironie: auf den orangefarbenen Seiten der Lastwagen, auf denen sich diese letzten Zeugnisse anhäufen, leuchtet in schwarzen, fetten Buchstaben der neueste Werbespruch: «Die Frégate, der Wagen, der sein Versprechen auf der Strasse hält!»

PIERRE DREYFUS

DIE NACHFOLGE

Die Régie ist verwaist. Sie gibt ihrer schönsten Anlage den Namen des Verstorbenen: Flins wird das «Werk Pierre-Lefaucheux».

Aber wie die Régie keinen Chef mehr hat, so hat Frankreich keine Regierung mehr. Diese Tatsache allein erklärt jedoch nicht, dass sich die Suche nach dem Nachfolger von Pierre Lefaucheux bis zu den letzten Märztagen hinzieht.

In der Tat war die Wahl eines neuen «Kapitäns» der Régie keine leichte Angelegenheit. Der mit 57 Jahren auf dem Höhepunkt seines Schaffens gestorbene Lefaucheux hatte sich noch nicht um die Wahl eines Thronfolgers gekümmert. In der Régie denkt man sogleich an den, der der Freund, der Berater von Lefaucheux gewesen ist und der die Funktionen des Vizepräsidenten des Verwaltungsrates innehat, Pierre Dreyfus.

Alphonse Grillot und Bernard Vernier-Palliez eilen zu ihm. Sie fürchten ein allzulanges Interregnum und vor allem einen Fehlgriff der öffentlichen Gewalt bei der Ernennung eines neuen Präsidenten. Die Kader von Renault, so berichten sie, sind einmütig für Dreyfus, den mehrere gut kennen. Die Gewerkschaften haben Auskünfte über ihn bei ihren Kollegen von den lothringischen Kohlenbergwerken eingeholt, deren Präsident Pierre Dreyfus seit 1950 ist. Ihre Antwort ist mehr als günstig. Marie-Hélène Lefaucheux ist kaum von Saint-Dizier heimgekehrt, von wo sie die sterbliche Hülle ihres Gatten heimgeführt hat, als sie schon dem Finanzminister, ihrem Freund Pierre Pflimlin, einen Besuch abstattet:

«Ich kenne Pierre Dreyfus nicht sehr gut», sagt sie zu Pflimlin, «aber ich weiss, dass mein Mann ihn gewählt hätte»!

Als sich Dreyfus ein wenig später nach Strassburg begibt, um dort im Foyer der katholischen Studenten den Vortrag zu halten, den Lefaucheux nicht hat halten können, will es der Zufall, dass dies vor Pflimlin – dem Bürgermeister und Abgeordneten der Stadt – geschieht und dass er diesen für sich gewinnt.

Aber Pierre Dreyfus ist kein Kandidat und will es nicht sein. In Anbetracht der Tatsache, dass die Mehrheit für ihn stimmt, drängen ihn jedoch seine Kollegen vom Verwaltungsrat, anzunehmen:

«Mir fehlen zehn Zentimeter!» entgegnet Dreyfus.

Er spielt nicht nur auf den hohen Wuchs von Lefaucheux an, sondern er betrachtet sich im wesentlichen als Beamten, Planungsfachmann und Amtsführer, der mehr in den Kabinetten und den Kulissen der Regierung als auf einem öffentlichen Platz wie Renault zu Hause ist.

«Wir werden jemanden suchen», so sagt er, und schlägt selbst Namen vor.

Die Kandidaten werden bald bei Marcel Wiriath in dessen Wohnung am Square de l'Alboni, bald im Büro von Jean Richard-Deshais, Avenue Hoche, empfangen. So stellt sich dort Gallienne vor. Dieser war einst der Kaufmännische Direktor von Louis Renault und leitet mehrere Organe öffentlichen Interesses. Es folgen Roos, der Generaldirektor von Chausson, später Chef der Air France; Louis, sozusagen Exerbe von Louis Renault, der Generaldirektor von Babcock und Wilcox geworden ist. Alle haben ihre Vorbehalte und lehnen ab.

«Warum suchen wir eigentlich in der Ferne, wenn der geeignete Mann im Hause sitzt?», sagt Grillot zum damaligen Minister Ulver. «Wir könnten Vernier-Palliez nominieren.»

Bernard Vernier-Palliez, Generalsekretär der Régie, ist erst 37 Jahre alt, doch hat er sich im Hause schon eine starke Position erarbeitet. Grillot war zwar der Stellvertreter von Lefaucheux, doch «V.P.» galt als sein Schatten, seine veritable rechte Hand – und das seit bald zehn Jahren. Gross, gediegen, gewinnend, machte er dennoch den Eindruck von Seriosität und Strenge, wie man dies bei einem Manne seines Alters nur selten findet. Lefaucheux sowie sein Freund und Personaldirektor Jean Myon waren übrigens die einzigen, welche über die Ursachen dieser Frühreife Bescheid wussten.

Vernier-Palliez hatte vor Kriegsausbruch seine Rechtsstudien, dazu Wirtschaftswissenschaft und Staatswissenschaft betrieben. 1939 wurde er zum Militärdienst einberufen und er machte den Krieg in Frankreich als Unterleutnant der Artillerie mit. Die mangelnde Voraussicht der Armee und die Sorglosigkeit des Generalstabs hatten ihn dabei verbittert und angewidert. Er war einer der Ersten, der sich in der Widerstandsbewegung engagierte, um die erlittene Schmach zu rächen und für die Wiedererrichtung des Staates in besserer Form zu arbeiten.

Durch einen grossen Zufall, weil ein Student in diesen Tagen nicht von der Luft allein leben konnte, und weil der Vater eines Regimentskameraden, de Peyrecave, damals Generaldirektor von Renault war, leitete er im August 1942 ein Ferienlager für Lehrlinge der Renault-Werke.

Ebenso durch Zufall lernte er in der Organisation Civile et Militaire, der Keimzelle der Widerstandsbewegung, einen jungen Industriellen namens Lefaucheux kennen.

Im November 1942 gelangt er auf dem Umweg über Spanien nach Nordafrika. Er ist zwar kein ausgesprochener Sportler, aber von grenzenloser Einsatzbereitschaft. So wird er in ein Bataillon de Choc aufgenommen, wo er mit Männern wie Marceau Crespin, damals ein einfacher Unteroffizier, später aber Oberst und Direktor des französischen Sportministeriums, gemeinsam dient. Auch Michel Poniatowski, ein späterer Minister unter Giscard d'Estaing, gehörte dieser Einheit an. Er geht durch die harte Commando-Ausbildung, ist bei der Befreiung von Korsika dabei und später stösst er wieder zu seiner regulären Artillerie-Einheit an der italienischen Front. Doch der einfache Dienst bei der Artillerie befriedigt ihn nicht, er meldet sich freiwillig zur Luftaufklärung, lernt fliegen und ist mit einer Piper Club im Einsatz über Cassino, um die deutschen Positionen unter stärkstem Abwehrfeuer zu erkunden.

Er nimmt an der Befreiung Frankreichs teil und dabei trifft er Lefaucheux wieder. Dieser hat sich mittlerweile in Billancourt installiert, doch ist er mutterseelenallein, umgeben von Louis Renault's alten Direktoren. Er braucht neues Blut in seiner Nähe. Er erinnert sich an Vernier-Palliez und an das Interesse des jungen Mannes an sozialen Fragen. Er lässt ihn kommen.

«Ich brauche Sie bei Renault», sagt er. «Hier ist Wichtiges zu tun.»

«Danke,» sagt V.P., «ich möchte aber meine Studien wieder aufnehmen. Ich habe die Absicht, mich auf den Grand Concours vorzubereiten. Ich möchte Diplomat werden, nicht Industrieller.»

«Hier würden Sie Nützlicheres leisten», erwidert Lefaucheux.

Lange dauert die Diskussion, bis sich Vernier-Palliez schliesslich erweichen lässt. Er tut dies unter einer Bedingung:

«Wenn der Krieg zu Ende ist, wird man uns Soldaten nicht sogleich entlassen. Ich habe aber keine Lust auf einen sinnlosen Kasernendienst. Wenn Sie mich nach dem Waffenstillstand gleich freibekommen, gehe ich zur Régie.»

«Einverstanden», antwortet Lefaucheux.

Der Waffenstillstand wird am 8. Mai unterzeichnet, Am Neunten ist Vernier-Palliez in Billancourt, noch in Artillerie-Uniform. Für die Beschaffung von zivilen Kleidern hatte er keine Zeit. Lefaucheux betraut ihn mit Fragen der Sozialverwaltung, mit Personalangelegenheiten und den Beziehungen zu den Gewerkschaften. Knapp drei

Jahre später ist er Generalsekretär der Régie und damit ist auch der Botschafter-Traum schon offenkundig ausgeträumt.

Als man auch ihm die Nachfolge von Lefaucheux anbietet, lehnt er kategorisch ab:

«Ich bin zu jung», sagt er. «Ich bin noch nicht so weit».

Zwanzig Jahre später wird er keine Ausrede mehr haben und das Amt übernehmen...

Zur Zeit aber sagen alle ernstzunehmenden Kandidaten ab, und man kommt jedesmal auf Pierre Dreyfus zurück, der seinem Schicksal nicht mehr entgehen kann.

Als die neue Regierung gebildet ist, lässt André Morice – der zum Minister für Handel und Industrie ernannt wurde – den Vizepräsidenten der Régie zu sich rufen. Im Büro des Ministers ist Dreyfus wie zu Hause. Er hat seinen Weg als technischer Berater, dann als Generalinspektor der industriellen Produktion in diesem Ministerium in der Rue de Grenelle gemacht. Er ist Kabinettschef von Robert Lacoste, dann von Maurice Bourgès-Maunoury gewesen.

Kaum in der Regierung, bringt es André Morice in einigen Tagen auf 84 Kandidaten für die Nachfolge von Pierre Lefaucheux, unter anderen den ehemaligen Ministerpräsidenten Paul Ramadier! Der Minister selbst hat sich – vergeblich – bemüht, Roos und Louis zu bewegen, den Posten zu übernehmen. Pierre Dreyfus, den Vizepräsidenten der Régie und ersten Beamten seines Ministeriums zu ernennen, erscheint ihm eine «Bequemlichkeitslösung». Aber es gibt bald keinen anderen mehr. André Morice erfährt sogar, indem er gewisse Konkurrenten von Renault befragt, dass auch Citroën die Kandidatur von Pierre Dreyfus positiv beurteilt.

«Ich muss Sie bei Renault ernennen», sagt Morice zu Dreyfus.

«Sie gehen da ein grosses Risiko ein», entgegnet Dreyfus. «Ich schlage mich gern, das ist wahr, und ich habe auch schon die Gelegenheit dazu gehabt. Aber niemand, bei mir selbst angefangen, weiss, ob ich ein fähiger Industrieller sein werde!»

«Die Mehrheit hat für Sie gestimmt», sagt Morice. «Man spricht Ihnen nämlich einige Qualitäten zu. Es ist eine Pflicht für Sie, anzunehmen!»

Schliesslich stimmt er zu, doch setzt er sich zwei Imperative: er will nicht länger als zwei Jahre auf diesem Posten bleiben, gerade lange genug, um einen neuen Präsidenten aufzubauen, und er will niemals nach achtzehn Uhr in seinem Büro sitzen, weil er auch an die Erziehung seiner siebenjährigen Tochter Sylvie denkt.

Noch weiss er nicht, dass Renault ihn verschlingen wird, dass er zwanzig Jahre hier bleiben wird, und zwar zehn bis zwölf Stunden pro Tag in seinem Büro...

Am 27. März 1955 wird so der 47jährige Dreyfus durch den neuen Ministerpräsidenten, Edgar Faure, zum Generaldirektor und Präsidenten der Régie Renault ernannt und setzt sich in den Sessel, den nur zwei Männer, Louis Renault und Pierre Lefaucheux, vor ihm innegehabt haben. Er ist weder dem einen noch dem anderen ähnlich. Er erhebt keinen Anspruch darauf, ein technisches Genie wie der erste zu sein, er besitzt auch nicht die Ingenieurausbildung des zweiten. Sein behutsamer Stil steht im äussersten Gegensatz zu dem seiner Vorgänger. Man sah in Lefaucheux vor allem die manchmal ein wenig brutale Kraft, die ein Gefühl der Sicherheit vermittelte. Dreyfus verkörpert Charme, Scharfsinn, Diplomatie.

Der neue Präsident steht jedoch seinem Vorgänger näher, als es den Anschein hat. Er teilt seine Mystik der Expansion, seinen Widerwillen gegen jeden Malthusianismus. Er ist wie dieser Idealist und Pragmatiker zugleich. Er hat denselben tief verwurzelten Optimismus wie Lefaucheux und muss sich oft wie jener gegen den Vorwurf verteidigen, «zu gross» und «zu weit» zu schauen. Bevor er die Nachfolge annahm, hat man ihm im festen Glauben, das Argument werde ihn bestechen, gesagt:

«Die Expansion von Lefaucheux war verrückt. Die Régie muss jetzt ein wenig Atem holen!»

Die ihm das sagten, kannten ihn jedoch schlecht. Lefaucheux war ein schneller Läufer, aber Dreyfus wird ein Sprinter sein! Grossbürgerlich so wie Lefaucheux, fühlt er sich wie dieser – und vielleicht noch tiefer – zu dem in Billancourt erprobten Experiment des Sozialismus hingezogen. Er hat sich sehr jung in den politischen Kampf eingelassen und erinnert sich noch daran, wie er mit 20 Jahren linksgerichtete Zeitungen an der Porte de Saint-Cloud verteilte, wie er sich mit einigen Streitern der Action Française herumschlug, unter denen sich sein zukünftiger Freund Marcel Wiriath befand, der Mann, der ihn mit Jean Richard-Deshais dazu drängte, den Platz von Lefaucheux einzunehmen.

Als höherer Beamter hat er dem Staat – allen Regierungen – gedient. Er hat es stets als Mann der Pflicht, aber auch, wenn sich die Gelegenheit dazu bot, als Mann der Linken getan. Man weiss es im Ministerium, wo er an der Abfassung der Nationalisierungsstatuten der Steinkohlengruben und der Elektrizitätswerke Frankreichs mitgearbeitet hat; man weiss es bei den Kohlenbergwerken Lothringens, wo er gleichzeitig seinen sozialen Sinn und seine Leistungsfähigkeit unter Beweis gestellt hat.

Wenn ihm auch «zehn Zentimeter» fehlen, so ist er doch nur dem Schein nach von wenig kräftiger Konstitution. Er ist ein mutiger Mann und hat es gezeigt. Aber er bringt Renault vor allem Qualitäten, die das Unternehmen gerade in diesem Augenblick braucht, er ist ein Planungsexperte, ein Begriff, an dem er gleichsam instinktiv festhält.

Der Internationalismus steckt seit seinem jüngsten Alter in ihm. Seine Familie stammt aus Sierentz bei Mülhausen wie die Familie des

Hauptmanns Dreyfus und die von Pierre-Louis Dreyfus – gelegentlicher Rennfahrer, aber vor allem Grosshändler in Getreide und Bankier, den viele in der Régie zuerst mit dem neuen «Kapitän» verwechseln. Der Vater von Pierre Dreyfus ist sehr früh in der Welt herumgereist: In Lateinamerika tauschte er Textilien, die in den Vogesen gewebt worden waren, gegen Landesprodukte ein, was ihn insbesondere dazu veranlasst hat, eine Kaffeebörse in Le Havre zu gründen und auch Bankier zu werden. Die Mutter von Pierre Dreyfus stammt aus einer Familie, die den Soziologen Durckheim und den Juristen Lévy-Bruhl hervorgebracht hat. Sie bestand ihr englisches Staatsexamen (Agrégation) zu Beginn des Jahrhunderts, zu einer Zeit also, in der derartige Lorbeeren für Frauen eine Seltenheit waren.

Pierre ist siebzehn Jahre alt, als sein Vater stirbt. Man beschliesst, «einen Kaufmann aus ihm zu machen». Während er sich noch für sein Staatsexamen vorbereitet und am Doktor der Rechtswissenschaften arbeitet, geht er nach London, um dort den Rohmaterialien-Markt bei den Grosshändlern von Mincing Lane kennenzulernen, und anschliessend nach Spanien und Afrika. Doch wünscht seine Mutter, dass er eine Universitäts- oder Verwaltungslaufbahn einschlägt. Er bereitet sich zum Eintritt in den Conseil d'Etat (den Staatsrat) vor, wird aber dort nicht zugelassen. Er befindet sich zwar unter den vier Bewerbern, die zur engeren Wahl stehen, jedoch ist nur eine Position frei. 1935 tritt er schliesslich in das Ministerium für Industrie und Handel ein und übernimmt die Stellung eines technischen Beraters.

So folgt er also der Laufbahn eines höheren Beamten bis zu jenem Tage, an dem seine Schicksalslinie mit der von Renault zusammentrifft. Dies nicht zuletzt durch die Weichenstellung zur Internationalität, die dreissig Jahre zuvor durch seine Familie erfolgte. Dreyfus hat sich bei seinen verschiedenen Tätigkeiten die Prinzipien der Expansion und Planung zu eigen gemacht. Er praktiziert sie bei der Energiekommission, deren Präsident er war, und auch in den Kohlengruben Frankreichs. Jean Monnet, der Vater Europas, der seine Qualitäten und Vorstellungen kennt, hatte ihn sogar vorgeschlagen, die Leitung der Finanzen der Europäischen Gemeinschaft zu übernehmen. Nun führt das Schicksal diesen Wirtschaftsplaner mit internationalen Ansichten gerade zu dem Zeitpunkt nach Billancourt, zu dem Renault seine alten Grenzen zu sprengen beginnt und den bisherigen Rahmen verlässt. Dieser neue Weg aber ist mit Sorgfalt und Überlegung abzustecken.

Dreyfus wird in der Régie «the right man at the right time» (der richtige Mann zur rechten Zeit), so wie Louis Renault und Pierre Lefaucheux es unter anderen Umständen waren.

Pierre Dreyfus besitzt eine Frégate – mit der er übrigens nicht besonders zufrieden ist –, aber er hält seinen Einzug in den Ehrenhof des Werkes im Fond eines Peugeot des Ministeriums.

Pierre Dreyfus hat sein Team rund um das Massstab-Modell der künftigen Renault Dauphine versammelt (von links nach rechts): Albert Grandjean, kaufmännischer Direktor, Alphonse Grillot, stellvertretender Generaldirektor, Bernard Vernier-Palliez, Generalsekretär, und Fernand Picard, Direktor für Forschung und Entwicklung.

Er hatte mehrere Wochen Zeit, um über die grossen Linien seiner Politik nachzudenken. Einige Stunden zuvor präsidierte er auf den Champs-Elysées den ersten Verwaltungsrat, und zum ersten Mal in seinem Leben versagte ihm dabei die Stimme, der Hals war ihm wie zugeschnürt, und er sah sich im Augenblick, da er das Lob seines Vorgängers anstimmte, ausserstande zu sprechen.

Er lässt sich in Billancourt im alten Büro des ersten Stocks, in dem vor ihm Renault und Lefaucheux arbeiteten, nieder, dessen schlichte Einrichtung er aus einer Art Treuegefühl unverändert lässt. Durch Alphonse Grillot und Marguerite-Marie Dubruel – der Mitarbeiterin von Lefaucheux seit 1945, die bis zum Ende bei ihm geblieben ist – lässt er die sogenannten «Apostel», die elf Kader, die den Generalstab der Régie bilden, zu sich rufen:

»Ich verstehe nicht viel vom Automobil», sagt er zu ihnen, «aber ich bringe Ihnen zwei Dinge: einen Fünfjahresplan, der in gewissen Zeitabständen revidiert werden wird, und das Ziel, mindestens die Hälfte unserer Produktion zu exportieren.»

Die Wirkung dieser Rede ist jener von Lefaucheux vergleichbar, als dieser zehn Jahre zuvor seinen Kadern ankündigte, dass die Régie 300 4 CV täglich produzieren werde. Man hält auch Dreyfus für verrückt und gewisse Kader bedauern sogleich, dass man diesen «Visionär» als Nachfolger von Lefaucheux eingesetzt hat. Dabei redet Dreyfus anfangs noch nicht einmal von seinen ehrgeizigen Absichten, nämlich von seinen Sieben- und Zehnjahresplänen mit einem Exportanteil von 60%.

Dreyfus sprach jedoch nicht in den Wind. Er hat das «Projekt 109» schon kennengelernt und getestet, aus dem einmal die Dauphine hervorgehen wird. Dieser Prototyp 109 wurde durch die Initiative der Exportabteilung geschaffen. Allein mit dem 4 CV, der Colorale und der Frégate gelang es der Exportabteilung bereits, mehr als ein Viertel der Gesamtproduktion in das Ausland zu verkaufen. Die zukünftige Dauphine und eine Erweiterung der bisherigen Grenzen müssen es ermöglichen, mehr zu erreichen.

«Der 109 wird dafür nicht ausreichen», sagt jedoch Fernand Picard, der für die Vorarbeiten zuständige Direktor.

«Da sind aber noch der 4 CV und die Frégate», bemerkt Dreyfus.

«Man kann mit der Frégate nicht viel anfangen», entgegnet Picard, «sie ist zu schwer und hat einen Lastwagen-Motor, der für diesen Wagen nicht geeignet ist!»

«Gut», erwidert Dreyfus, «dann werden wir also die Frégate durch ein neues Modell ersetzen, das grösser als der 109 ist!»

Für Dreyfus beginnt nun eine ins kleinste gehende Planungsarbeit. Man befindet sich noch in jener Epoche, in der man, dem Wunsch der kaufmännischen Direktion oder der Entwicklungsabteilung entsprechend, frisch-fröhlich nach Gefühl über die Vorstellung eines neuen Modells entscheidet.

Der Wiederaufbau hatte einst andere Prioritäten gesetzt und die Lösung wichtiger Probleme verzögert. Probleme der Struktur, der Geschäftsführung und der Kontrolle des Unternehmens, Fragen, die in einer Mangelsituation kaum gestellt wurden, da es damals schwieriger war zu produzieren als zu verkaufen, treten nunmehr gewaltsam in den Vordergrund: Probleme des Erzeugnisses, der Serie, der ausländischen Märkte, finanzielle Probleme und das Problem, die richtigen Männer am richtigen Platz zu haben. Das Unternehmen hat keinen wirklichen Plan, es weiss nichts von der Strenge der modernen Haushaltsplankontrollen, seine Kaufleute haben sich noch nicht von den Krisenjahren 1932 und 1936 erholt, es besitzt in seinen Reihen nicht die Exportfachleute, die es benötigt.

Was Pierre Dreyfus im Augenblick, da er das Steuer ergreift, am meisten fehlt, ist ein Kompass, eine «Lenkungsmechanik». Aber er ist gerade dabei, sich eine zu schaffen. Bis dahin «steuert» er nach seinem Instinkt. Glücklicherweise hat er eine sichere Witterung, einen unerschütterlichen Mut und einen noch intakten Optimismus. Ist er auch nicht auf die modernen Techniken vorbereitet, so erfasst er doch rasch das Automobil als Soziologe und Kaufmann, wenn nicht als Ingenieur. Vor allem aber wird er bei Renault die Ansätze zu einem modernen Management schaffen und den Grundstein für eine kohärente Unternehmensführung legen.

Man muss jedoch mehrere Jahre warten, bevor er den neuen und ziemlich aussergewöhnlichen Mitarbeiter ins Werk einführen kann, von dem er träumt, nämlich einen gewissen Anatole. Wenn dieser auch keine Abteilung leitet, so befiehlt er doch allen: Anatole ist der riesige Computer, der Renault eines der wesentlichen Mittel seiner zukünftigen Politik, die schnelle Information und Auswertung der Fakten, vermitteln wird.

In Erwartung seiner Maschine sucht er Männer. Diejenigen, die bereits im Amt sind, bleiben bei ihm; doch erscheint es ihm dringlich, die Mannschaft zu verstärken. Einer seiner ersten «Rekruten» heisst Christian Beullac. Eine brillante Persönlichkeit. Beullac hat viele Diplome erworben: das des Polytechnikums, der Schule für Wegebau, der Hochschule für Elektrizität und jenes für politische Wissenschaften. Er war Beamter im Ministerium für Industrielle Produktion und in der Planungskommission. Mit 30 Jahren ist Beullac zum Referenten einer Kommission ernannt worden, die damit beauftragt ist, die Probleme zu studieren, die der Automobilindustrie durch die Liberalisierung gestellt sind. Er hat lange Besprechungen mit Lefaucheux gehabt, dem er sympathisch gewesen war, und der ihm vorschlug, zu ihm zu Renault zu kommen. Beullac zögerte noch, Lefaucheux' Ruf zu folgen, als dieser den Tod fand. Bei Pierre Dreyfus, der einer seiner Chefs im Ministerium gewesen ist, akzeptiert er das Angebot gerne.

Dreyfus, der aus ihm den kaufmännischen Wirtschaftsplaner der Régie machen will, lässt ihn zunächst die umfassendste Vorbereitungszeit absolvieren, die einem Neuling je geboten wurde. Ein Jahr lang geht Beullac von einer Dienststelle zur anderen. So überwindet er systematisch seine drei Handikaps, wie er seine Nachteile nennt: er ist Polytechniker, steht also im Verdacht, ein reiner Theoretiker zu sein. Er ist von Haus aus Beamter und trotzdem in einem Unternehmen tätig, das sich auf dem freien Markt behaupten muss und nichts so sehr fürchtet wie die Verbeamtung. Schliesslich hat er nicht in einem Unternehmen gelernt, sondern wurde mitten in diese für ihn neue Aufgabe hineinversetzt.

Beullac hat im Jahre 1947 eine Studentenvereinigung gegründet, die Union des Grandes Ecoles (eine Hochschulverbindung), deren erster Präsident er war. Ihm stand in seinem Generalsekretariat ein weiterer zukünftiger Führer von Renault, Vincent Grob, als Assistent zur Seite.

«Sie kennen ausgezeichnete junge Leute», sagt Dreyfus zu ihm. «Finden Sie mir Burschen, die fähig sind, eine Amtsführung zu kontrollieren, Wirtschaftsstudien und Haushaltskontrollen durchzuführen!»

Dieser Fischzug ist erfolgreich. Innerhalb von einigen Jahren öffnet Dreyfus einer Reihe von brillanten jungen Köpfen die Pforten von Billancourt, um aus ihren Reihen recht bald die Nachfolger für das teilweise überalterte Management, welches noch unter Louis Renault und Pierre Lefaucheux gedient hatte, auszuwählen. Keiner dieser Leute ist über vierzig Jahre alt. Bald werden sie das Team der «Barone» von Dreyfus darstellen und einige von ihnen werden ein Vierteljahrhundert lang absolute Spitzenpositionen einnehmen.

Aus den Reihen dieser Männer sind Beullac und Dreyfus einige aus dem Industrie-Ministerium bekannt, wo sie bisher tätig waren, wie Maison und Souleil. Andere hat der Zufall zu Renault geführt, so etwa Zannotti, Meesemaecker oder Lamirault. Manche hat man von anderen Firmen geholt, wie Georges und einige kamen ganz von selbst, wie Tiberghien. Es war die Zeit, da alle Wege zu Renault führten...

Michel Maison ist einer der Ersten, er kommt von der E.N.A. und vom Ministerium. Vorher war er Finanzberater für den Export. Sehr bald wird er das Hauptanliegen von Dreyfus, den Export der Régie, unter seine Fittiche nehmen und Positionen in Nord- und Südamerika aufbauen.

Bald tritt auch Pierre Souleil aus der Menge hervor. Er stammt aus dem Languedoc und ist ein passionierter Zahlenmensch. Er kommt von der E.N.A., war Finanzinspektor und wird rasch zur rechten Hand von Maison, wobei er sich um die Finanzfragen beim Export kümmert. Einige Jahre später wird dieses aussergewöhnliche Bankgenie zum Finanzdirektor der Régie bestellt.

René Meesemaecker ist Ingenieur. Er ist gross, ruhig, ebenfalls ein Zahlenmensch. Er tritt ungefähr zur selben Zeit ein und wird mit Bilanz- und Budgetfragen betraut. Er ist der geborene Controller; später wird er sich um die Diversifikation der Régie kümmern.

Der Absolvent des Polytechnikums und Strassenbauer François Zannotti hatte gut zehn Jahre im öffentlichen Dienst hinter sich. Sein Vater, von Beruf Arbeitsinspektor, kannte Vernier-Palliez aus Billancourt. «V.P.» hatte ihn an einem wegen Streiks sehr chaotischen Tag durch die Polizei von Boulogne abführen lassen! Die beiden Männer hatten dennoch ein freundschaftliches Verhältnis zueinander aufgebaut. Bei einem Sommerbesuch in seinem Dorfe in Korsika lernte Vernier-Palliez den jungen François Zannotti kennen und schätzen.

«Interessiert Sie der Automobilbau?» fragt er ihn.

François Zannotti tritt im März 1957 bei der Régie ein, wo er vorerst in der Fertigung landet. Wie Beullac, beginnt er für sechs

Monate als Arbeiter und beendet das Jahr im Studienbüro für Schneidewerkzeuge. Dann ruft ihn Dreyfus zu sich. Beullac hatte man für eine kaufmännische Laufbahn vorgesehen, doch wählte er eine industrielle. Deshalb muss man Zannotti umprogrammieren.

«Nehmen Sie Platz», sagt Dreyfus, «man braucht Sie. Sie wollten in der Produktion Karriere machen. Nun, es wird eine kaufmännische Laufbahn werden!»

Und Zannotti wird mit der kaufmännischen Direktion für Frankreich und den noch in den Windeln liegenden Gemeinsamen Markt betraut. Zu allererst muss er das französische Vertriebsnetz reorganisieren und sich von 625 Partnern trennen, dem unglückseligen Erbe des untüchtigen kommerziellen Direktors von Louis Renault, Monsieur Grandjean. Dann nimmt er die Nachbarmärkte in Angriff, erst Deutschland, dann Italien.

Er muss praktisch neu beginnen. Jedesmal installiert er sich mit seiner ganzen Familie für einige Monate in dem Lande, das er bearbeitet. Er beginnt mit Köln, von wo aus er auch die Angelegenheiten des französischen Marktes leitet. Dann geht er nach Mailand, wie der Chef einer Commando-Einheit.

Das italienische Händlernetz baut er überfallsartig, fast wie im Kriege, auf. Um Zeit zu gewinnen, chartert er eine Boeing und fliegt vierzig kaufmännische Mitarbeiter nach Italien. Dort kämmen sie wie bei einer Razzia die italienische Händler-Szene durch und bauen der Régie innerhalb von wenigen Monaten eine unabhängige und leistungsfähige Verkaufsorganisation auf.

Zannotti öffnet auch einem jungen Manne, von dem man noch hören wird, die Tore bei Renault: Philippe Lamirault hat Staatswissenschaften studiert und anschliessend sieben Jahre lang bei der Ventilationsfirma Tornado gearbeitet, zuletzt als Generalsekretär. Er träumt aber von grösseren Aufgaben. 1959 tritt er bei Renault ein. Nach einigen Monaten der Einarbeitung wird er zu Dreyfus gerufen. Lamirault ist eine Bulldogge und nimmt sich kein Blatt vor den Mund. Er spart nicht mit Kritik und Vorschlägen. Dreyfus lässt ihn aussprechen, dann sagt er:

«Junger Mann, Sie sind unglaublich impertinent!»

Doch offensichtlich gefällt diese Impertinenz dem Patron sehr. Er diskutiert anderthalb Stunden mit ihm, hört sich eine ganze Reihe von neuen Ideen an und sagt dann abschliessend:

«Wir werden Sie an die Front schicken.»

Er ruft Guillon in der kaufmännischen Direktion an:

«Probieren Sie diesen Burschen aus», sagt er. «Geben Sie ihm die Direktion eines Tochterbetriebes, man wird sehen, was in ihm steckt.»

Anschliessend wird Lamirault von Guillon empfangen:

«Wollen Sie lieber Kugeln zählen oder einen Scheissladen in Ordnung bringen», fragt er ganz unverblümt.

«Das Letztere», antwortet Lamirault.

«Der Scheissladen schreckt Sie nicht?»

Der andere schweigt.

«Also gut, Sie gehen nach Le Havre.»

«Wann soll ich fahren, Monsieur?»

«Montag. Sie werden drei Jahre dort bleiben.»

Moro, Guillon's Stellvertreter, ist mit der Übersiedlung des jungen Mannes betraut.

«Guillon hat Ihnen drei Jahre gesagt?» fragt Moro. «Nun, Sie werden vier Jahre in Le Havre sein!»

Lamirault wird achtzehn Monate später wieder in der Zentrale sein: Le Havre ist kein «Scheissladen» mehr und Dreyfus überträgt seiner Bulldogge die Verantwortung für sämtliche Tochterbetriebe. Zwei Jahre später vertraut man diesem passionierten Verkäufer die kaufmännische Direktion für ganz Frankreich an.

Auf allen Ebenen ist Pierre Dreyfus der Bannerträger der Operation «Verjüngung». Sein Personaldirektor Jean Myon ist einer seiner wichtigsten Kopfjäger. Myon ist 1942, im Alter von 22 Jahren, bei Renault eingetreten. Seit Urzeiten mit Vernier-Palliez befreundet, hat er zur Aufbesserung seiner Studenten-Existenz gemeinsam mit ihm das Ferienlager der Renault-Lehrlinge geleitet. Seine Qualitäten als Animator und seine Kontaktfreudigkeit gefielen allen jenen, die ihn bei der Arbeit sahen. Er hatte Jus und Literatur studiert, obgleich ihn seine Herkunft aus der Bretagne und auch sein Herzenswunsch eigentlich für die Seefahrt, für die Ecole Navale, bestimmten. 1953 vertraut Lefaucheux diesem 33jährigen, der ihn durch seine neuen und gewagten Ideen überzeugte, die Personaldirektion und die Sozialangelegenheiten für die gesamte Régie an.

An Myon wendet sich Dreyfus auch, als man gezielt auf die Suche nach Direktionsnachwuchs geht. Er wird in den Jahren zwischen 1955 und 1959 sieben von zehn der «Barone» der Régie engagieren, jene Männer, welche die Geschicke des Unternehmens noch ein Vierteljahrhundert später lenken sollten.

Dreyfus instruierte ihn ganz speziell:

«Wir brauchen in der Entwicklung einige Ingenieure von hoher Qualität, die sich nicht allein von der Intuition leiten lassen. Finden Sie mir einen Polytechnikums-Absolventen von etwa vierzig Jahren, der Industrieerfahrung, auch im Automobilbau hat.

Myon geht an die Arbeit. Man berichtet ihm von einem gewissen Yves Georges, dem Verantwortlichen im Entwicklungsbüro von Chenard et Walker, der auch mechanische Entwicklungen für die Firma Chausson ausgeführt hat. Georges, Sohn eines Generals, ist bekannt als ein direkter, konkreter und kompetenter Mann. Myon ruft ihn am 31. Juli 1955 an, am Vorabend seiner Abreise in die Ferien:

«Wir suchen einen Beigeordneten für Picard. Wollen Sie Entwicklungsdirektor bei Renault werden?»

«Nein!» antwortet Georges in seiner direkten Art. «Vor allem, weil ich in die Ferien fahre und weiters, weil ich nicht in einem Narrenhaus arbeiten will!» Dennoch kommt die Sache im September zu einem positiven Abschluss, und Georges übernimmt die Funktion eines Entwicklungsdirektors und Stellvertreters von Fernand Picard am 2. Jänner 1956.

Unter den jungen Ingenieuren, die er im Hause vorfindet, fällt ihm sogleich ein blonder Riese auf, der 27jährige P. Tiberghien, ein sehr jovialer Bursche. Er war vier Jahre vor Georges zu Renault gestossen. Am Tage seiner Abschlussprüfung an der Ecole Centrale kam er 1951 auf Job-Suche mit der Metro nach Billancourt und meldete sich in der Personalabteilung, sein noch feuchtes Abschlusszeugnis in der Tasche. Genau zwei Stunden später war er bei Renault angestellt.

«In Ordnung», sagte ihm der für die Aufnahme von Kader-Nachwuchs Zuständige. «Sie sind aufgenommen und beginnen in der Entwicklungsabteilung».

Fünfundzwanzig Jahre später wird er Yves Georges' Nachfolger.

*

Kaum hatte Pierre Dreyfus die Heranbildung eines neuen Generalstabes in die Wege geleitet, so wandte er sich den zahlreichen vordringlichen und höchst wichtigen Momentan-Aufgaben zu, ganz besonders auf dem Nutzfahrzeug-Sektor. Renault gehörte auf diesem Gebiet schon immer zur Avantgarde und war sogar nahe daran, sich auf Nutzfahrzeuge zu spezialisieren, hätte nicht Pierre Lefaucheux die Genehmigung erhalten, den 4 CV zu bauen.

Zehn Jahre nach Kriegsende spielt der Sektor Nutzfahrzeuge innerhalb der Régie noch eine wesentliche Rolle. In diesem Markt teilen sich jedoch zwölf Firmen mit einer Gesamtproduktion von 18 000 Fahrzeugen. Pierre Dreyfus hat beim Abschluss der noch von Lefaucheux zwischen den Firmen Latil, Somua und Renault aufgenommenen Verhandlungen den Vorsitz. Sie führen zur Fusion und damit zur Gründung eines Unternehmens, der Société Anonyme des Véhicules Industriels et d'Equipements Mécaniques (SAVIEM). Latil hat seit dem Jahre 1898 in Levallois Fahrzeuge gebaut und brachte die ersten Wagen mit Frontantrieb heraus. S.O.M.U.A. ist das Resultat der Fusion der Maschinenfabrik Usines Bombey mit den Ets. Farcot und der Automobilabteilung der Firma Schneider. Die Régie Renault bringt in das neue Tochterunternehmen ihre Abteilungen für Nutzfahrzeuge und Omnibusse ein. Dadurch werden bei der Régie Hallen frei, denn tausend Maschinen mit Werkzeugen für Blechbearbeitung gehen an SAVIEM. So entsteht im Dezember 1955 ein Unternehmen, das sich später als der grösste französische Hersteller von Nutzfahrzeugen bewähren soll.

Einige Monate später gibt Pierre Dreyfus den ersten Anstoss zu einer Sozialpolitik, die er auf den von Lefaucheux hinterlassenen Grundlagen aufbauen will. Es ist eine entschieden humane, auf der Zusammenarbeit basierende Politik, durch welche die Régie Renault wieder mehr denn je ihre Absicht bekundet, die Rolle eines Unternehmens zu spielen, das beispielhaft ist. Um diese Politik zu verfolgen, zieht Dreyfus den Mann zu Rate, dessen Überzeugungen er teilt, Roger Clees. Clees, ein Gewerkschaftler von Rang, kennt die Hauptsorgen der Arbeiter der Régie, an deren erste Stelle er die Angst setzt. Diese Angst rührt von der Möglichkeit unregelmässiger Einkünfte her, und die Unsicherheit ist ein Ergebnis der Bedrohungen, die alle Wechselfälle der Konjunktur und des Daseins mit sich bringen. Alles übrige kommt für Clees wie für Dreyfus erst hinterher.

So entsteht das erste Abkommen, das am 15. September 1955 von allen Gewerkschaften unterzeichnet wird, mit Ausnahme der C.F.T.C., die einen Tag später folgt und ausser der C.G.T., die dem Abkommen erst im Dezember und mit Vorbehalt beitritt. Für diese letztere Zentrale handelt es sich in der Tat um ein «Kollaborationsab-

Das erste Exemplar der Dauphine wird im Dezember 1955 am Ende des Fliessbandes von Fernand Picard (rechts) in Gegenwart des Werksdirektors Pierre Bonin an Pierre Dreyfus übergeben. Während die Produktion erst richtig in Schwung kommt, gehen bereits unter grösster Geheimhaltung die ersten Dauphine in die Vereinigten Staaten, wo sie als Köder für die künftigen Renault-Händler dienen.

kommen der Arbeiterklasse». Für das Personal der Régie aber, das sich mit grosser Mehrheit für den Vertrag ausspricht, kennzeichnet das Abkommen einen bedeutenden Wendepunkt.

So bringt es nicht nur eine dritte Woche bezahlten Urlaubs pro Jahr ein, sondern sieht auch vor, dass alle Feiertage den im Stundenlohn stehenden Arbeitern ohne Abzug bezahlt werden, so wie es bei den monatlichen Gehaltsempfängern der Fall ist. Immer von der Sorge beseelt, die Mitglieder der Belegschaft finanziell sicherzustellen, wird im Krankheitsfall eine Vergütung vom achten Tage an für die Dauer von zwei Monaten eingeführt gleichzeitig mit einer Entschädigung, die die Leistungen der Sozialversicherung für Arbeitsunfälle ergänzt. Der Kontrakt schafft andererseits die zusätzliche Altersversorgung, setzt gesetzlich gewisse besondere Vorteile bei der Régie fest, wie die Abgangsentschädigung bei Antritt des Ruhestandes für im Stundenlohn stehende Arbeitnehmer. Er garantiert endlich erstmals eine Erhöhung von Löhnen und Gehältern um 4% jährlich.

Andererseits sieht das Abkommen vor, dass die vertragsschliessenden Parteien sich während der zwei Jahre der Vertragslaufzeit verpflichten, «alle Mittel der Verständigung zu erschöpfen, bevor sie zu einem Streik oder zu einer Aussperrung ihre Zuflucht nehmen». Dieses historische Abkommen legt so den Grund zu einem in Frankreich noch nicht dagewesenen ständigen Dialog.

In einem Schreiben an die C.G.T., die noch zögert, dieser Konvention beizutreten, drückt Pierre Dreyfus klar und deutlich seine Philosophie aus:

«Die Direktion der Régie kann, ehrlich gesagt, nur dann die Verpflichtung eingehen, die Löhne regelmässig zu erhöhen, wenn sie sicher ist, die Mittel dafür zu haben. Es ist also notwendig, dass die Verpflichtungen auf Gegenseitigkeit beruhen. Dies ist das wesentliche Charakteristikum des Vertrages, den wir unterzeichnet haben. Welchen Wert hätte ein Vertrag, von dem gewisse Kontrahenten nur die ihnen genehmen Klauseln anzuwenden beabsichtigen?»

Dieses Abkommen erfolgt im rechten Augenblick; denn Renault hat Grosses zu vollbringen. Zweifellos blieb der Öffentlichkeit von allen Renault-Aktivitäten vor allem der 1000-km-Rekord einer Barquette 4 CV mit 166 km/h Durchschnitt sowie der Sieg eines 4 CV bei der Tour de France für Automobile in Erinnerung. Die Eingeweihten ihrerseits wissen, dass die Régie gleichzeitig die wichtige Entscheidung getroffen hat, eine neue Fabrik in Cléon an der traditionellen Achse Paris—Rouen zu errichten. Aber vor allem ist das unmittelbare Ziel die Vorstellung des neuen Modells 109, dem Marcel Wiriath im Verlauf eines improvisierten Banketts im Gasthaus von Port-Royal seinen Taufnamen gegeben hat, so wie es Richard-Deshais mit der Frégate tat: «Der 4 CV ist die Königin! Nun wohl, das neue Modell kann deshalb nur die Dauphine sein!»

Die hunderttausendste in die USA gelieferte Dauphine wird von der «Okeanoporos», einem der sechs Liberty-Schiffe der Régie, ausgeschifft.

Vorstoss nach dem Westen

Mitten in seiner Laufbahn vom Tode hinweggerafft, hatte Pierre Lefaucheux keinen Dauphin mehr bestimmen können. Aber er hatte der Régie eine Dauphine hinterlassen. Er war es, der an einem Juliabend 1951 das Signal zum Stapellauf des Projektes 109, eines mittleren Wagens, geräumiger als der 4 CV, gegeben hat. Für diesen Wagen werden einige Elemente vom 4 CV übernommen, doch wird es sich insgesamt um ein verfeinertes, jedoch noch immer sehr wirtschaftliches Automobil handeln.

Ein Jahr später, am 24. Juli 1952, hat der erste Prototyp der «109» heimlich das Entwicklungszentrum von Rueil verlassen, um auf der Strasse die erste Probefahrt zu unternehmen. Es dauert noch zwei Jahre, bis im September 1954 die Bulldozer den Boden in Flins für das Fundament einer neuen Reihe von Werkshallen ausheben, in denen der zukünftige Wagen montiert werden soll. Gleichzeitig wuchsen 12 000 Quadratmeter Bauten in Le Mans aus dem Boden, wo man Vorder- und Hinterachsen herstellen wird. In Billancourt schliesslich begannen die Vorarbeiten für die Aufnahme der neuen Transferstrassen, die zur automatischen Bearbeitung der Motoren bestimmt sind. Die Prototypen legen inzwischen zwei Millionen Kilometer bei Versuchsfahrten zurück.

An einem Nachmittag im Dezember 1955 führen Fernand Picard und Pierre Bonnin, der Direktor der Fabrik Pierre Lefaucheux, Pierre Dreyfus die ersten Serien-Dauphine beim Verlassen des Fliessbandes vor.

Dreyfus denkt daran, dass im Verlauf desselben Jahres 1500 Exemplare des 4 CV in die Vereinigten Staaten exportiert worden sind, das heisst 1500 Einheiten für einen Markt von mehr als sechs Millionen Wagen! Er weiss schon, dass man es mit der Dauphine besser, viel besser machen kann! Noch bevor sie in die Produktion geht, hat er entschieden, dass eine Serie der Dauphine zurückgehalten wird, um sie zum günstigsten Zeitpunkt in die USA zu befördern. Dort soll der Wagen allen Renault-Händlern vorgestellt werden und darüber hinaus weitere amerikanische Dealer für die Régie ködern.

Während des Winters werden die ersten Wagen in Flins, wo man sich am Fliessband einarbeitet, auf Lager gelegt. Am 6. März wird dann die Dauphine in Paris auf der Tribüne des Palais de Chaillot offiziell getauft. Zwei Tage später hält die Dauphine auf dem Genfer Salon ihren Einzug in die Welt. Vor Ende des Monats werden die ersten Dauphine in die Vereinigten Staaten verschifft.

Pierre Dreyfus ist der Mann, der Gelegenheiten wahrzunehmen weiss, was sich in der Folge oft bestätigt. Und er ist fest entschlossen, sich nicht die Chance entgehen zu lassen, die sich vielleicht der Régie jenseits des Atlantiks bietet. Dort werden nur grosse Wagen produziert. Der billigste kostet mehr als 2000 Dollar, während man die Dauphine für weniger als 1600 Dollar anbieten kann. Die Reaktion der G.I.'s auf den 4 CV und den Volkswagen-Käfer haben ihn überzeugt, dass es in Amerika einen Absatzmarkt für einfache und wirtschaftliche Wagen gibt, was ihm auch eine schnelle Inspektionsreise bestätigt hat.

Selbst Henry Ford, mit dem er in Detroit zusammentraf, hat ihn ermutigt:

«Ich wünsche, dass Sie in die Vereinigten Staaten exportieren», hat Ford gesagt. «Schliesslich ist es besser, dass Sie so die Dollars verdienen, die Sie brauchen!»

Der Angriffsplan ist einfach: Renault braucht 250 Dealer, um die gesamten Vereinigten Staaten zu erfassen. Damit sich die Vertreter für die Marke Renault interessieren, muss man jedem von ihnen einen durchschnittlichen Jahreskontrakt von 100 Wagen zusichern. Das bedeutet, dass man in der Lage sein muss, ein Minimum von 25 000 Wagen pro Jahr allein in die USA zu exportieren.

Der Eindruck, den man damals in den Vereinigten Staaten von Renault hat, ist ausgezeichnet. Man hält dort gewiss die Franzosen nicht für versierte Industrielle. Man schätzt sie vielmehr wegen der Qualität ihrer Gastronomie. Man spricht ihnen kollektiv die Spitzbübigkeit eines Maurice Chevalier, den Charme eines Charles Boyer, ja sogar den Punch eines Marcel Cerdan zu. Doch wird das technische Genie eines Louis Renault dort nicht verkannt: Für viele Amerikaner war der 50 CV Renault der Rolls-Royce zu Beginn dieses Jahrhunderts. Die Sportler sind gut unterrichtet über die zahlreichen Siege Renaults bei den Rallyes, den der Dauphine bei der Mille Miglia mit inbegriffen, wo nur einige Wochen nach dem Stapellauf des Modells vier Dauphine die ersten Plätze in ihrer Klasse belegten. Spitzenleistungen wie die des Gasturbinenwagens «l'Etoile Filante» (Sternschnuppe) am 5. September 1956 auf den Bonneville Salt Flats sind nicht unbeachtet geblieben.

Die von Albert Lory – dem Schöpfer des Delage 1500 – unter Picards Leitung konstruierte und von dem Ingenieur Jean Hébert gesteuerte Etoile Filante mit einer Turbomeca-Gasturbine von 270 Wellen-PS hat mit 309 km/h einen Weltrekord für Turbinenwagen aller Kategorien aufgestellt.

Das Eintreffen der Dauphine setzt nichtsdestoweniger die Amerikaner in Erstaunen. Sie ähnelt in nichts dem «grossen» Renault der Vorkriegszeit. Man ist genauso erstaunt, wie man es sein würde, wenn Rolls Royce plötzlich anfinge, «Minis» zu produzieren. Ferner weiss man nicht, was man von diesem nationalisierten Unternehmen halten soll, das man sich direkt von der französischen Regierung geleitet vorstellt, was in den USA zumindest für verfehlt angesehen wird.

104

Die Aufnahme, die man diesem kleinen, schmucken und so billigen Wagen – er ist um 25% billiger als das einfachste amerikanische Modell – bereitet, ist von lebhafter Sympathie gekennzeichnet. Renault hat sich im Jahre 1956 gewissermassen auf den Fussspitzen nach Amerika gewagt: Das Verkaufsnetz, das sich von Tag zu Tag mehr unter dem Antrieb eines aussergewöhnlich dynamischen Mannes mit dem Namen Bob Lamaison entwickelt, hat 3500 4 CV und 1700 Dauphine verkauft.

«Wir machen eine grossartige Lehre durch», sagt Pierre Dreyfus. Das «zündende Feuer» lässt nicht auf sich warten. Schon im nächsten Jahr hat Renault seinen «Platz im Orbit»: mehr als 5000 Amerikaner haben einen 4 CV, nahezu 28 000 eine Dauphine! Und das ist erst der Anfang...!

In Flins geht ein zweites Montageband für die Dauphine in Betrieb.

In Flins, wo ein zweites Montageband für die Dauphine angelaufen ist, erhöht man die Produktion. Pierre Dreyfus empfängt dort auch Königin Elisabeth von England, der er eine der ersten in Grossbritannien in der Fabrik von Acton montierten Dauphine in Hellblau übergibt.

Gleichzeitig unterzeichnet die französische Regierung, deren Bedarf an guten Devisen beträchtlich ist, ein Abkommen mit den Produzenten, demzufolge diese sich verpflichten, wenigstens zwei Drittel des Produktionsanstiegs, der zwischen April 1957 und März 1958 erzielt wurde, zu exportieren. Nur Renault hält diesen Vertrag ein: die Régie, die im Jahre 1957 50 000 Personenwagen mehr als im Jahre 1956 produziert, exportiert sie im Verhältnis 9 : 10!

Das Defizit der französischen Handelsbilanz ist damals enorm hoch – die Importe sind nur zu 71% durch die Exporte gedeckt –, aber die Automobilindustrie und Renault insbesondere verdoppeln ihre Anstrengungen, um zum allgemeinen Gleichgewicht der Wirtschaft beizutragen. Die Exporte von Renault sind von 20 000 Einheiten auf mehr als 90 000 zwischen 1952 und 1957 angestiegen, und die Régie allein bringt im Jahre 1957 15 Milliarden Devisen wieder ins Land herein. Zehn Jahre vorher erklärte Lefaucheux, dass «die Produktion eine nationale Notwendigkeit sei».

«Die nationale Notwendigkeit», so erklärt Dreyfus, «ist der Export!»

Die Produktion der Dauphine steigt schnell auf einen Wert von 1000 Einheiten pro Tag an. Derartige Werte konnte der 4 CV nie erreichen. Aber auch dieses Resultat ist nur ein Anfang. Weniger als ein Jahr ist erforderlich gewesen, um 100 000 Einheiten des neuen Wagens zu produzieren. Für die zweiten hunderttausend Dauphine braucht es nur noch sechs Monate, später dann ist alle vier Monate ein neues Hunderttausend erreicht.

Die Zahl der ausländischen Fabriken der Régie, die die Montage der Dauphine übernehmen, wächst. Währenddessen setzen der 4 CV und die Frégate ihren Weg fort. Eine Frégate «Transfluide» – der erste französische Reisewagen mit automatischem Getriebe – wird auf dem Salon von 1957 vorgestellt.

Pierre Dreyfus reist in Begleitung von Fernand Picard an die «Front», er geht auf Inspektionstour nach Amerika, wo nur der Volkswagen Renault auf der Liste der erfolgreichsten Importeure vorangeht. Er kommt von seiner Reise mit der Überzeugung zurück:

«Es existiert in den Vereinigten Staaten ein Markt für wenigstens 100 000 Kleinwagen pro Jahr!»

Er sagt 100 000, denkt aber an 200 000. Man hält ihn für verrückt, doch wird der amerikanische Markt fünf Jahre später 500 000 Kleinwagen aufnehmen.

Von ihrer Reise kehren Dreyfus und Picard auch mit der Idee für einen neuen Wagen zurück.

Es muss in den Vereinigten Staaten auch ein Markt für einen sportlichen Wagen der unteren Kategorie existieren, ist der Gedanke von Dreyfus.

Und weil die Idee dieses Modells im Verlauf eines Frühstücks beim Gouverneur von Florida Gestalt angenommen hat, wird der zukünftige Wagen, als er zwei Jahre später vorgeführt wird, «Floride»

Die Dauphine und Brigitte Bardot sind Ende der Fünfzigerjahre die besten Exportartikel Frankreichs. Brigitte Bardot übernimmt die Patenschaft über die sportliche Version der Dauphine, Floride getauft.

heissen, bevor die regionalen Rivalitäten in den Vereinigten Staaten Renault dazu zwingen, ihm einen neuen, echt französischen, aber auch internationalen und damit neutralen Namen zu geben: Caravelle.

*

Die Offensive geht im Jahre 1958 weiter, und das trotz eines Verlustes, der sich als unersetzlich erweist: Bob Lamaison, der Mann, der Renault in den Vereinigten Staaten durchgesetzt hat, findet bei einem Flugzeugunfall den Tod. Die Schwäche der amerikanischen Positionen tritt damals nicht in Erscheinung. Wie sollte man auch beunruhigt sein, wenn der Markt sich in immer grösserem Umfang dem Kleinwagen öffnet? Der vom zukünftigen Gouverneur George Romney, dem damaligen Präsidenten von American Motors, zugunsten der Compact Cars geführte Feldzug und eine nicht gerade erfreuliche wirtschaftliche Lage schaffen für aus Europa kommende billige Wagen ein günstiges Klima.

Aber Pierre Dreyfus macht sich keine Illusionen und hat es schon im vorangehenden Jahr verlauten lassen:

«Sollte unser Absatz auf dem amerikanischen Markt 3 bis 4% überschreiten, was man dort drüben allgemein als eine Ertragsschwelle ansieht, so wird der Gegenangriff nicht auf sich warten lassen!» Dieser zeichnet sich bereits in der Form von Einfuhren der in Europa von amerikanischen Gesellschaften fabrizierten Vauxhall und Opel ab, die offenbar von dem mächtigen Händlernetz profitieren, das den lokalen Gesellschaften zur Verfügung steht. Und dann zeichnet sich der Gegenangriff in Europa selbst ab, wo die europäischen Tochtergesellschaften amerikanischer Firmen gewaltige Investitionen tätigen, ganz besonders in Deutschland.

Renault und Volkswagen entwickeln sich jenseits des Atlantiks parallel, doch ist das methodische Vorgehen der beiden Rivalen grundverschieden. Die Régie, die es eilig hat, vertraut ihr Schild jedem Beliebigen an, vorausgesetzt, dass der Dealer sich verpflichtet, eine Verkaufsquote zu respektieren. Das Volkswagen-Werk dagegen, das früher auf diesem Markt erschienen ist und anfangs auch gewisse Rückschläge hatte hinnehmen müssen, geht systematischer und viel vorsichtiger vor. Die deutsche Firma ernennt nur Exklusivhändler, denen sie strenge Verpflichtungen hinsichtlich Ersatzteillager und Kundendienst auferlegt. Und sie wählt als Händler «hungry men», die bereit sind zu kämpfen.

«Im ganzen genommen», so sagt später der damalige Präsident der Volkswagen of America, Carl Hahn, «haben wir die gleichen Probleme wie Renault gehabt, aber sie traten bei uns früher in Erscheinung, und sie betrafen infolgedessen kleinere Stückzahlen.

Wir haben das Steuer wieder in die Hand bekommen können, als wir noch am Anfang unseres Aufstiegs standen. Renault war schon auf dem Gipfel, als sich Rückschläge einzustellen begannen!»

Diejenigen, die in diesem Augenblick für die amerikanische Zukunft der Régie fürchten, sind jedoch wenige, selbst wenn Pierre Dreyfus damals einem Freund anvertraut:

«Ich schäme mich manchmal zu sehen, mit welch beschränkten Mitteln und mit welchem Mangel an Strenge in der Planung wir zum Angriff schreiten. Wir greifen die Exportmärkte wie ein Trupp junger Leute aus Saint-Cyr mit weissen Handschuhen an, aber wir haben keine präzisen Mittel, um feststellen zu können, wohin uns der Weg führt.»

Mit aller Gewalt stellt man dynamische junge Leute ein, die bereit sind, die Heimat zu verlassen und die mit viel mehr Begeisterung als Erfahrung in fremde Länder auswandern, um dort ihren Beitrag zu dieser «nationalen Sache», dem Export, zu leisten. *Renault-Magazine*, die offizielle Hauszeitschrift der Régie, veröffentlicht «Mobilisierungsplakate», die speziell für das Personal bestimmt sind und diesem eine neue Aufstiegsmöglichkeit in der «Fremdenlegion» der Firma bieten. Denn das grosse Problem ist damals fraglos der Bedarf an geeigneten Männern: Es fehlt an Kadern in den bestehenden Fabriken, die sich rasch entwickeln; sie fehlen in den ausländischen Filialen und in den neuen Montagewerken, die wie Pilze auf vier der fünf Kontinente aus dem Boden schiessen. Es werden gute Leute in der neuen Fabrik von Cléon gebraucht, die ihr erstes Stück, eine Synchronisierungsnabe für das Getriebe, herstellt. Sie werden am 1. September 1958 benötigt, um in der UdSSR die von der Régie im Rahmen eines Kontraktes im Wert von 500 Millionen Francs verkauften Werkzeugmaschinen zu installieren. Man braucht Leute, um eine Planung oder eine Budgetkontrolle zu entwickeln, denn alles ist noch in embryonalem Zustand. Das Unternehmen entwickelt sich, gezogen von einer mächtigen Lokomotive, der kleinen Dauphine, in einem solchen Tempo, dass es Schwierigkeiten hat, aus seinem Empirismus herauszukommen.

«Renault arbeitet noch immer an der Grenze seiner Möglichkeiten, und besonders in finanzieller Hinsicht!», sagt Dreyfus. «Aber man muss wohl oder übel vorwärtsgehen, um nicht überflügelt zu werden. Wenn man das Gleichgewicht des Vogels hat, muss man weiterfliegen, um nicht zu fallen!»

Renault «fliegt» mit kräftigem Flügelschlag und schlägt sich mit Händen und Füssen. Indessen Dreyfus, um seine «Nachhut» zu sichern, eine «Qualitätsdirektion» schafft, und während Flins seine Dauphine im Rhythmus von einem Wagen alle 30 Sekunden ausspuckt, organisiert man eine Kampfflotte, um alle diese kleinen «Königinnen» nach fernen Gestaden zu befördern. Mit der Transatlantikgesellschaft und der Versicherungsgruppe La Foncière hat Renault ein Jahr zuvor eine Fracht- und Transportgesellschaft gegründet.

Das erste der sechs Liberty-Schiffe, das die C.A.T. erwirbt, die *Eptanissos*, sticht im Oktober 1957 mit 1050 Wagen an Bord nach Los Angeles und San Francisco in See. Die Ladung wird später auf 1140 Dauphine pro Reise, 870 in den Laderäumen und 270 auf Deck, gesteigert. Jede Hin- und Rückfahrt dauert 100 Tage. In Le Havre werden die 83 000 m² des Schuppens 81 zum grössten Parkplatz der Welt. «Jockeys» fahren die Wagen vom Eisenbahnwagen herunter, der sie von Flins nach Le Havre bringt, Kräne heben sie vom Lagerschuppen aus an Bord.

Die Raute, das Markenzeichen von Renault, leuchtet auch in den amerikanischen Häfen, in Boston, New York, Jacksonville, Houston, Los Angeles, San Francisco. Im Sommer 1958 zählt das amerikanische Netz bereits, ausser seinen regionalen Direktionen, 17 Grosshändler und 455 Händlerbetriebe. Zwei Jahre später sind es 900 ... Die Vereinigten Staaten importieren zum ersten Mal in ihrer Geschichte mehr Wagen, als sie exportieren. Riesige Schilder prangen an den vier Enden des Landes, die die Qualitäten der Dauphine rühmen: «Renault, 43 Meilen pro Gallone.»

Aber man betont auch, was der Wagen an Pariserischem an sich hat: «The Dauphine? So French! So elegant! So beautiful!» Die Werbeleute erfinden einen französisch-englischen Jargon, der diese aus Frankreich stammende charmante junge Dame noch stärker akzentuiert, die man mit verstärkter Stossstange sichern muss, um sie vor den Attacken der in Detroit produzierten «Chrom-Riesen» zu schützen. Auf dem Salon von New York im April 1958 stellt der Stand Renault ein französisches Bistro dar, so wie man es sich in Hollywood vorstellt, und ein Pariser Polizist hält die Wache neben einem Renault von 1898, der Etoile Filante und der Spezial-Dauphine 850, mit der Monraisse und Féret sich bei der Monte-Carlo-Rallye den Gesamtsieg holten.

Das Resultat? 57 000 Dauphine werden im Jahre 1958 in den Vereinigten Staaten verkauft, d. h. zweimal mehr als im vorangegangenen Jahr, zu denen noch 7500 4 CV hinzukommen. Renault schlägt alle ihre Produktions- und Exportrekorde; nahezu 410 000 Fahrzeuge laufen von ihren Fliessbändern (gegenüber 317 000 im Vorjahre), und 170 000 werden ausserhalb der Grenzen verkauft, d. h. 53 000 mehr als im Jahre 1957. Die Régie stellt 51% der französischen Exporte sicher und verfügt jetzt über ein ausländisches Verkaufsnetz von 3000 Händlern.

350 Wagen gehen täglich in Richtung der Vereinigten Staaten ab, und man ist sehr weit davon entfernt, das Ende dieses Booms zu sehen. Pierre Dreyfus bleibt jedoch hellsichtig. Er hat sich neue

Mitarbeiter geholt – Michel Maison, ehemaliger Schüler der E.N.A. (Ecole Nationale d'Administration) und Beamter, als finanziellen Berater für den Export; Vincent Grob, für die neugeschaffene Finanz- und Budget-Direktion. Beiden stellt er die gleiche Frage:

«Was geschähe, wenn der amerikanische Markt zusammenbräche?»

Der Präsident der Régie ist jedoch einer der wenigen, der diese Möglichkeit in Billancourt, wo man vielmehr versucht ist, hart erarbeitete Rekorde festlich zu begehen, in Betracht zieht. So feiert man, als gegen Ende 1958 der millionste 4 CV und die 500 000. Dauphine vom Band laufen. In doppelter Reihe hintereinander aufgestellt würden diese Wagen die Strecke Paris—Neapel oder Paris—Menton einnehmen.

Das Ereignis wird durch das Mobile symbolisiert, das eine von Michel Rolland dazu angeregte Gruppe von 60 Leuten in drei Wochen am Rond-Point de la Muette errichtet: Es handelt sich um einen Weihnachtsbaum von 56 Meter Höhe – sieben Meter höher als der Arc de Triomphe – für dessen «Kerzen» sechs Generatoren den Strom liefern. Zu seinem Bau werden fünf Kilometer Stahlrohre und sieben Kilometer Leitungsdraht benötigt. An seiner Spitze ragt ein Stern aus Stossdämpfern und sein Schmuck besteht aus 1611 Automobilteilen: 250 Radkappen, 20 Kotflügeln von der Dauphine, 12 Türen, 450 Rückblickspiegeln, die das Flimmern der Scheinwerfer zurückstrahlen, und Hunderten von anderen Teilen, die aus Billancourt, Flins und Cléon stammen.

Mit einem echt pariserischen Cocktail weiht Pierre Dreyfus dieses Mobile ein. Er findet – wie könnte es anders sein – im Pavillon Dauphine statt!

Die sportlichen Erfolge und die soziale Entwicklung entsprechen dem Bild der industriellen und kaufmännischen Erfolge von Renault. Von zwei jungen Rennfahrern aus Aurillac, Guy Monraisse, dem Sohn eines Garagenbesitzers, und Jacques Féret, einem Krawatten-fabrikanten, dem späteren Sportdirektor der Régie, gesteuert, hat eine Dauphine im Januar 1958 bei der Rallye Monte Carlo unter schwierigsten Witterungsbedingungen den Sieg davongetragen. Nie zuvor hatte ein Wagen mit einem so kleinen Hubraum in Monaco den Gesamtsieg errungen.

Féret und Monraisse haben ferner bei der dritten Tour de Corse gesiegt, während die Dauphine und der 4 CV bei der Mille Miglia in ihren Klassen mit Guichet-Quinlin und Claron-Celi weiterhin an der Spitze rangierten. Eine Karawane von drei Renaults, bestehend aus einer Frégate Transfluide, einer Domaine und einem 4 × 4 Gelände-fahrzeug, hat unter der Leitung des Obersten Debrus ebenfalls eine ungewöhnliche Leistung vollbracht: sie bricht mitten im Winter in Karasjök, einem in arktische Nacht gehüllten lappländischen Dorf,

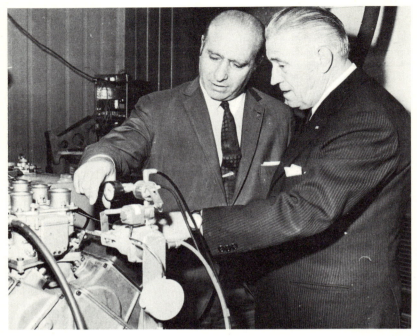

Weltmeister Juan Manuel Fangio hat sein Renndebut in Europa auf einem Gordini-Rennwagen begangen. Der «Zauberer» Gordini sollte einer grossen Zahl von sportlichen Renault-Modellen seinen Namen geben.

auf, und erreicht 16 Tage später das Kap in Südafrika, wobei sie die Strecke von 18 000 km mit einem ansehnlichen Durchschnitt von 60 km/h bewältigt.

Im Laufe des Jahres tritt schliesslich ein Spezialtyp der Dauphine in Erscheinung: der Gordini. Denn der «Hexenmeister» gehört jetzt zur Familie Renault! Amédée Gordini hat schon 1956 mit Fernand Picard Fühlung genommen. Die beiden Männer haben sich im folgenden Jahr geeinigt:

«Warum machen Sie keine Spezial-Dauphine?» hat Picard gefragt.

«Auf meine Rechnung?»

«Ja, aber wir homologieren den Wagen und ermächtigen Sie, diesen in kleiner Serie herzustellen, wenn Sie drei Ziele erreichen: eine Leistungssteigerung von 8 bis 10 PS, vier Gänge, statt drei im gleichen Getriebegehäuse und einen Umbaupreis von unter 100 000 Francs.»

Gordini hat kein Geld. Eine Mineralölfirma leiht ihm welches. Er arbeitet unablässig, löst das Problem, einen vierten Gang im gleichen Getriebegehäuse unterzubringen, holt einige PS mehr aus dem Motor heraus, der auf dem Prüfstand 1000 Stunden läuft. Die Testfahrer von Renault testen den Gordini auf dem Lardy-Ring über eine Distanz von

50 000 km. Amédée Gordini setzt sich selbst an das Steuer seines Wagens. Drei weitere Fahrer lösen ihn während der 25 000 km langen, Tag und Nacht dauernden Fahrt auf dem Kurs von Montlhéry ab.

Der Wagen ist bereit. Ende Juli, am Abend vor den Ferien, ruft Picard Gordini zu sich und erklärt ihm:

«Sie können beruhigt abreisen, wir werden Ihre Version homologieren lassen!»

Gordini findet bei Bagneux eine neue Werkstatt. Die Planungsstelle von Renault hilft ihm bei der Installation der Maschinen, die zum Umbau von zehn Dauphine pro Tag erforderlich sind. Überraschend schlägt ihm dann jedoch Renault ein neues Abkommen vor: die Dauphine-Gordini werden von der Régie selbst produziert, die Gordini alle investierten Gelder vergütet, und die «Werkstatt Gordini» wird der Entwicklungsabteilung von Renault direkt unterstellt. Amédée Gordini nimmt an: es ist der Anfang eines ungewöhnlichen technischen, sportlichen Abenteuers.

«Wir wollten alles machen», erinnert sich Gordini später, «sogar einen V 8, der sich aus dem Zusammenbau von zwei Dauphine-Motoren ergab, sogar einen Wagen für den Präsidenten der Republik . . . !»

Aber es ist auch die Epoche, in der in Dieppe ein neues Unternehmen der Branche entsteht, R.D.L. genannt, aus dem später Alpine wird. Es steht unter der Leitung eines jungen Mannes, der kein Unbekannter mehr ist; er wird eines Tages der Gefährte von Gordini unter der Flagge Renaults sein: Jean Rédélé.

*

Auf sozialem Gebiet macht die von Pierre Dreyfus gewünschte und von Clees geleitete, vertraglich niedergelegte Politik einen neuen und beträchtlichen Schritt vorwärts. Zum Werksabkommen von 1955 kommt in der Tat in der am 15. Dezember 1958 zwischen der Direktion der Régie und den Gewerkschaften unterzeichneten Konvention eine fundamentale Neuschöpfung hinzu: der soziale Ausgleichsfonds. Das Ziel ist – wie schon im Jahre 1955 – die Sorge um die soziale Sicherheit, die sich aus der wirtschaftlichen Konjunktur, ja sogar aus den jahreszeitlich bedingten Schwankungen ergeben kann und die man zu fürchten beginnt, noch stärker zu reduzieren. Deshalb garantiert der allein durch die Einzahlungen des Werkes gespeiste Ausgleichsfonds dem gesamten Personal eine 50%ige Entschädigung der verlorenen Einkünfte im Falle einer geringeren Arbeitsstundenzahl. Das Verzeichnis der Umstände, die ein Recht auf bezahlten Urlaub gewähren – Heiraten, Todesfälle in der Familie, Musterung usw. – wird erweitert, während die Entschädigungsregelung für den Eintritt in den Ruhestand nun auch für jene Arbeitnehmer gelten wird, die ihre Tätigkeit zwischen dem 60. und 65. Lebensjahr aufgeben. Ein anderer Fortschritt: die im Stundenlohn stehenden Arbeitnehmer, die mehr als 30 Dienstjahre haben, erhalten ab 1. Januar 1959 ihren Lohn monatlich. Dieses Abkommen sichert der Régie eine neue Periode sozialen Friedens und erlaubt ihr, zu anderen Gipfeln aufzusteigen.

Renault geht neue Wege und lässt die Besucher direkt am Salon auf einer Mini-Versuchspiste mit Kopfsteinpflaster und Schlaglöchern die Aérostable-Federung der Dauphine ausprobieren.

Weltunternehmen Renault

Die Floride, Ergebnis der in den Vereinigten Staaten gemachten Erfahrungen, eine Luxus-Dauphine mit sportlicher Karosserie, wird auf dem Pariser Salon von 1958 Staatspräsident Coty von Pierre Dreyfus vorgestellt. Der Wagen erreicht eine Höchstgeschwindigkeit von 125 km/h, seine Karosserie liefert Chausson und die Montage erfolgt bei Brissonneau und Lotz. Zur selben Zeit wurde die Estafette, ein Lieferwagen, geschaffen, der seinen Weg machen wird.

Die beiden neuen Modelle werden sofort nach Amerika geliefert, wo sie die Sängerin Patachou vorstellt. Die verschiedenen Varianten erhalten in den USA Namen, die manchmal französischer klingen als das Original. Der Lieferwagen wird «Petit Panel» genannt, die etwas höhere Ausführung «Hi-Boy», den Kleinwagen nennt man «Petit Wagon» und den Pick-Up «Petit Truck».

Aber die amerikanischen Käufer geben nach wie vor der Dauphine und dem langlebigen 4 CV den Vorzug. Jeden Monat wird ein neuer Verkaufsrekord aufgestellt. Im September 1959 lässt man in New York bei der Renault Inc. die Champagner-Korken knallen.

Erstmals hat Renault in einem Monat mehr Fahrzeuge verkaufen können als sein grosser Rivale, das Volkswagen-Werk. Die Dauphine gehört nun zum Bild der amerikanischen Landschaft. Im tiefen Süden der USA macht eine Artistentruppe in ihrer «Auto Thrill Show» aus ihr einen Star. In New York veröffentlicht die gesamte Presse ein Foto, das eine Dauphine zeigt, in der 18 Studenten der Universität New York Platz gefunden haben: 11 im Wagen und 7 im Kofferraum.

Einer dieser Studenten meinte: «Es wäre noch leichter gegangen, aber wir hatten gerade gefrühstückt!»

Auf dem Salon von New York verzeichnen die Verkäufer von Renault in wenigen Tagen 13 000 Aufträge für die neue Caravelle-Floride, indessen die Lieferungen erst zehn Monate später, zu Anfang 1960, beginnen können.

Ein Café Renault wird im Hotel Waldorf-Astoria in New York eingeweiht, die Caravelle am Fusse einer Morris-Säule in Honolulu sowie in Boston unter den Kristallüstern eines Palastes vorgeführt. Man schickt einen Sack Erde aus Billancourt nach Kansas City, damit Maurice Bosquet, der neue Präsident von Renault Inc., dort die neue Niederlassung «auf französischem Boden» einweihen kann. Erde von Billancourt und Seine-Wasser werden gleichfalls nach Chicago geschickt, um dort aus dem im Autosalon errichteten Stand «einen Winkel französischer Erde» zu machen.

In Paris filmen die Kameras der ABC ein von Renault aufgestelltes Fernsehprogramm: «Einladung nach Paris.» Sechzig Millionen Amerikaner ergötzen sich so an Fernandel und an einer Parade von französischen Stars. Aber der wahre Höhepunkt des Schauspiels ist die Caravelle, der Vorwand zu der Show.

Die Werbung von Renault in den Vereinigten Staaten – rote Luftballons, Café-Auslagen, Jahrmarktstimmung – wird aggressiver und überzeugender: «Mit der Dauphine sparen Sie 72,29 Dollar pro Monat im Vergleich zu den billigsten amerikanischen Wagen, Go Renault!»

Die Ersatzteillager, die von der Régie in den Vereinigten Staaten unterhalten werden, repräsentieren einen Wert von einer Million Dollar. Der Wert der in die «Pipeline» zwischen Flins und den amerikanischen Händlern «fliessenden» Wagen beträgt sieben Millionen Dollar. Die C.A.T. hat ihre Flotte um sechs auf jetzt zwölf Frachtschiffe verstärkt.

Das Jahr 1959 endet in einer euphorischen Stimmung. Renault hat wieder einmal seinen Absatz jenseits des Atlantiks verdoppelt: 102 000 Dauphine und 15 000 4 CV wurden dort neu registriert. Das in Billancourt aufgestellte Exportprogramm für die Vereinigten Staaten sieht für 1960 die Lieferung von 120 000 bis 130 000 Dauphine vor.

Aus guten Gründen hat damals niemand einem in New York abgefassten Bericht Beachtung geschenkt, den ein junger Praktikant verfasste, der neben seinem Studium an der Columbia Universität einem Teilzeit-Job bei Renault Inc. nachging. Valode, der Renault-Chef in New York, suchte einen Assistenten, «der sich mit Zahlen auskennt». Moreau-Sir, Kultur-Attaché an der Botschaft, hatte Bernard Hanon kennengelernt, der nach seiner Diplomprüfung der Wirtschaftswissenschaft nunmehr in New York «Wirtschaftsmathematik» studierte. Noch in Paris hatte Hanon den grossen Verfechter eines Vereinten Europas, Monnet, kennengelernt, der ihm nach Studienabschluss einen Posten im Planungs-Kommissariat angeboten hatte.

Einige Jahre später allerdings dinierte Bernard Hanon in New York auch mit dem ehemaligen Ministerpräsidenten Antoine Pinay, der ihm sehr davon abriet:

«Lieber Freund, Sie träumen. Ihr Platz ist nicht im Planungskommissariat. Tun Sie doch lieber etwas Seriöses. Mit Ihrer Ausbildung sollten Sie viel besser zu Renault gehen.»

Auf diesem Wege gelangte Moreau-Sir's Empfehlung für Hanon zu Valode. Täglich von 9 bis 5 Uhr stellte er bei Renault die Ziffern zusammen, leitete daraus die Forecasts ab. Am Abend arbeitete er an seiner Dissertation zum Thema: «Die Auswirkungen der europäischen Integration auf die Automobilindustrie.»

Der Bericht, den er auf Grund minutiöser Analysen des amerikanischen Marktes unter Berücksichtigung des zu erwartenden Einflusses der neuen amerikanischen «Compacts» erstellte, lautete:

116

«Achtung! Gefahr! Der Wind hat sich bereits gedreht!»

Doch die Warnung fiel nicht auf fruchtbaren Boden. Der Direktor der Renault Inc. las ihn verärgert:

«Wenn Sie so weitermachen», sagt er zu Hanon, «schicke ich Sie zu Ihren Studien zurück. Das hier hat weder Sinn noch Verstand!»

Und der Bericht verschwindet in einer Schublade, wo ihn einige Jahre später die Abgesandten von Billancourt wiederfinden.

Unruhe ist damals tatsächlich nicht angebracht, selbst wenn Pierre Dreyfus in Erwartung eines Gewitters die Augen offen hält.

Aber er fängt ja gerade erst an, ein geeignetes Schaltbrett zu besitzen, und die wohlklingenden Berichte, die weiterhin aus New York bei ihm einlaufen, sind nicht dazu angetan, ihn zu alarmieren.

Jedenfalls ist er fest entschlossen, nicht «alle Eier in den gleichen Korb» zu legen. Da er nicht alles auf einmal tun kann und es vor allem nicht möglich ist, gleichzeitig eine Ausbreitung der ausländischen Verkaufsnetzes und eine Erweiterung des Modellprogramms zu finanzieren, hat er der kaufmännischen Aktion den Vorrang gegeben und befohlen, so rasch wie möglich auf allen benachbarten Märkten Fuss zu fassen. Die Régie hat also nicht nur in den Vereinigten Staaten Fortschritte gemacht, sie ist mit der gleichen Kraft in der noch in ihren Anfängen steckenden Europäischen Wirtschaftsgemeinschaft aktiv geworden.

Mehr als 41 000 Wagen sind so im Jahre 1959 in Deutschland abgesetzt worden, die 4,7% der Neuzulassungen darstellen, im Vergleich zu weniger als 8000 im vorangegangenen Jahr. Und doch hat eine drei Jahre zuvor unternommene bemerkenswerte Untersuchung gezeigt, dass nur 17% der Deutschen die Marke Renault kennen. Die Deutsche Renault, die 1927 in Frankfurt gegründet und 1931 nach Berlin verlegt wurde, wo ihre Einrichtungen während des Krieges zerstört worden sind, hat nämlich wechselvolle Schicksale durchlebt. Das Unternehmen entstand im Jahre 1949 in Baden-Baden neu «aus seiner Asche», aber es bekam erst eine gewisse Bedeutung, als es im November 1954 nach Köln verlegt wurde. Anschliessend begann der Aufbau eines soliden Verkaufsnetzes: Im Herbst 1957 zählt es 180 Vertragshändler, ein Jahr später 250. Die ersten Ergebnisse seines Wirkens sind deutlich zu spüren.

Die Expansion macht sich auch in den Benelux-Staaten bemerkbar, wo sie sich auf eine beständige Entwicklung des Montagewerks von Haren in Belgien stützt. Mehr als 2000 vollständige Wagen wurden im Jahre 1959 aus Flins und Billancourt eingeführt, aber vor allem kamen Teile für 16 000 Dauphine, die für diesen Markt in Haren montiert wurden. Die Régie übertrifft Volkswagen in Belgien, 12,2% der Neuzulassungen sind Wagen von Renault.

In Italien ist der Schlüssel zur Entwicklung von Renault das mit Alfa Romeo im Oktober 1958 getroffene Abkommen. Für Pierre

Dreyfus leitet dieses Abkommen eine Serie von Versuchen ein, die er in der Hoffnung unternimmt, die europäische Automobilindustrie angesichts der Bedrohungen durch die industrielle Macht und den finanziellen Reichtum von Detroit umzugruppieren. Es ist vereinbart, dass Alfa Romeo in einer Fabrik in Pomigliano d'Arco bei Neapel zur Montage der Dauphine übergeht, die in Italien unter der Bezeichnung «Dauphine-Alfa Romeo» durch das Netz von Alfa vertrieben wird. Dieses gleiche Netz verkauft auch vollständige, aus Frankreich importierte Renault, indessen ausgewählte Renault-Vertreter die Erzeugnisse von Alfa Romeo in Frankreich vertreiben.

«Unsere Assoziation», so erklärt Herr Balduccio-Bardocci, Generaldirektor von Alfa Romeo, «ist ein erster Schritt zur Neuordnung Europas!»

«Es ist nur ein Anfang», fügt Pierre Dreyfus hinzu, der schon an eine Verschmelzung der beiden nationalisierten italienischen und französischen Unternehmen denkt und der später seinem Mailänder Kollegen die gemeinsame Konstruktion eines neuen Wagens vorschlägt.

«Wir könnten zusammen einen Luxuswagen herstellen, der das Fahrzeug aller in der Öffentlichkeit stehenden Persönlichkeiten und Gesandten der romanischen Länder sein würde!»

Dieses Projekt bleibt unberücksichtigt. Für die Italiener, die um ihre Unabhängigkeit besorgt sind, ist Renault zweifellos angesichts der renommierten, aber zu wenig entwickelten Mailänder Firma ein zu grosser Brocken.

Nichtsdestoweniger trägt die von den beiden Partnern eingeleitete Zusammenarbeit unverzüglich ihre Früchte: Renault hatte im Jahre 1958 weniger als 8000 Wagen in Italien abgesetzt, im folgenden Jahr werden mehr als 19 000, von denen der grösste Teil in Italien selbst montiert wird, neu zugelassen.

Wenn er auch weniger schnell vonstatten geht, so ist der Anstieg der Verkäufe in den ausserhalb der Europäischen Wirtschaftsgemeinschaft stehenden Ländern trotzdem erstaunlich. Auf den britischen Inseln z. B., wo nahezu 8000 Wagen im Jahre 1959 in den Fabriken von Acton und Dublin montiert wurden, kommen 7000 aus Frankreich importierte fertige Wagen hinzu. Renault setzt sich als erster ausländischer Produzent durch und stellt 2,4% der gesamten Neuzulassungen. Renault fasst auch in Spanien Fuss, wo die F.A.S.A. in Valladolid seit 1952 den 4 CV und seit 1959 die Dauphine montiert.

Nicht zufrieden damit, den amerikanischen Markt im Sturm zu nehmen und sich in Europa auszubreiten, hat Dreyfus im Dezember 1958 eine Weltstrategie festgelegt. Sie soll sich auf der Basis von vier Achsen entwickeln: Lateinamerika, das den Vorrang erhält, seitdem sich dort 1958 die Gelegenheit geboten hat, einen Vorstoss in

Brasilien zu unternehmen; dann Asien, wo gleichfalls Kontakte aufgenommen worden sind; die Aufrechterhaltung und Entwicklung der in Afrika eroberten Positionen; endlich die Durchdringung im europäischen Osten.

«Wir müssen in Lateinamerika schnell vorgehen», sagt Dreyfus. «Sie werden nicht viel Geld haben, aber ich gebe Ihnen zwei Jahre!»

Es reicht ein Jahr, um in Brasilien, Argentinien und Mexiko Fuss zu fassen. Willys Overland do Brazil hat als erster die Lizenz für die Dauphine und die zu ihrer Herstellung bestimmten Werkzeuge gegen 15% des Kapitals der Gesellschaft und eine Lizenzgebühr für jede produzierte Dauphine erworben.

Am 27. November wird ein ähnlicher Vertrag in Buenos Aires mit Industrias Kaiser Argentina (I.K.A.) für den Bau der Dauphine in Argentinien ab folgendem Sommer abgeschlossen. Einige Wochen später sorgt ein weiteres Abkommen für die Montage, die Fabrikation und den Vertrieb der Dauphine in Mexiko durch die Diesel Nacional SA (DINA), die bis dahin Fiat montierte. DINA besitzt eine Fertigungskapazität von 12 000 Wagen pro Jahr.

Die Dinge laufen weniger schnell an den anderen Fronten. Die Fühlungnahme mit Ägypten trägt keine Früchte. In Indien ist Renault zur Herstellung des «People's Car», des Volkswagens, den das Land braucht, gewählt worden, aber der indo-pakistanische Krieg lässt dieses Projekt scheitern.

Für Afrika ist die Analyse von Dreyfus einfach:

«Zunächst», so sagt er, «darf man nie fortlaufen, nie eine Stellung aufgeben. Wir haben bisher dank dem Monopol der Flagge standgehalten. Jetzt, da man dekolonisiert, müssen wir andere Sicherungen aufbauen. Es gibt keine besseren, als die der Investitionen sowie die der Afrikanisierung unserer Unternehmen!»

Am 19. November 1959, eine Woche, nachdem die erste brasilianische Dauphine vom Fliessband gelaufen ist, legt Dreyfus den ersten Stein zur Fabrik, die Renault nahe bei Algier erbaut und wo 50 Dauphine täglich montiert werden. Aber die Sendboten der Régie durchstreifen schon das schwarze Afrika, wo bald das Montagewerk der SAFAR in Abidjan und die Werke von Douala, Yaoundé, Bangui, Fort-Lamy und Cotonou entstehen. Dann erfolgt die Einführung von Renault in Marokko, Tunesien und auf Madagaskar.

Andere «Spezialbotschafter» von Billancourt besuchen regelmässig Osteuropa. Die Direktion für die östlichen Länder wurde im Jahre 1958 nach der Rückkehr von Pierre Dreyfus von einer Reise nach Polen geschaffen.

«Unsere Aktion im Osten wird erst langfristig Früchte tragen», sagt Dreyfus. «Man muss auf allen Ebenen Kontakte schaffen, um, wenn der Tag angebrochen ist, an die kaufmännischen Methoden dieser Länder gewöhnt und dort bekannt zu sein!»

Renault ist auf allen Messen vertreten, in Leipzig, Brünn, Budapest. Die Vertreter der Régie stellen direkte Kontakte zu der Presse, zu den verantwortlichen Leuten der Industrie, zum Publikum her und überflügeln so die jeweilige nationale Aussenhandelsorganisation der Ostblockstaaten.

Renault hat im Jahre 1957 hundert elektromechanische Einheiten an die Standkoimport, das sowjetische Einkaufsbüro, verkaufen können. Im Jahre 1959 interessiert sich Nikita Chruschtschow auf der Leipziger Messe näher für die auf dem Stand der Régie ausgestellte Etoile Filante.

«Es ist ein sehr schöner Wagen», sagt er. «Leider bin ich zu alt um hineinzusteigen!»

Geduldige Anstrengungen, die im Augenblick der Öffnung der Länder Osteuropas für die westliche Welt ihre Früchte tragen werden.

*

Der Optimismus dominiert also bei Renault am Ende des Jahres 1959; der Virus der Expansion und des Internationalismus ruft im gesamten Unternehmen ein Fieber hervor und Renault zögert nicht, mit grossem Aufwand einen Film drehen zu lassen: «Die Welt zur Stunde Frankreichs.»

Gleichzeitig prangen zwei Worte vom Repräsentativbau, den Renault auf den Champs-Elysées besitzt: Weltunternehmen Renault. Einige Wochen zuvor hat der ehemalige Ministerpräsident, Antoine Pinay, Pierre Dreyfus das «Diplom für das Prestige Frankreichs» überreicht, um öffentlich das grösste nationale Unternehmen zu ehren.

Fünfzehn der berühmtesten Graphiker haben an einem Wettbewerb «Le monde dit oui à Renault», «The World says yes to Renault», «Die Welt sagt ja zu Renault» teilgenommen.

Die Régie hat in einem Jahr mehr als eine Milliarde neuer Francs, nach Abzug ihrer eigenen Auslandsausgaben in Höhe von einigen hundert Millionen, wieder ins Land gebracht. In diesem Jahr, da man die Geburt des 45. Millionsten Franzosen feiert, und da man die Verjüngung einer Bevölkerung feierlich begeht, die allmählich ihren traditionellen Malthusianismus aufgibt, hat Renault wieder einmal alle Rekorde geschlagen. Die gesamte Produktion der Régie ist von 409 000 auf 494 000 Fahrzeuge angestiegen. In einem einzigen Jahr sind die Exporte um zwei Drittel angewachsen, und Renault hat 57,7% seiner Produktion jenseits der Grenzen in 98 Ländern der Welt verkauft.

«Als ich Ihnen vor vier Jahren sagte, dass wir die Hälfte unserer Wagen exportieren würden, haben Sie mich für verrückt gehalten!»

120

erinnert ein lächelnder Dreyfus seine Mitarbeiter. Die Produktion von Renault ist auf 2200 Fahrzeuge täglich angestiegen, Traktoren und Nutzfahrzeuge von SAVIEM nicht mit inbegriffen. Von diesen 2200 Fahrzeugen sind 1700 Dauphine, und man rechnet mit noch besseren Ergebnissen. Die Régie und ihre Tochterunternehmen besitzen in Frankreich elf Fabriken und beschäftigen mehr als 65 000 Personen. Die 150 000. Dauphine für die Vereinigten Staaten ist am 2. Oktober 1959 auf das Liberty-Schiff *Gien* verladen worden. Neue Renault-Unternehmen wurden gegründet, darunter die SERI – Société d'Etudes et de Réalisations Industrielles –, die auf Ingenieurtechnik spezialisiert ist und unter der Leitung des bisherigen Personaldirektors Jean Myon ihren Beitrag zur Anlage der neuen Werke liefert, die Renault in der ganzen Welt errichtet.

Weltunternehmen Renault? Selbst auf der Strasse und bei sportlichen Wettbewerben haben sich die Wagen der Régie einen beachtlichen Platz gesichert. Noch einmal gewinnt die Dauphine bei der Mille Miglia ihre Klasse. Nach dem tödlichen Unfall des Spaniers De Portago, dessen Wagen in die Zuschauer raste und mehrere Personen tötete, waren es die letzten 1000 Meilen. Siege für die Dauphine auch beim Marathon der Strasse, Lüttich—Rom—Lüttich, bei der Rallye an der Elfenbeinküste und der Korsika-Rundfahrt. Bei letzterer erringen die Lokalmatadoren Pierre Orsini und Jean Canonicci zum dritten Mal den Sieg in der Gesamtwertung für Renault, gegen die Konkurrenz mehrerer Alfa Romeo und Porsche.

Bei einer anderen Art von Wettbewerb startet Oberst Debrus in Begleitung von Kommandant Monnier und Robert Clausse in einer Frégate am Kap der Guten Hoffnung; ihr Ziel ist das Nordkap. Am elften Tag, nach 16 000 km Fahrt, gerät der Wagen im Norden Schwedens bei Glatteis ins Schleudern und landet im Gelände. Aber die drei Männer haben bereits einen neuen Rekord für die Strecke Kap der Guten Hoffnung—Algier aufgestellt. Sie benötigten für die Strecke 9 Tage, 1 Stunde und 18 Minuten und unterboten damit den alten Rekord um ganze 28 Stunden. Dieser Rekord war von Marceau Crespin und Heurteaux im Jahre 1953 aufgestellt worden.

Weltunternehmen Renault?

«Wir glaubten, es sei geschafft, wir wären die Stärksten», sagt später einer der Hauptakteure dieser Periode und schliesst mit der Feststellung: «Aber wir haben uns Illusionen gemacht!» Gegen Ende des Jahres 1959 rangiert Renault in der Weltproduktion an sechster Stelle und scheint «den Wind im Rücken zu haben», aber ein Gewitter droht, selbst, wenn man den Donner noch nicht zu hören vermag.

*

Renault errichtet in den wichtigsten amerikanischen Häfen riesige Parkplätze,
von wo aus die Dauphine-Modelle an die Händler ausgeliefert werden.

Die Krise

Das erste Wetterleuchten tritt im Februar 1960 im gleichen Augenblick auf, als die millionste Dauphine das Fliessband verlässt und der kleine französische Wagen als offizielles Fahrzeug für die Olympischen Spiele von Squaw Valley gewählt wird: Renault Inc., so berichten die Finanzdirektoren von Billancourt, garantiert nicht mehr ihre Zahlungen.

«Das bedeutet nichts», entgegnen einige Eingeweihte. «Sie legen Fahrzeuge für die Frühjahrsoffensive auf Lager!»

Traditionsgemäss beginnt die Verkaufssaison in den Vereinigten Staaten erst nach dem 22. Februar, dem Geburtstag von George Washington. Doch ist der Start der Dauphine diesmal langsam und mühevoll. Der Wind hat sich in der Tat plötzlich gedreht, so, wie es Bernard Hanon vorausgesehen hatte, und die Verkäufe gehen kaum spürbar zurück. Gegenüber drei im Vorjahr verkauften Dauphine bestellt man von nun an nur noch zwei, während die Liberty-Schiffe der C.A.T. weiter ihre ungeheuren Frachten in den amerikanischen Häfen ausladen, wo die Lager von Tag zu Tag wachsen.

Was geht da vor? Zunächst freilich ein allgemeines Nachlassen des amerikanischen Marktes: am Ende des Jahres sieht Detroit sein Lager an unverkauften Wagen auf über eine Million Einheiten anschwellen, und die Produktion muss um mehr als 40% zu Anfang 1961 herabgesetzt werden. Für die europäischen Automobilwerke gibt es dazu noch die Konkurrenz durch die «Compacts», jene «kompakten» Versionen amerikanischer Wagen, die Detroit erfunden hat, um die Einfuhren zurückzudrängen. Da ist schliesslich die Dauphine selbst: sie ist «französisch» in bezug auf die Qualität geblieben, das heisst bestens geeignet für die 6000 bis 8000 km jährlich auf den guten Strassen Frankreichs, unzureichend jedoch für 25 000 km auf den sehr viel weniger guten Strassen, die sie oft jenseits der Grenzen und ganz besonders in den Vereinigten Staaten antrifft.

Hier drückt der Schuh: plötzlich, bei den Versteigerungen von Gebrauchtwagen (wo die Fahrzeuge von Besitzern, die ihre Raten für auf Kredit gekaufte Wagen nicht begleichen konnten, weiterverkauft werden), bricht das Ansehen der Dauphine zusammen. Unmittelbare Folge: die Kreditgesellschaften verweigern den Händlern die Finanzierung der Dauphine-Verkäufe. Der Renault-Wagen wird von nun an als ein «Risiko» angesehen. Konzessionäre und Vertreter, die mangels Kredit ausserstande sind, die an sie gelieferten Wagen zu bezahlen, stornieren ihre Aufträge. So fällt das Verkaufsnetz auseinander, bevor sich noch die Kundschaft von der Dauphine abwendet.

Maurice Bosquet, der neue Präsident von Renault Inc., schickt Bernard Hanon nach Billancourt, um die Lieferungswelle zu stoppen. Doch bremst man nicht leicht eine mit Volldampf in Gang gesetzte

Maschine. Bis zu den Ferien laufen die Dauphine im gleichen Rhythmus vom Fliessband: rund 40 000 Einheiten pro Monat. Die Lage ist jedoch kritisch geworden, und man muss ins «lebendige Fleisch» schneiden.

Während die Fabrik in Ferien ist, verständigt die Leitung der Régie die Regierung, dass, «falls kein neues Ereignis eintritt», Entlassungen bei Ferienende unvermeidlich sind. Das erhoffte neue Ereignis wäre eine Senkung des Benzinpreises, die stimulierend auf den französischen Markt wirken würde und es ermöglichen könnte, den Exportrückgang auszugleichen. Aber die Regierung rührt sich nicht.

Ende August, vor Wiedereröffnung des Werkes, wird eine erste Entscheidung getroffen: die wöchentliche Arbeitszeit wird für die Hälfte der Belegschaft von 48 auf 45 Stunden herabgesetzt. Die Betroffenen werden zu 50% durch den sozialen Ausgleichsfonds entschädigt. Im September sinkt so die Produktion der Dauphine auf 34 000 Einheiten. Sie beträgt im Oktober nur noch 24 000, zu denen 6000 Exemplare der Ondine – eine luxuriösere Variante der Dauphine – hinzukommen. Die Ondine hatte auf dem letzten Salon gerade ihr Debüt gegeben.

Es ist aber noch zu viel, und man muss zu einer drakonischen Lösung greifen, die bis dahin verworfen worden ist: nämlich zu Entlassungen. Die Personaleinsparungen betreffen letzten Endes nur 5%, da sie mit der äussersten Umsicht getroffen werden. Aber bei der ersten Ankündigung dieser Massnahme setzt am 19. Oktober in Billancourt ein Proteststreik ein. Die Abgeordneten bombardieren das Büro des Ministers für Industrielle Produktion mit schriftlichen Anfragen. Eine Abordnung der Gewerkschaft wird vom Arbeitsminister empfangen.

Den Pessimisten erscheint die Lage verzweifelt:

«Es ist aus», so sagen sie, «die Régie ist hin ... !»

Nicht für Pierre Dreyfus, der im Missgeschick neue Gründe findet, seinen Optimismus an den Tag zu legen und erneut zum Angriff überzugehen. Gewiss, die Produktion hat noch im November auf 26 000 Dauphine und Ondine eingeschränkt werden müssen, aber auf das ganze Jahr gesehen hat Renault noch einen starken Aufschwung zu verzeichnen: 542 000 gegenüber 494 000 Wagen im Vorjahr sind von den Fliessbändern der Régie gerollt. 63 000 Renault gegen 90 000 zwölf Monate zuvor wurden in die Vereinigten Staaten verkauft.

Von aussen gesehen ist die Lage also nicht katastrophal. Aber sie ist unendlich viel ernster als sie erscheint. Die produzierten Wagen stehen tatsächlich zu Tausenden in den amerikanischen Depots. Die Abordnungen, die Pierre Dreyfus in die Vereinigten Staaten entsandt hat, kehren niedergeschlagen zurück. Rund 60 000 Wagen verschimmeln und verrosten auf den mehr oder weniger geeigneten

Parkplätzen unter freiem Himmel in Newark wie in Boston, in Houston wie in Los Angeles. Hier wachsen Pilze unter den Sitzen, dort überwuchert wildwachsendes Unkraut das Innere der Wagen. Schlangen kriechen über das Instrumentenbrett. Ein Sondergesandter von Billancourt erlebt es, dass, als er sich zu kräftig auf einen Kotflügel stützt, sein Daumen das Blech durchstösst! Bis dahin verkauften sich nämlich die Wagen so gut und so rasch, dass man nicht einmal gelernt hatte, sie für die Reise zu schützen.

Ein Lichtschimmer am Horizont: Ein Orkan setzt etwa 2000 Dauphine in Houston unter Wasser, die man auf Kosten der Versicherungsgesellschaften zurückbefördert, instandsetzen und wieder in den Vereinigten Staaten selbst verkaufen kann.

Während eine von Michel Maison und Maurice Bosquet geleitete erste Abordnung die Vertreter aufsucht und ein Kreditsystem für die Ausfuhr improvisiert, um zu vermeiden, dass das Verkaufsnetz sich völlig auflöst, entdeckt eine zweite von Vincent Grob und dem Ingenieur Gabriel Taix geleitete Abordnung wenig später die verborgene Seite des Eisbergs.

Um dem Schlimmsten vorzubeugen, hat man sich bemüht, die auf Lager stehenden Wagen zu 1000 Stück pro Monat abzusetzen, ohne die Verkäufe normaler Fahrzeuge zu beeinträchtigen, indem man nämlich für diese «Gelegenheiten» beträchtliche Rabatte bewilligte. Die Abordnung Grob/Taix kehrt mit ihrer Diagnose nach Billancourt zurück.

Homöopathie genügt nicht, man muss unverzüglich zu einer chirurgischen Operation schreiten. Pierre Dreyfus nimmt sich 48 Stunden Zeit, um sich einen Ausweg zu überlegen. Und dann schliesst er sich in Ermangelung einer besseren Lösung der energischsten Schlussfolgerung an.

So wird zunächst der Preis der Dauphine rigoros von 1595 auf 1395 Dollar herabgesetzt. Man entlässt nahezu die Hälfte der Angestellten von Renault in den Vereinigten Staaten, und man bemüht sich, bei den Verbleibenden ein Mindestmass an Begeisterung zu erwecken. Da Ersatzteile fehlen, stellt man die eingelagerten Wagen wieder her, indem man das, was fehlt, den nächststehenden Fahrzeugen entnimmt.

In jedem Hafen werden wahre Reparaturwerkstätten errichtet. Es ist tatsächlich nicht die Rede davon, auch nur eine einzige Dauphine, die an den amerikanischen Gestaden verrostet, nach Frankreich zurückzuschicken. Um die Bereinigung vorzunehmen, hat Dreyfus Vincent Grob zu seinem Finanz- und Budget-Direktor ernannt. Grob ist 34 Jahre alt. Er hat nie in seinem Leben ein Auto verkauft. Aber er besitzt Begeisterung und Ehrgeiz. Er hat absolute Vollmachten erhalten. Er rechnet als Buchhalter, er beschliesst, mit der Vergangenheit in der kürzesten Frist aufzuräumen, er schreitet zu einer

Blitzliquidation, um danach wieder kräftigen Schrittes vorwärtszugehen. Tatsächlich werden die Lager in weniger als einem Jahr abgebaut, während das Werk nur noch Dauphine-Gordini und Ondine in die Vereinigten Staaten schickt, die dazu bestimmt sind, das Ansehen der Marke wieder herzustellen.

«Wir haben das Geschwür zwar geheilt», sagt Grob später, «jedoch haben wir den ganzen Markt damit angesteckt.»

In Billancourt hat man die Produktion noch weiter reduziert, indem man zu Weihnachten, Neujahr und noch für die Feiertage des Monats Januar Feierschichten verfügte.

Gewisse Gegner der Régie und ihres Präsidenten in der Regierung fassen damals ins Auge, für Pierre Dreyfus einen Nachfolger zu suchen, doch wird der Plan auf bessere Tage verschoben:

«Man kann Dreyfus in einem Augenblick, in dem er die Operation des Wiederflottmachens leitet, nicht ersetzen. Man wird es nachholen, wenn die Kurve ansteigt!» erklärt der Minister.

Der Empfang, den General de Gaulle Dreyfus während des stärksten Sturms gewährt, ist jedoch von Verständnis und Sympathie getragen:

«Wie steht es mit der Régie?» fragt de Gaulle.

«Sie hat Schwierigkeiten», antwortet Dreyfus.

«Schwierigkeiten hat jeder», entgegenet der Staatschef. «Worauf es ankommt, ist, wie man sich ihnen gegenüber verhält.»

Indem Pierre Dreyfus die Bilanz dieses schwierigen Jahres zieht, versucht er vor allem, eine Lehre für die Zukunft daraus zu gewinnen:

«An erster Stelle», sagt er, «bleibt der Export, denn ein hoher Exportanteil ist mehr denn je eine nationale Notwendigkeit. Es ist wichtig, dass die französische Industrie und namentlich die Automobilindustrie weiter die Devisen hereinbringt, die das Land braucht. Dies ist um so unentbehrlicher, als Frankreich durch den raschen Abbau seiner Zollschranken zu einem grossen Fertigwaren-Importeur wird – und zwar in einem Masse, wie man dies noch zwei oder drei Jahre zuvor nicht hatte vorhersehen können.

Im Jahre 1959 haben unsere Automobileinfuhren nur 11 000 Wagen betragen. Sie überschreiten 1961 merklich 60 000. Nun werden die Zollschranken weiter abgebaut.

Um ihre Position auf dem einheimischen Markt behaupten zu können, wird die französische Autoindustrie bald ebenso grosse Anstrengungen machen müssen wie zur Eroberung neuer Märkte im Ausland.

Zweitens muss man sich klar darüber sein, dass die französische Wirtschaft nicht in der Lage wäre, den Angriffen der Konkurrenz standzuhalten, wenn sie sich an ihre Gewohnheiten klammerte. Insbesondere in der Automobilindustrie kann man nicht wie während der letzten 15 Jahre ein ständiges Anwachsen der Produktion und einen grösseren Absatz aller Firmen gleichzeitig erwarten.

Es wird, und dies ist nicht zu vermeiden, bald ein Hoch, bald ein Tief geben, sei es für dieses, sei es für jenes Unternehmen, in diesem und jenem Augenblick. Es ist gewiss möglich, in einem gewissen Umfang die Folgen dieser Schwankungen zu beeinflussen, aber es ist unmöglich, sie auszuschalten, denn sie gehören zur Spielregel, die sich die Länder der westlichen Welt gegeben haben. Ob man will oder nicht, sie verlangt eine rasche Anpassungsfähigkeit an die Konjunkturschwankungen und eine grosse Flexibilität. Der Konkurrenzkampf ist kein Stellungskrieg. Er ist ein Bewegungskrieg. Die schlimmste Illusion wäre, dies zu verkennen. Die erste Pflicht ist es, sich auf die unvermeidlichen Entwicklungen vorzubereiten!»

*

Die Régie Renault hat dies nicht versäumt, auch wenn die Heftigkeit des Rückschlages sie überrascht hat. Zweifellos sind der Boom der Exporte und die allgemeine Expansion des Unternehmens so rasch vonstatten gegangen, dass es an Zeit und Menschen gefehlt hat, um die eroberten Positionen zu festigen, um die entsprechende Administration an Ort und Stelle einzurichten (diese ständige Sorge von Pierre Dreyfus) und um schnell eine Politik der Typenvielfalt einzuleiten.

Aber die Entwurfstätigkeit hat bei weitem nicht brachgelegen, auch wenn gewisse Leute in Billancourt und in Rueil glaubten, dass die Dauphine – wie der Käfer in Wolfsburg – es ihnen erlauben würde, zwanzig Jahre lang «auf beiden Ohren zu schlafen». Dreyfus stützt sich zunächst auf Fernand Picard, dann auf Yves Georges und hat mehrere Projekte in derselben Zeit in Auftrag gegeben, in der die Dauphine zur Eroberung der Welt aufgebrochen ist. Es gibt das Projekt 112, einen vielseitig verwendbaren, wirtschaftlichen Wagen, der einmal Renault 4 heissen wird. Projekt 113 ist ein Fahrzeug, das dazu bestimmt ist, eines Tages die Dauphine zu ergänzen und dann zu ersetzen, Renault 8 genannt. Projekt 114 ist ein grösseres Modell, das an die Stelle der Frégate treten soll.

Man hat zwar eine neue Karosserie für die Frégate entworfen, doch wäre der neue Wagen mit seinem «Lastwagenmotor» zu schwer, zu wenig handlich geblieben.

«Es ist besser, die Frégate ganz aufzugeben», sagt Dreyfus. «Wir müssen einen leichteren Wagen mit Sechszylindermotor entwerfen, der zum selben Preis wie die Frégate verkauft werden kann. Was wir am Motor verlieren, gewinnen wir am Gesamtgewicht!»

Die Entwurfsarbeiten beginnen, ein völlig neuer Motor wird entwickelt. Es ist ein 2,5-Liter-Motor in 6-Zylinder-Ausführung. Man glaubt, er werde Renault gestatten, neue Positionen in den Ländern zu erobern, für die die Dauphine zu leicht gebaut ist, um sich behaupten zu können. Der Motor ist vorn untergebracht und treibt die Hinterräder an. Die ersten Prototypen machen einen guten Eindruck. Man fertigt einige Varianten davon, die zur Tarnung mit einem Lancia-Kühlergrill ausgestattet, zu den Testfahrten auslaufen. Der Wagen hat vier einzeln aufgehängte Räder und stellt in bezug auf die Strassenlage die Techniker voll zufrieden. Aber es geht nicht ebenso glatt ab, als der Wagen kalkuliert wird: im Vergleich zur Frégate kommt der neue Typ 114 um ca. 25% teurer.

Pierre Dreyfus ist wütend.

«Wir waren seinerzeit so schlecht ausgestattet», sagt er später, «dass es uns unmöglich war, im voraus eine entsprechende Kalkulation der Herstellungspreise durchzuführen.»

Er beschliesst, auf den 114 zu verzichten und wieder von vorn anzufangen. Lieber will er einen unmittelbaren Verlust von 15 bis 20 Millionen Francs in Kauf nehmen, als einen Wagen herauszubringen, der eventuell bei den Renault-Kunden keinen Anklang findet.

«Von der Dauphine zum 114 ist der Weg zu steil», sagt er.

«Gehen Sie von sechs auf vier Zylinder beim Motor zurück und konstruieren Sie einen Wagen, den sich die Mittelschicht leisten kann. Einen Wagen für Sie, mit dem Sie in die Ferien oder am Sonntag spazierenfahren können.»

In Ermangelung genauerer Unterlagen setzt Pierre Dreyfus Gewicht, Leistungen und Preis des zukünftigen Modells fest und betont, dass es eine originelle Form haben muss, die es von der klassischen Konzeption unterscheidet und dass es funktionell praktischer ausgelegt sein sollte.

«Es wird ein Wagen werden, mit dem wir auf einem Markt erscheinen wollen, der nicht der von Renault ist», sagt er noch. «Der Wagen muss also auffallen, er muss eine betont persönliche Note haben und sich gegenüber der Konkurrenz hervorheben. In seiner Linienführung soll er jedoch eine zeitlose Lösung repräsentieren, die von Dauer ist und nicht der Tagesmode folgt!»

Das Projekt 114 wird aus dem Katalog gestrichen, und Yves Georges öffnet die Akte «Projekt 115». Der so definierte Wagen wird der Renault 16 werden.

*

Man ist aber noch nicht so weit. Das dringendste Projekt ist zunächst der Renault 4, der an die Stelle des 4 CV treten soll und der mit um so mehr Ungeduld erwartet wird, als es darauf ankommt, der Dauphine eine attraktive Schwester zu geben.

Die Idee zum Renault 4 und die Definition seiner zukunftsweisenden Konzeption ist Pierre Dreyfus beim flüchtigen Durchlesen einer Abendzeitung gekommen, die der demographischen Entwicklung Frankreichs für die nächsten zehn Jahre eine ganze Seite gewidmet hat. Die Studie ist illustriert. Man sieht dort zunächst ein ganz junges Paar, auf der folgenden Zeichnung stehen zwei Kleinkinder an seiner Seite, und anschliessend erscheint es mit älteren Kindern und einem Ausdruck betonteren Wohlstandes.

«Neben jeder dieser Skizzen habe ich mir einen entsprechenden Wagen vorgestellt», erzählt Dreyfus später. «Ich habe das Automobil nie wirklich als Techniker, sondern immer als Soziologe betrachtet!»

Dreyfus ruft Picard.

«Machen Sie mir einen billigen Wagen, in dem man leicht eine ganze Menge unterbringen kann», sagt er.

«Sie wollen einen 2 CV!» entgegnet Picard.

«Nein», antwortet Dreyfus, «der 2 CV lässt sich nicht exportieren. Ich will ein vollwertiges Automobil, das auch autobahntauglich ist. Wir müssen davon wie bei anderen Modellen die Hälfte exportieren!»

Die Dauphine ist der letzte Wagen gewesen, der unter der Leitung von Lefaucheux entstand. Der Renault 4, für den die Entwurfsarbeiten im Laufe des Winters von 1958 in Angriff genommen werden, ist der erste neue Wagen der Ära Dreyfus.

Dreyfus hat am Anfang nicht den Übergang zum Frontantrieb gewünscht, aber seine Forderungen nach einem funktionellen Charakter, und nach einer von hinten zugänglichen Ladefläche führen zu einer Lösung mit Frontantrieb.

Weiterhin will Dreyfus ein sogenanntes Baukastensystem einführen, ein Grundmodell, das eine grosse Anzahl neuer Varianten zulässt. Er weiss, dass sich dazu der Frontantrieb besser eignet, als die konventionelle Auslegung.

Der Generaldirektor und die Entwurfsleitung müssen jedoch der Fertigung den neuen Wagen geradezu aufzwingen, die sich schon beklagt:

«Man kann dieses Auto nicht bauen, man wird sich den Hals dabei brechen!»

Der Übergang zum Frontantrieb ist jedoch unwiderruflich. Lediglich für die Typen Renault 8 und 10, die Ableitungen von der Dauphine darstellen, wird eine Ausnahme gemacht. Die gesamte Fertigung von Renault steht von nun an unter dem Zeichen der Funktionalität, des Frontantriebs.

Im Augenblick jedoch brüten Ingenieure und Kaufleute über die von Pierre Dreyfus gestellten Forderungen. Es werden zehn Prototypen gebaut, alle mit unterschiedlichen Motoren ausgestattet, und zwar mit Zwei-, Drei- und Vierzylindern. Die Varianten sind Legion. François Zannotti, der kaufmännische Direktor, träumt von einem Modell, das nicht mehr als eine Pritsche darstellt, die einen Motor trägt:

«Es darf kein Wagen sein», so sagt er, «sondern es muss ein 'Karren' sein. Man wird die ganze Welt damit überschwemmen. Er wird 2000

Francs kosten, und jeder wird sich seine Karosserie aus Lianen, Brettern, Leinwand bauen, aus einem Material, das auf dem Markt, auf dem wir ihn verkaufen werden, gerade am billigsten ist!»

Zannotti träumt weiter, indem er an die Variante denkt, die für die Industrieländer vorgeschlagen werden wird, von einem Modell, das während der Woche Stadtwagen und am Wochenende Geländewagen ist.

«Man muss einen Weg finden. Warum nicht einen Wagen in zwei Teilen fertigen?» schlägt er vor. «Er wäre während der Woche klein, und man würde eine Art Koffer in der Garage aufbewahren, den man nur für das Wochenende befestigte.»

Man wird noch lange von einer auswechselbaren Karosserie träumen, was am Ende tatsächlich zu einer abnehmbaren Karosserie führen wird, aber man verzichtet letzten Endes auf einige der während der Ausarbeitung des Modells vorgebrachten originellen Ideen, wie die einer hohlen, mit Fächern ausgestatteten Tür – einer wirklichen Eisschranktür –, in der man Flaschen und Verpflegung mitführen könnte.

Am 6. Juli 1961 läuft der 4 CV Nr. 1.105.543 vom Montageband der Insel Seguin. Im Alter von 16 Jahren ist der 4 CV gestorben. Es lebe der Renault 4! Am gleichen Abend noch, während die Arbeiter in Erwartung einer vierten Woche bezahlten Urlaubs für drei Wochen in die Ferien gehen, beginnt die Demontage der alten Maschinen und die Einrichtung neuer Fliessbänder. Tausend Arbeiter der Régie sowie 400 Monteure und Techniker von dreissig verschiedenen spezialisierten Firmen legen in einem Monat 3,2 km Schienen für eingleisige Zubringer, 1,36 km Schienen für zweigleisige Zubringer, 1 km Transportmatten und Montagebänder, 130 km Ausrüstungskabel. Am 3. August läuft der erste Wagen der neuen Serie vom Fliessband.

Er wird von nun an sukzessive in fünf verschiedenen Versionen gebaut werden: als Renault 3 (Motor von 603 cm³ und 3 Steuer-PS gleich 22,5 PS effektive Motorleistung), als Renault 4 (747 cm³ und 4 Steuer PS gleich 26,5 PS effektive Motorleistung), als Renault 4L (Karosserie mit sechs Scheiben), als Renault 4 Super (der stolz seine 110 Kilometer pro Stunde mit einem 34-PS-Motor erreicht) und schliesslich als Kleinlieferwagen Renault 4.

Der neue Wagen bewährt sich schon nach kurzer Zeit. Es ist eine wundervolle Maschine. Er tritt das Erbe vom 4 CV an, von dem er die mechanischen Aggregate übernommen hat; aber in seiner Vielseitigkeit unterscheidet er sich doch sehr von diesem: er ist ebenso wie der 4 CV eine reine Limousine zum Personentransport, aber im Gegensatz zu diesem auch ein Kombifahrzeug und damit ein richtiger Mehrzweckwagen. Zu den Neuerungen, die er aufweist, gehört u. a., dass er nicht mehr abgeschmiert werden muss und ein versiegeltes Kühlsystem besitzt, das später alle Renault übernehmen sollen.

Der Erbe des 4 CV heisst Renault 4 und trägt denselben Motor vorne. Dieser erste Fronttriebler der Régie markiert den Beginn der modernen Zeit.

Der Renault 3/Renault 4 wird am 4. Oktober im Palais de Chaillot und am darauffolgenden Tag auf dem Pariser Salon ganz Paris vorgestellt. Als General de Gaulle, der diesen Salon eröffnet, François Michelin fragt, ob alles bei ihm und bei Citroën gut ginge, weist der Chef von Clermont-Ferrand auf den Renault 4 und stellt fest:

«Alles ginge gut, wenn uns die Régie nicht kopieren würde!»

Es ist offensichtlich, dass sich der Renault 4 in eine Markt-Lücke drängt, die Citroën mit seinem 2 CV geöffnet hat. Aber der Renault 4 ist ein «2 CV» von 1961, moderner, schneller, viel funktioneller ausgelegt.

Pierre Bercot, der Generaldirektor von Citroën, schreibt damals einen Brief an seinen geschworenen Feind Pierre Dreyfus:

«Sie kopieren uns in grober Form», so beklagt er sich, «Sie haben sogar unser Profil Yoder und unsere Sitze übernommen!»

«Wir sind auf einen Markt gegangen, auf dem Sie waren», antwortet Dreyfus, «und wir haben das Profil Yoder benützt. Aber Sie können nicht das Monopol dieses Marktes beanspruchen. Was die Sitze des 2 CV und des Renault 4 betrifft, so sind sie alle beide durch ein Renault-Patent vom Jahre 1936 gedeckt!»

131

Der Renault 4 kommt im rechten Augenblick, um das Werk aus der Krise herauszubringen, in der es sich befindet. lm gleichen Augenblick, da der Renault 4 auf dem Markt erscheint, feiert man die Fertigstellung der 1 500 000. Dauphine, der 100 000. im Ausland montierten Dauphine und den Export des 850 000. Exemplars dieses Wagens. Aber das Jahr ist schwierig gewesen. Die Lage hat sich in den Vereinigten Staaten weiterhin verschlimmert, wo man vor allem den noch bestehenden Vorrat liquidiert hat, und wo die Zahl der Vertreter nur noch 425 beträgt. Nur 28 000 neue Wagen wurden von Flins und Billancourt in die USA geliefert.

Eine spektakuläre Neuerung bei der Markteinführung des Renault 4 ist die Operation «Setz' Dich ans Steuer». Die Pariser können den neuen Wagen auf den Strassen der Hauptstadt frei testen. 200 Wagen dieses Modells stehen dem Publikum zur Verfügung, man kann sie fahren und dann stehenlassen, wo man will.

In Lateinamerika hat sich der Absatz mit insgesamt 30 000 Einheiten gewiss vervielfacht, und die europäischen Positionen von Renault haben sich überall verbessert, aber andererseits hat die Europäische Wirtschaftsgemeinschaft die französischen Grenzen ausländischen Fahrzeugen aus EWG-Ländern geöffnet, von denen 84 000 Exemplare in Frankreich neu zugelassen worden sind. Die Lieferungen von Renault ins Ausland stellen immer noch mehr als die Hälfte der französischen Exporte dar, aber ihre Gesamtzahl ist um 73 000 Einheiten zurückgegangen, und die Produktion der Régie für das ganze Jahr beträgt nicht mehr als 393 000 Fahrzeuge gegen 542 000 im Vorjahr.

Die Gewinne der Régie im Jahre 1961 – 100 000 deklarierte Francs – sind im wesentlichen symbolisch zu verstehen, aber das Unternehmen hat den tiefsten Stand der Entwicklung in dem Augenblick erreicht, in dem der Renault 3 und der Renault 4 herauskommen.

Mit Fähnchen geschmückt, auf denen aufgefordert wird «Setzt Euch selbst ans Steuer!» begegnet man ihnen bald überall in Paris. Zweihundert Exemplare des Wagens werden dem Publikum frei zur Verfügung gestellt, das sie ausprobieren und dann stehenlassen kann, wo immer es ihm beliebt. Es ist das erste Mal, dass ein Fabrikant den Automobilisten gestattet, auf diese Weise ein völlig neues Modell kennenzulernen. Sechzigtausend Personen probieren so den neuen Wagen in zehn Tagen aus, und Hunderte von anderen können sich von der Qualität seiner Federung auf einer Versuchsstrecke, die an der Porte Maillot angelegt wurde, überzeugen.

Der Presse gegenüber kann Pierre Dreyfus ankündigen:

«Das Jahr ist schwierig gewesen, doch hat sich die Régie dem Sturm gewachsen gezeigt. Seit August haben wir unseren Marsch nach vorwärts erneut aufgenommen. Wir nehmen entschlossen und kampferprobt die Offensive wieder auf, mehr denn je von der Notwendigkeit überzeugt, zu wachsen und zu exportieren!»

Die amerikanische Erfahrung wird, auch wenn sie bitter gewesen ist, später als einer der nützlichsten Wechselfälle im Dasein der Régie erscheinen. Die Gesundung ist schwierig, aber die Wunden vernarben in bewunderungswürdiger Weise. Der Patient geht gekräftigt aus dem Operationssaal hervor. Weil Renault sehr früh eine gewisse Anzahl finanzieller und kaufmännischer Irrtümer in den Vereinigten Staaten begangen hat, findet sich die Firma von nun an unendlich besser gewappnet, um nicht die gleichen Fehler auf den Absatzgebieten zu begehen, auf denen sie ihre Offensive wieder aufnehmen und entwickeln wird.

«Die Art und Weise, wie wir unsere Krise überwunden haben», sagt Pierre Dreyfus weiter, «ist um so verdienstvoller, als wir unter den gegebenen Umständen nur auf uns selbst zählen konnten!»

Die Transferstrassen und Montagebänder werden laufend modernisiert, wie dieses Beispiel zeigt. Damit kann Renault die Produktivität, die Qualität und auch die Arbeitsbedingungen ständig verbessern.

Europa-Rundreise

Die Bemerkung von Pierre Dreyfus stösst nicht auf taube Ohren. Ein Mann im Finanzministerium hat sie beherzigt. Er heisst Maurice Lauré und ist sowohl der Erfinder der «polyvalenten Inspektoren» (gefürchtete Steuerkontrolleure mit Spezialausbildung) als auch der Mehrwertsteuer, die später den Steuerverwaltungen aller europäischen Länder zum Muster dienen wird.

Als aufmerksamer Beobachter der wirtschaftlichen Entwicklung sorgt sich Maurice Lauré um die Folgen, die die zunehmende Öffnung der Grenzen für Frankreich haben wird. Er bedenkt, dass die Automobilindustrie im allgemeinen und Renault im besonderen wahrscheinlich dazu verurteilt sind, angesichts ihrer ausländischen Konkurrenten mangels angemessener finanzieller Mittel den Boden unter den Füssen zu verlieren.

«Die Régie besitzt im Verhältnis zu ihrer Verschuldung nicht genügend Eigenkapital», gibt er dem Wirtschafts- und Finanzminister Giscard d'Estaing zu verstehen. «Sie kann nicht genügend investieren. Nun hat sie keinen anderen Aktionär als uns, aber wir haben nie zu ihrem Kapital beigetragen. Sie hat bei der Befreiung die Bauten von Billancourt bekommen und das, was sie enthielten. Für den Rest hatte sie allein zu sorgen. Das genügt nicht im Europa von morgen!»

Giscard d'Estaing lässt diese Argumente gelten, aber als Pierre Dreyfus erfährt, dass das Finanzministerium bereit wäre, Renault mit Kapital auszustatten, zeigt er sich zunächst beunruhigt. Die in die Konkurrenzkämpfe verwickelte Régie ist immer um ihre Unabhängigkeit besorgt gewesen. Manchmal seit 1945 haben die Beamten der Aufsichtsministerien versucht, sie zugrundezurichten, indem sie ihr eine Kontrolle auferlegten. Dreyfus fürchtet, dass der Plan des Finanzministeriums auch diesmal keinen anderen Zweck hat, als den, die Régie in einen Zustand der Abhängigkeit zu versetzen. Aber die Motive von Giscard d'Estaing rechtfertigen in nichts die Befürchtung, wie Dreyfus anlässlich eines Zusammentreffens mit dem Minister feststellt. Denn schliesslich ist es Dreyfus, der nach reiflicher Überlegung selbst zur Rue de Rivoli geht, um dort um die Unterstützung zu bitten, die man ihm zu gewähren auch bereit ist.

«Ich will Ihnen helfen», sagt der Minister zu ihm, «und Sie werden auch mir helfen. Der Erfolg Ihrer Exporte ist für uns unentbehrlich. Ich bin bereit, Sie mit Kapital auszustatten, damit Sie die gleiche Basis haben wie Ihre Konkurrenten. Sie sollen jedoch gegenüber Ihrer Konkurrenz nicht in eine bevorzugte Position gebracht werden, die Ihnen zu viel Sicherheit gibt!»

«Unsere Eigenfinanzierung hat ihre Grenzen», entgegnet Dreyfus, «wir können uns schneller entwickeln, wenn unser Aktionär dazu beiträgt!»

«Es muss einfach abgemacht sein, dass sich unser Kapital verzinst!» erwidert der Minister.

«Wir werden eine Dividende ausschütten», antwortet Dreyfus darauf.

«Wir wollen nicht wissen, was für Wagen Sie herstellen, und wir interessieren uns auch nicht für Einzelheiten Ihrer Amtsführung. Wir wollen nur über Ihre Investitions- und Finanzierungsprogramme informiert werden sowie über Ihre globalen Ziele!» sagt der Minister.

Die Antwort von Dreyfus: «Selbstverständlich!»

«Wieviel wollen Sie?» fragt dann Valéry Giscard d'Estaing.

«Wir müssen zunächst unser Programm aufstellen und fundierte Pläne ausarbeiten!» antwortet Dreyfus, «ich werde Ihnen unseren Bedarf mitteilen, wenn unser neuer Investitionsplan festliegt, der Ihrem Beteiligungsangebot Rechnung trägt!»

Die Investitionen der Régie sind nach oben hin begrenzt: 198 Millionen im Jahre 1959, 184 im Jahre 1960, 195 im Jahre 1961, 178 im Jahre 1962. Schon in dem Augenblick, da Giscard und Dreyfus ihr Abkommen treffen, liegen die Investitionen für 1963 fest. Sie belaufen sich in diesem Jahre nur auf 158 Millionen. Das ist ein sehr unzureichender Betrag, der es Renault nicht mehr erlaubt, mit den gleichen Waffen wie die Konkurrenz um den Markt zu kämpfen.

Das neue Interesse, das damals der Staat der «Tochter de Gaulles» zeigt, bringt die Régie wieder in Fluss, obgleich ihre Verschuldung und ihre finanziellen Lasten noch über dem Durchschnitt liegen, berücksichtigt man die bedeutenden Anleihen, die sie seit ihrer Gründung aufgelegt hat. Die Kapitalzuteilung der Régie beträgt im Jahre 1963 50 Millionen, in den Jahren 1964 und 1965 je 100 Millionen, was die Investitionen ansteigen lässt: 265 Millionen 1964, 240 im folgenden Jahr.

Diese neuen Mittel sind willkommen. Hat Pierre Dreyfus nicht bei der Bilanzaufstellung der Régie 1962 erklärt:

«Ohne Zweifel hat sich die Régie in die Reihe der ersten französischen Industrie- und der ersten Exportunternehmen aufschwingen können, sie erscheint aber in der internationalen Rangliste nur als ein mittleres Unternehmen. Ihre Kühnheit findet ihre Begrenzung in ihren finanziellen Mitteln. Sie kann sie nur mit kleinlicher Sparsamkeit verwenden!»

Nachdem die Régie in den Vereinigten Staaten einen durch die Umstände gebotenen strategischen Rückzug vorgenommen hat, setzt sie ihre allzu mageren Hilfsquellen zur Verwirklichung zweier Hauptziele ein, welche beide einer besseren Risiko-Verteilung dienen sollen. Das erste ist die Erweiterung des Typenprogramms, das zweite die Festigung der Verkaufsorganisationen in Europa und in der Welt. Auf diesem Gebiet wie auf anderen bleibt die Lehre der amerikanischen Erfahrung unvergessen.

Die Entwicklung des Typenprogramms wird mit dem Renault 3 und dem Renault 4 in Angriff genommen. Man hat für diese Modelle eine Produktion von 850 Einheiten pro Tag vorgesehen. Zehn Monate nach ihrer Vorstellung sind diese Ziele bereits übertroffen, und auf der Insel Seguin werden 1000 Stück pro Tag fabriziert.

Im März werden auf dem Genfer Salon die Floride S und die Caravelle ausgestellt. Beide sind mit einem stärkeren Motor von 956 cm³, einer neuen Federung und vier Scheibenbremsen ausgestattet. Diese Modelle haben eine Spitzengeschwindigkeit von 135 km/h.

Mit dem gleichen Motor wird ein Wagen ausgestattet sein, der drei Monate später, am 22. Juni 1962, im Palais des Sports vorgestellt wird: der Renault 8. Dieser Typ ist von der Dauphine abgeleitet, von der er sich jedoch in jeder Hinsicht unterscheidet: durch seine rechteckige Karosserie, seine grösseren Abmessungen, mehr Komfort und bessere Leistungen. Es ist der erste Wagen mit grossen Verkaufszahlen, der an allen vier Rädern Scheibenbremsen hat. Sein Kühlerkreislauf ist wie der des Renault 4 versiegelt, die Zahl der Abschmierstellen wurde erheblich vermindert. Bei einer Motorleistung von 48 PS erreicht er eine Spitze von 125 km/h, und er erlebt im Gefolge der Radrennfahrer der Tour de France eine triumphale Premiere.

Für den Renault 8 wurden die Werkstätten von Flins auf 353 000 m², das Doppelte der Nutzfläche von 1956, erweitert.

Die Reihe von Neuheiten der Régie wird durch den 800-kg-Lieferwagen Estafette und durch die Vorstellung eines stärkeren Renault 4 (mit der Bezeichnung «Super») auf dem Pariser Salon vervollständigt. Endlich wird für die Dauphine ein automatisches Schaltgetriebe mit Drucktastenvorwahl, Typenbezeichnung «T 124», als Sonderausstattung angeboten.

«Renault goes automatic!» verkünden die Reklameanschläge in den Vereinigten Staaten.

Der Renault 8 hält unter einem Hubschrauber hängend, der die Freiheitsstatue überfliegt, seinen Einzug in New York und wird von den Feuerlöschbooten triumphal empfangen. Der Wagen wird als «der modernste Compact Car der Welt» präsentiert.

Dies genügt jedoch nicht, um in einem Lande den Abhang wieder emporzuklettern, in dem die unangenehmen Erinnerungen an die Dauphine noch gegenwärtig sind. Die Verkäufe steigen gewiss wieder auf 31 000 Wagen im Jahre 1962, das heisst um nahezu 8% gegenüber dem Vorjahr an, aber jetzt hat die Europäische Wirtschaftsgemeinschaft Amerikas Rolle als Hauptabsatzmarkt übernommen. Nahezu 260 000 Fahrzeuge werden exportiert – ebensoviel wie die Gesamtproduktion von Renault sechs Jahre zuvor! Deutschland bezieht 47 000 Einheiten (+ 77%), die Beneluxstaaten 42 000 (+ 42%), Italien, wo Alfa Romeo die Montage des Renault 4 und Renault 8 übernommen hat, 29 000 (+ 26%).

Jedoch hat die Überstürzung, mit der die neuen Modelle im Rahmen des 1960 festgelegten Dringlichkeitsplanes vorgestellt wurden, die Aufgabe der kaufmännischen Abteilungen nicht erleichtert: der Renault 8 hat technische Probleme, und weiter stösst er in den ausländischen Absatzgebieten auf eine sehr lebhafte Konkurrenz. Um dem abzuhelfen, erfinden die Exporteure den Renault 7, eine einfacher ausgestattete Variante des Renault 8, die es erlaubt, den Preis zu senken. Dieses Modell wird nur ausserhalb Frankreichs verkauft und ermöglicht es, das Erscheinen des Renault 8 Major im Februar 1964 abzuwarten: Der Major ist nicht nur von den Kinderkrankheiten des «8» geheilt, sondern wird auch der erste Renault sein, bei dem es hinsichtlich der Qualität nichts zu tadeln gibt. Letzteres ist auch noch ein Resultat des «Unfalles» auf dem amerikanischen Markt: die Régie weiss nun, dass sich am Ende nur Qualität bezahlt macht.

Auch wenn das Modellprogramm noch unvollständig ist, hat Renault gegen Ende 1962 doch die Ära der sogenannten Einzelmodell-Fertigung überwunden. Bis zu diesem Zeitpunkt bestand eine übertriebene Abhängigkeit von einem einzigen Modell: zunächst vom 4 CV, dann von der Dauphine, neben denen einige Modelle sozusagen «am Rande» mitliefen. Von nun an tritt das Unternehmen mit einem grösseren Programm im internationalen Konzert auf: von der Reihe Dauphine – Gordini – Ondine wurden in diesem Jahr nahezu 200 000 Exemplare gebaut, ebenso wie von der Reihe Renault 4. Der erst später in das Programm aufgenommene Renault 8 erreicht schon im Dezember 1962 eine Tagesproduktion von 1000 Einheiten.

Die Krise ist überwunden, der Produktionsrekord von 1960 übertroffen. Die Régie und ihre Tochterunternehmen produzieren nun 3000 Personenwagen und Nutzfahrzeuge pro Tag.

Insgesamt laufen 565 000 Fahrzeuge vom Fliessband, und Renault unterstreicht diesen Wiederaufstieg mit dem Abschluss eines neuen epochalen Abkommens für das Werk. Es wird am 29. Dezember unterzeichnet und gewährt den 65 000 Mitarbeitern der Régie eine vierte Woche bezahlten Urlaubs. Dieses Abkommen veranlasst bestimmte Kommentatoren zu der Feststellung, dass Renault den Einzug Frankreichs in die «Freizeitzivilisation» eingeleitet habe.

Diese Initiative hat jedermann, die Regierung mit einbegriffen, überrascht. Die Gewerkschaften wünschten eine Reduzierung der Arbeitszeit von 15 Minuten pro Tag, das sind etwa 60 Arbeitsstunden im Jahr. Die Einführung einer vierten Ferienwoche erschien wirtschaftlicher und repräsentiert gleichzeitig einen radikaleren sozialen Fortschritt. Marc Ouin, Direktor der auswärtigen Beziehungen von Renault, hat die Beamten der «Vormundschaftsministerien» von dem Plan in Kenntnis gesetzt, aber die Nachricht ist vielleicht, weil Ouin sich ein wenig spät darum bemüht hat, nicht bis zu den Ministern vorgedrungen, die sie erst durch die Presse erfahren.

138

«Dreyfus hat mal wieder seine gewohnten Dummheiten gemacht!» sagt einer von Ihnen.

Einige Monate später sind die vier Wochen bezahlten Urlaubs eine soziale Realität in allen wichtigen französischen Industrien.

*

Die Entwicklung der Tochterunternehmen und der autonomen Sektoren der Gruppe folgt der der Automobilabteilung. Das Werk für landwirtschaftliches Gerät in Le Mans hat 15 000 Traktoren, ein Viertel der französischen Produktion, hergestellt. Die SAVIEM lieferte 5300 schwere Nutzfahrzeuge. Die Abteilung für Werkzeugmaschinen verzeichnet eine Verdoppelung ihrer Aufträge und liefert ihre Erzeugnisse nach Argentinien, Italien, Spanien und in die Länder des Ostblocks.

Im Rahmen der französischen Ausstellung in Moskau im Jahre 1961 hat die Sowjetunion einen bedeutenden Auftrag für Maschinen für die Automobilfabrik von Gorki und die Traktorenfabrik von Minsk erteilt. Einige hundert Wagen sind gleichfalls nach Polen, Ostdeutschland, Jugoslawien, der Tschechoslowakei, Bulgarien und Ungarn geliefert worden.

Diese Abkommen führten zu geradezu homerischen Transaktionen. 1958 hat die Régie Rotchina bereits eine Ladung Traktoren im Austausch gegen Tiger, Schweinedärme für die Wurstfabriken und Frauenhaare geliefert, letztere zur Herstellung von Haarpolstern und Perücken. Jetzt tauscht Renault Kühllastwagen von SAVIEM gegen polnische Kohle und lebende Pferde; sie akzeptiert als Bezahlung ihrer Dienste und Lieferungen Kaffee aus Kolumbien, mexikanische Baumwolle, bulgarischen Tabak, ungarischen Wein. Für die an Skoda gelieferten Werkzeugmaschinen und Ventile erhält Renault einen Vorrat Glaskugeln zum Schmücken von Weihnachtsbäumen.

Diese Transaktionen nehmen einen solchen Umfang an, dass die Régie eine Filiale, die SORIMEX, schaffen muss, die mit der Kommerzialisierung der eingetauschten Produkte beauftragt wird.

Zu den 13 Fabriken, die bereits Renault-Fahrzeuge im Ausland montieren, kommen im Jahre 1962 die Anlagen von Tananarive in Madagaskar und von Abidjan an der Elfenbeinküste hinzu.

Die Expansion geht 1963 kräftig weiter. Die Régie schlägt ihre eigenen Produktionsrekorde. Nahezu 670 000 Fahrzeuge laufen von den Fliessbändern, das heisst 70% mehr als zwei Jahre zuvor, während die Exporte deutlich auf ihrem alten Stand bleiben.

Das Produktionsprogramm genügt nicht mehr zur Sicherung der Fortentwicklung des Unternehmens, und im Juli wird die Entscheidung getroffen, in Sandouville, zwischen der Seinemündung und dem

Berühmte Besucher kommen immer häufiger nach Flins, um dieses Symbol des industriellen Wiederaufbaus in Frankreich zu inspizieren. Pierre Dreyfus empfängt Nikita Chruschtschow im Werk Pierre Lefaucheux.

Kanal von Tancarville, eine weitere Fabrik zu errichten. Sie ist zur Herstellung des zukünftigen Renault 16 bestimmt, von dem sich die ersten Prototypen bereits im Versuchsstadium befinden.

Die bestehenden Modelle werden weiterentwickelt: eine Caravelle mit einem Motor von 1108 cm³ und einem neuen Getriebe, bei dem alle vier Gänge synchronisiert sind, wird auf dem Pariser Salon vorgestellt. Die Dauphine erhält Scheibenbremsen und erscheint in einer luxuriöseren Variante für den Export. Der Renault 4 wird von nun an in einer weiteren Variante, als «Parisienne», mit Korbgeflechtmuster an den Seiten angeboten.

Renault führt auch eine freie Sparformel ein: bevor man einen Wagen bestellt, zahlt man einen beliebigen Betrag zum selbst gewählten Zeitpunkt an. Wenn das Sparkonto eine ausreichende Anzahlung aufweist, wird dem Kunden das gewünschte Modell geliefert.

Dreyfus ist von der Sorge um die Zukunft geradezu besessen. Von einer möglichen Überflutung des europäischen Marktes durch amerikanische Tochterunternehmen, von der Fusion von Werken, Ereignisse, die eintreten werden und die niemand wird aufhalten können. In einer Ansprache, die er vor einigen Jahren vor der amerikanischen Handelskammer hielt, hat er vergeblich angeregt, Detroit möge sich an seine grossen Modelle halten und den Europäern die wirtschaftlichen kleinen Wagen überlassen: «Soll Amerika doch seine Boeings bauen, wir bauen unsere Caravelle», stellt er fest.

Aber Henry Ford reagiert heftig und meint, es könne nicht die Rede davon sein, das Automobiluniversum in zwei Hälften zu teilen. Und die Régie Renault – 1963 Nummer sieben in der Weltrangliste der Automobilproduzenten – spürt deutlich die Konkurrenz von Ford England und der deutschen Tochterfirma von General Motors, während Simca von Chrysler aufgekauft wird.

Indessen gewinnt ein junger französischer Rennfahrer mit Namen Jean-Pierre Beltoise am Lenkrad eines René Bonnet mit einem von Gordini präparierten Renault-Motor von 1108 cm³ die Indexwertung nach der Energieverbrauchsformel bei den 24 Stunden von Le Mans. Dreyfus wiederum vervielfältigt die Kontakte mit dem Ausland. Die Europäer, denkt er, können nicht vereinzelt Front machen, sie müssen sich daher zu arrangieren versuchen.

Verschiedene Abkommen werden geschlossen. Mit Alfa Romeo erweitert die Régie die Zusammenarbeit und gründet die SOFAR, an der die beiden Firmen zu gleichen Teilen beteiligt sind. Sie soll die Anstrengungen dieser italienischen Marke auf dem französischen Markt unterstützen. Mit American Motors, für deren Rechnung die Régie bereits in ihrem belgischen Werk Rambler montiert, die unter dem Markenzeichen «Rambler-Renault» vertrieben werden, wird ein Vertrag zur gemeinsamen Entwicklung eines Rotationskolbenmotors unterzeichnet.

Mit der M.A.N. kommt es zu einem Abkommen, das der Regie Renault gestattet, für ihre Dieselmotoren eine von der M.A.N. entwickelte Direkteinspritzung zu verwenden. Mit Porsche-Diesel bildet Renault eine Vertriebsgesellschaft, die das gesamte Programm der im Werk Le Mans produzierten landwirtschaftlichen Traktoren von Renault auf dem deutschen Markt anbietet. Mit Hino vereinbart die Régie Renault, ihre Wagen in Japan durch das Verkaufsnetz ihres alten lokalen Handelspartners zu vertreiben.

«Renault», so schreibt damals die Zeitung *Paris-Presse*, «schliesst einen Pakt mit dem Teufel.»

«Wir werden in der Tat nicht davor zurückschrecken, uns mit dem Teufel in Person zu verständigen, wenn dies uns eine Ausdehnung und mehr Mittel verschaffen könnte!» entgegnet Dreyfus.

Einige Jahre zuvor hat er schon ganz insgeheim seinen Pilgerstab ergriffen, um Professor Heinz Nordhoff, den «Grossmeister» des Volkswagens, in seinem Adlerhorst in Wolfsburg aufzusuchen.

141

«Die Zollschranken werden fallen», sagt Dreyfus zu Nordhoff. «Wir werden also einen erweiterten Wirtschaftsraum vor uns haben, der alles ändern wird. Die Tochterunternehmen von Detroit haben mehr Geld als wir. Sie werden sich schneller als unsere eigenen Unternehmen weiterentwickeln können!»

Nordhoff hört sich interessiert an, was Dreyfus zu sagen hat.

«Es ist unsere Sache», so fährt der Franzose fort, «unter Europäern an das zu denken, was wir gemeinsam machen könnten. Volkswagen und Renault ergänzen einander. Wir haben ein gutes Entwicklungsbüro und Phantasie. Sie wierderum verfügen über eine solide Organisation, über Reserven sowie über ein hochwertiges, aber unkomplettes Vertriebsnetz. Auch in geographischer Hinsicht ergänzen wir uns, da Sie gut in Amerika und wir entsprechend in Europa vertreten sind. Und denken Sie weiter daran, dass wir dem Osten bedeutende Angebote machen können, was für Sie allein bei dem gegenwärtigen politischen Klima nicht möglich ist!»

Dreyfus glaubt Nordhoff, wenn nicht überzeugt, so doch wenigstens zum Nachdenken angeregt zu haben. Beide Unternehmen sind, allerdings mit unterschiedlichen Statuten, Staatseigentum. Dreyfus setzt Jean Monnet, den «Vater Europas», der im gleichen Augenblick eine Annäherung zwischen der Deutschen Lufthansa und Air France herbeizuführen gedenkt, von seinem Schritt in Kenntnis.

«Ich werde über diese beiden Angelegenheiten mit Adenauer sprechen. Wenn es sich machen lässt, wird Europa wirklich auf dem Vormarsch sein!» sagt Monnet. Monnet spricht auch mit Hallstein darüber, der Deutschland bei der europäischen Kommission in Brüssel vertritt.

Aber diese Interventionen werden keine Früchte tragen. Sechs Wochen nach dem Besuch von Pierre Dreyfus in Wolfsburg erwidert Heinz Nordhoff dessen Besuch in Billancourt. Er ist sehr liebenswürdig, aber ein wenig verlegen und meint:

«Ihr Vorschlag ist interessant, Aber meine Firma steht einer solchen Annäherung nicht positiv gegenüber. Es ist mir unmöglich, ihre Einwände zu übergehen. Es tut mir wirklich leid!»

*

Der mit Alfa Romeo unternommene Versuch scheitert ebenfalls. Zwar arbeiten die beiden Firmen nutzbringend zusammen, aber Dreyfus möchte weiter gehen und lädt den neuen Mailänder Präsidenten Giuseppe Luraghi nach Billancourt ein. Er zeigt ihm Flins, führt ihn nach Rueil, wo er ihm den Prototyp des Renault 16 vorstellt.

«Wenn Sie einverstanden sind, stoppe ich alles, damit wir diesen neuen Wagen zusammen über unsere Grenzen hinweg herstellen können!» bietet er dem Italiener an.

Luraghi antwortet ebensowenig wie Nordhoff auf diesen ermutigenden Vorschlag. Die beiden Firmen trennen sich schliesslich in friedlicher Weise, und erhalten nur noch einige Verbindungen auf dem Sektor Nutzfahrzeuge aufrecht.

Darauf unternimmt Dreyfus seine Europa-Rundreise, deren erste Etappe Turin ist. Da er die Régie nicht organisch mit einem französischen oder ausländischen Unternehmen zu vereinigen vermag, denkt er daran, produktbezogene Kooperationen zu schaffen. Gerade war bekannt geworden, dass General Motors in Strassburg eine Fabrik für automatische Getriebe errichten wird. Es ist ein für Europa relativ neues Erzeugnis. Warum sollten die Europäer es nicht gemeinsam herstellen?

Dreyfus sucht deshalb Professor Valetta, den Präsidenten von Fiat, auf.

«Wenn wir nicht aufpassen, werden eines Tages alle automatischen Getriebe Europas von den Amerikanern gebaut. Warum tun wir uns nicht zusammen, Sie, Volkswagen, B.M.C. und Renault, um gemeinsam europäische automatische Getriebe herzustellen, die wir alle verwenden?» sagt er zu Valetta.

«Das ist eine gute Idee. Sie haben zweifellos recht. Man müsste es fertigbringen, ohne die Amerikaner zu verletzen. Es darf nicht gegen sie geschehen!» erwidert Valetta.

«Wollen Sie, dass ich mit Nordhoff darüber spreche, ihm sage, dass Sie grundsätzlich interessiert sind?» fragt Dreyfus.

«Nein, ich kenne Nordhoff gut. Ich werde selbst mit Nordhoff darüber sprechen!» antwortet der Italiener. «Gut. Und ich meinerseits werde George Harriman in London aufsuchen!» erwidert Dreyfus.

Dreyfus verabredet sich mit dem Präsidenten der British Motor Corporation, aber als er in London ankommt, ist Harriman schon nicht mehr da. Er ist nach Schottland geflogen, wohin ihn ein unerwarteter Streik rief...

Dreyfus kehrt ohne Resultat nach Paris zurück. Er erhält nie mehr eine Nachricht von Sir George Harriman. Was Valetta anbelangt, so schreibt dieser dem Präsidenten der Régie einen sehr freundlichen, jedoch eindeutig negativen Brief. «Das Projekt», so sagt er, «macht Nordhoff Angst, der fürchtet, dass es als eine Absprache gegen die Amerikaner gedeutet werden könnte.»

Es ist das Ende der Europatour von Pierre Dreyfus. Die Régie fährt fort, sich allein zu schlagen. Aber Dreyfus gibt seine Grundidee nicht auf. Er ist überzeugt davon, dass man, ohne die Unabhängigkeit der Partner in Frage zu stellen, gewisse, klar festgelegte industrielle Interessen vereinigen kann. Da er für Renault keine «Braut» in Italien, Deutschland oder Grossbritannien entdeckt hat, so wird er drei Jahre später eine andere und viel näherstehende in der Person einer einnehmenden Nachbarin finden: in der blühenden Firma Peugeot...

Der Renault 16 geht hinaus in die Welt, um neue Exportmärkte zu erobern und Renault ein neues Image zu geben. Nun ist die Régie nicht mehr bloss Kleinwagenbauer, sie nimmt auch ihre Position unter den europäischen Herstellern von grösseren Reisewagen ein.

Die Assoziation

Die in Frankreich zur Bekämpfung der Inflation erlassenen Verfügungen, die protektionistischen Massnahmen Italiens, die von Grossbritannien gegen die steigenden Importe errichteten neuen Zollschranken verurteilen Renault in den Jahren 1964 und 1965 zu Produktionseinschränkungen. 551 000 und 577 000 Fahrzeuge laufen während dieser beiden Jahre von den Montagebändern. Ein deutlicher Rückgang im Verhältnis zum Rekordergebnis von 1963, aber sichtlich nahe der im Vorjahre erreichten Schwelle.

Diese Periode der Stabilisierung ist nichtsdestoweniger von grundsätzlicher Bedeutung, weil sie jene Zukunft vorbereitet, von der Pierre Dreyfus bisher geträumt hat. Man ist jetzt in Billancourt von dem mit dem Federbusch geschmückten Empirismus der fünfziger Jahre abgekommen. Die Kühnheit hat sich mit Vorsicht gepaart, und das Unternehmen entwickelt sich nach einem immer besser ausgewogenen, durchdachten und präzisen Plan. Es bemüht sich jedoch darum, einen Stil und Tugenden, die ihm seit langem eigen sind, zu bewahren: Flexibilität, Anpassungsfähigkeit, Schnelligkeit der Entscheidung.

«Renault ist ein Lastwagen mit sportlichem Antrieb», bemerkt ein Beobachter.

Während der Anteil der importierten Fahrzeuge an den Neuzulassungen in Frankreich einen Wert von 14% erreicht – Fachleute hatten behauptet, er werde 12% nie überschreiten –, lasten die antiinflationären Massnahmen mit einem zusätzlichen Gewicht auf der nationalen Automobilindustrie. Die Régie Renault hatte schon im letzten Herbst einen Einstellungsstop verfügt und so die Effektivstärke ihrer Belegschaft auf 59 000 reduziert. Nun muss sie auch die Anzahl der Arbeitsstunden von 48 auf 44 Stunden pro Woche herabsetzen und ihre Werke für zwei Tage im September und Oktober schliessen. Zum ersten Male seit acht Jahren wird das Abkommen auf sozialer Ebene nicht erneuert. Renault stellt jedoch ein Drittel der französischen Produktion der Branche und 40% der Ausfuhren sicher, wobei die Typen Renault 4 und 8 im Verkauf sowohl in Frankreich als auch im Export an der ersten Stelle aller Modelle rangieren.

Pierre Dreyfus fordert in der Öffentlichkeit in verstärktem Masse die französischen und ausländischen Automobilwerke auf, mit Renault zusammenzuarbeiten. Aber die Zeit scheint dafür noch nicht reif zu sein, denn seine Einladung wird mit Schweigen beantwortet. Die Régie nimmt daher allein eine neue Offensive auf. So wird 1964 das Jahr Spaniens, wo Renault seine Anteile an der F.A.S.A., deren Produktion schon 33 000 Einheiten übersteigt, von 16% auf 49% erhöht. Aber es findet sich keine französische Bank bereit, diese Operation zu finanzieren. Der weitblickende David Rockefeller jedoch greift das Angebot der Régie auf: es sind die Bank of America und die Chase Manhattan Bank, die es Renault ermöglichen, diesen neuen Schritt auf dem spanischen Markt zu tun.

Bei einem Treffen mit Finanzminister Valéry Giscard d'Estaing sagte Rockefeller später einmal:

«Die besten Finanzleute von ganz Frankreich haben Sie bei Renault!»

Vier Jahre zuvor hatten sich Dreyfus, Maison und Souleil durch die Gründung der Renault Holding in Zug (Schweiz) das Instrument für ihre internationalen Aktivitäten geschaffen. In Frankreich selbst erlebte Renault seine üblichen Finanzprobleme, welche durch den Angriff auf den amerikanischen Markt und das anschliessende Debakel noch verschärft wurden. Dreyfus zog daraus den Schluss, dass die massiven Auslandsinvestitionen nur im Wege über die internationalen Finanzmärkte fortgesetzt werden könnten. Dazu aber eignete sich die Schweiz mit Abstand am Besten. Ein Jahr lang brütete der Finanzminister skeptisch über dem Renault-Projekt. Eines Tages traf Souleil im Vorzimmer des Ministers ganz zufällig einen befreundeten Beamten und hörte die Nachricht, an die er schon längst nicht mehr zu glauben gewagt hatte:

«Es wird!», sagte dieser, «Euer Projekt ist genehmigt, Giscard hat seine Zustimmung erteilt.»

So entsteht die Renault Holding, eine Filiale ohne Personal, welche durch die Finanzdirektion der Régie von Paris aus geleitet wird. Als simple Holding Company wurde sie nur mässig mit Kapital ausgestattet, sie erhielt von ihrer Konzernmutter insgesamt über die Jahre bloss 114 Millionen Schweizer Franken. Doch sehr bald entwickelte sich die Renault Holding zu einem tüchtigen Bankier für die internationale Expansion der Régie.

Die Filiale vervielfachte ihr verfügbares Kapital durch Ausgabe von Obligationen auf dem Schweizer Markt. Zu Beginn war sie es, welche die Spanien-Operation mit Unterstützung amerikanischer Banken finanzierte. Als man ihr in den Jahren 1967 und 1969 die SOFEXI in Paris als grosse Schwester und die Renault Finance in Lausanne als Cousine flankierend zur Seite stellte, vermochte sie seither noch mehr und noch Besseres zu leisten.

In Billancourt konzentrierte man damals alle Energie auf die Errichtung des künftigen Werkes in Sandouville und auf die Markteinführung des Renault 16. Die Experten der SERI waren mit dem Bau von Sandouville betraut, welcher als Endpunkt der Seine-Achse Billancourt—Flins—Cléon—Le Havre geplant war. Der erste Bulldozer trat im September 1963 auf diesem schweren, sumpfigen Boden in Aktion. Zunächst waren 370 000 Kubikmeter Erde aus dem Kanal von Tancarville herauszubaggern, um die 37 Hektar Gelände aufzufüllen, auf denen das Werk entstehen sollte.

146

Nicht weniger als 2300 Betonpfähle, jeder 10 Meter lang, wurden als Fundament für die zu errichtenden Gebäude in den Boden gegossen. Das Mauerwerk wurde im Laufe des Sommers erstellt, daraufhin begann sofort die Montage der Anlagen. Die ersten Punktschweissungen an in Flins gepressten Teilen für den zukünftigen Renault 16 erfolgten im September, und der erste in der neuen Fabrik zusammengebaute Wagen lief am 2. Januar 1965, zwei Tage vor der Pressevorführung in Juan-les-Pins, vom Fliessband.

Die Fertigstellung des ersten Renault 16 ist ein wichtiges Datum in der Geschichte der Régie. Der erste «grosse» Wagen der Régie, die Frégate, war ein Misserfolg. Der zweite Versuch – Projekt 114 – erblickte nie das Tageslicht. Der dritte Versuch wird nun die Entscheidung bringen. Renault hat zu diesem Zeitpunkt den Ruf, nur Kleinwagen – «Wagen für das Volk» – herzustellen. Sicher hat sich das Bild, das man sich von der Marke Renault gemacht hat, mit dem Erscheinen des Renault 8 Major und des Renault Gordini gebessert, aber die Zukunft als ein Hersteller mit einem breitgefächerten Programm, hängt jetzt allein vom Renault 16 ab. Er wird das Bild bestimmen, das sich die Öffentlichkeit von nun an von der Marke Renault machen wird. Das Werk geht mit einer gewissen Beklemmung in diese Prüfung.

«Bricht an einem Prototyp ein Stift im Werte von 10 Centimes, so geht das nur die Entwicklungsabteilung an», erläutert Yves Georges und fährt fort: «Wenn der Stift aber bei 1000 Serienwagen kaputt geht, wird ein Direktionsproblem daraus!»

Man unternimmt dieses Mal alles Erforderliche, damit «kein Stift mehr bricht». Aber alles ist neu an diesem Wagen: der Motor mit seinem aus Aluminium gegossenen Block, die Wechselstrom-Lichtmaschine, die Vorderachse, die Hinterachse, kurz alles, das Werk und sein Personal mit inbegriffen. Man darf den Stapellauf nicht fehlschlagen lassen und vor allem dem Publikum keinen unerprobten Wagen ausliefern. Beträchtliche Investitionen sind erfolgt, um eine untadelige Qualität beim «16» zu sichern.

Pierre Dreyfus entscheidet aus Vorsicht im letzten Augenblick, noch zwei Monate zu warten: 250 zusätzliche Abänderungen werden an dem neuen Modell vorgenommen, bevor die Serienproduktion beginnt!

Die ersten vom Fliessband laufenden Wagen werden ausschliesslich Mitarbeitern von Renault und Freunden der Régie anvertraut, damit sie noch besser unter normalen Verkehrsbedingungen erprobt werden können. Am 26. April werden endlich 600 Exemplare des Renault 16 an die Vertretungen ausgeliefert, und die ersten Kunden übernehmen ihren «grossen, ungewöhnlichen Renault» zu Beginn des Sommers. Der Wagen findet sofort eine begeisterte Aufnahme. Der Renault 16 ist nicht nur perfekt auf der Strasse, sondern mit seiner

Heckklappe und den umklappbaren Sitzen auch in hohem Masse funktionell angelegt. Er ist so verschieden vom übrigen Angebot und dazu geschaffen, zu überraschen. Und dieser Eindruck ist von Dauer. Die Amerikaner, die in ihm eine Kreuzung zwischen Kombiwagen und Limousine sehen, führen für ihn eine neue Bezeichnung ein, sie nennen ihn *station car, car wagon.* Ein Fahrer, der den Renault 16 ausprobiert hat, schreibt, es ist «das intelligenteste Auto der Welt». Und eine Frankfurter Zeitung bemerkt: «Leider ist es kein deutsches Automobil.»

Die holländische Automobil-Fachzeitschrift, die alljährlich durch eine internationale Jury das «Auto des Jahres» wählen lässt, krönt diesmal den Renault 16 mit diesem Titel vor dem Rolls-Royce Silver Shadow und dem ersten amerikanischen Wagen mit Frontantrieb, dem Oldsmobile Toronado.

Der Journalist Jean-Francis Held, ein Meister der Psychoanalyse des Automobils, aber auch der Männer, die es schufen und jener, die es fahren, drückt auf seine Art jene Begeisterung aus, welche der Renault 16 einflösst:

«Es ist die reine Automobilidee, die die Régie da in die Konkurrenz wirft. Die Wirtschaftler der Renault, die Firmenvirtuosen der Prosperität, haben sehr weit gezielt – auf amerikanische Art und sogar ein wenig darüber hinaus! Sie haben sich als Kenner der Demographie, der Psychologie, als Politiker, vielleicht sogar als Astrologen bewährt. Und die für das Kaufmännische verantwortlichen Männer der Marke haben eine phantastische Gewandtheit bewiesen, um ihre bizarre Idee verständlich zu machen.

Der Renault 16 ist kein Kombi, er ist eine Synthese von Limousine und Kombi, die mit den Vorteilen des Kombis rechnet, um die anderen Limousinen zu torpedieren, aber die Argumente der Limousine beibehält, um die übrigen Kombis über den Haufen zu rennen. Um die Million herum werden sie eine neue gesellschaftlich-wirtschaftliche Dimension erreichen: die der vom Standing Besessenen. So hat man denn für den Renault 16 einen tollen Titel ausgegraben, den er übrigens auch offiziell trägt: Limousine. Warum nicht? Er hat sechs Glasscheiben wie ein Hispano der guten alten Zeit. Welcher grobe Flegel sollte es wagen, vor einer Limousine noch von einem Kombi zu sprechen! Er ist (im wahrsten Sinne des Wortes) ein kleiner Salon auf Rädern mit einem geräumigen, umwandelbaren Kofferraum als Prämie. Reden wir trotzdem nicht zu viel vom hohen Nutzeffekt des 16. Das wäre schlechter Geschmack. So, als erinnerte man den Herrn des Hauses daran, dass er mit nichts angefangen hat, und Alteisen von Tür zu Tür gehend aufsammelte. Er ist praktisch. Aber Ihr Chauffeur kann Sie auch im Renault 16 zu einer Sitzung des Verwaltungsrates fahren. Niemand wird Sie auf dem Fondsitz für eine Standuhr halten ...

Der Markt bestätigt dieses freundliche Urteil: in weniger als einem Jahr werden 65 000 Stück des Renault 16 für den französischen Markt, 11 000 nach Deutschland, 3500 nach Belgien, 3000 nach Holland, 2500 in die Schweiz, Grossbritannien und Schweden geliefert.

Renault hat jetzt seine Lokomotive. Mit dem im Juli desselben Jahres vorgestellten R 10 Major – einem verlängerten «8», dessen Grundzüge den Puristen anstössig erscheinen mögen, der aber die Kundschaft anlockt – hat die Firma mit der Raute als Markenzeichen auch ihr Angebot verbreitert: Es erstreckt sich von nun an vom Renault 4 bis zum Renault 16 über die Dauphine, die verschiedenen Varianten des 8 und des 10 bis zur Caravelle. Die Munition fehlt also nicht im Arsenal der Régie, wo man schon die zukünftigen Prototypen testet: das Projekt 118 einer vom Renault 4 abgeleiteten Limousine, das Projekt 117 eines Mittelklassewagens, der seinen Platz zwischen dem Renault 10 und dem Renault 16 einnehmen wird.

Alles trägt zum Optimismus bei. Die SAVIEM hat ihre Fertigung dezentralisiert, indem sie ihre neuen Anlagen von Blainville bei Caen in Betrieb nahm. Wenn man die Unternehmen in Kanada, Tunis, Costa Rica, Chile und Uruguay hinzurechnet, beläuft sich die Zahl der ausländischen Montagewerke auf zwanzig. Und um nichts zu verderben, ist das sportliche Jahr auch dank dem Renault 8 Gordini gut gewesen; dieser hat bei der Rallye Stuttgart—Lyon-Charbonnières, beim Coupe des Alpes und bei der Tour de Corse Eindruck hinterlassen. Aber vor allem hat sich der Markt gefestigt, und die Resultate gegen Ende 1965 erlauben es, für 1966 mit einem Rekordergebnis zu rechnen.

*

Da Simca unter amerikanische Kontrolle geraten ist, existieren in Frankreich nur noch drei grosse nationale Automobilproduzenten. Seit langem träumt Dreyfus von einer Annäherung an den einen oder anderen.

Seit 1957 hat er öffentlich erklärt:

«Ich denke, dass sich die Beziehungen zwischen den französischen Firmen angesichts der Europäischen Wirtschaftsgemeinschaft noch verbessern könnten!»

Im darauffolgenden Jahr unternimmt Dreyfus den ersten Versuch einer Annäherung an Peugeot. Als er erfährt, dass Maurice Jordan, Präsident und Generaldirektor von Peugeot, an Ischias leidet und das Bett hüten muss, sucht er ihn unter dem Vorwand, sich nach seinem Befinden erkundigen zu wollen, am Boulevard Saint-Germain auf. Es ist eine erstaunliche Begegnung zweier Männer, die sich kaum kennen, deren Ideologie entgegengesetzt ist, die sich aber dennoch schnell nahekommen. Dreyfus greift sofort mit seiner warmen aber festen Stimme an, spricht von den Problemen mit der internationalen Konkurrenz, vom Umfang der Unternehmen, von den notwendigen Assoziationen.

Jordan selbst ist auch ein offener gerader Mann. Die Art und Weise, wie Dreyfus vorging, haben ihm gefallen. Er ist jedoch noch nicht davon überzeugt, dass bedeutende Expansion ein Heilmittel für die Industrie ist; ausserdem stehen zuviele juristische und politische Hindernisse zwischen seinem Unternehmen und der Régie, als dass eine Annäherung der beiden Firmen eine natürliche Entwicklung sein könnte.

Jordan weicht einem Dialog jedoch nicht aus; er lehnt die Einladung, die Pierre Dreyfus, bemüht um ein angenehmes Klima, an Roland Peugeot und die leitenden Herren von Sochaux richtet und die er durch die Werkstätten von Flins führen wird, nicht ab.

Aber es zeigt sich bald, dass Peugeot für eine industrielle Zusammenarbeit noch nicht bereit ist.

«Wir könnten unsere Verkaufsorganisation zusammenlegen», regt Dreyfus an.

Die Produktion von Renault und Peugeot ergänzte sich damals. Dreyfus meint, man solle versuchen, die Dauphine über das Vertriebsnetz von Peugeot zu verkaufen und den Peugeot 403 über die Verkaufsorganisation von Renault.

Jordan ist an diesem Versuch interessiert und wählt Toulouse als Experimentierfeld; während mehrerer Wochen Anfang 1959 findet so die örtliche Bevölkerung Renault-Wagen bei den Händlern von Peugeot und Peugeot-Wagen bei den Vertretern von Renault.

Das Experiment, das sich als positiv erweist, wird jedoch abgebrochen und nicht wieder aufgenommen. Die Gespräche werden aber vier Jahre später inoffiziell und unvermutet von zwei alten Studienkameraden des Polytechnikums, Francis Rougé und Christian Beullac, die jetzt dem Stab von Peugeot beziehungsweise Renault angehören, fortgeführt. Es handelt sich jedoch nur um einen Gedankenaustausch. Aber man spürt, dass sich jeder die gleichen Gedanken über die Grösse der Unternehmen, ihre industrielle und finanzielle Expansion macht. Im Verlauf von einigen Monaten wird der Kontakt zwischen den beiden Männern, deren Landhäuser am gleichen Ort liegen, enger.

An einem Sonntag, Ende 1963, überrascht Rougé wieder einmal Beullac zu Hause und berichtet ihm, dass Peugeot mit Citroën verhandelt.

Ende 1963 geben Citroën und Peugeot bekannt, dass sie ein Kooperationsabkommen geschlossen haben. Im Juli 1964 gründen sie gemeinsam eine Gesellschaft, deren Kapital zu Beginn des folgenden Jahres auf 55 Millionen Francs gebracht wird.

150

Zwischen dieser sich entwickelnden Gruppe und Simca befindet sich die Régie in einer gefährlichen Isolation. Aber die Beziehungen zwischen Peugeot und Citroën sind nicht einfach.

Im Juli 1965 erfährt Dreyfus durch eine Indiskretion, dass das zwei Jahre zuvor abgeschlossene Abkommen die beiden Partner enttäuscht hat und die Versuche, zu einer organischeren Vereinigung zu kommen, nicht vorangehen. Aller Wahrscheinlichkeit nach werden Citroën und Peugeot über den gegenwärtigen Zustand nicht hinauskommen...

Diese Information wird ihm nach den Ferien bestätigt, und Maurice Jordan scheint eine diskrete Einladung an die Régie zu richten, als er in einem anlässlich des Pariser Salons veröffentlichten Interview im Oktober 1965 auf offenbar sybillinische Art, aber schroff erklärt:

«Wenn eine gute Partie einen Heiratsantrag erhält, ist sie nicht notwendigerweise sofort bereit, die Ehe einzugehen, ohne vorher alle möglichen Bewerber bzw. Bewerberinnen kennengelernt zu haben; und wenn eine Partie zu schön ist, kann sie auf der Hut sein, um nicht eines Tages zum Hahnrei gemacht zu werden!»

Dreyfus begreift, die Stunde hat für ihn geschlagen, zum Angriff auf diese «schöne Partie» überzugehen.

Inoffizielle Kontakte werden zwischen Billancourt und der Rue de Berry angeknüpft. Es wird Pierre Dreyfus bestätigt, dass die Gespräche zwischen Maurice Jordan und Pierre Bercot schwierig sind und dass Peugeot tatsächlich bereit sei, neue «Bewerber» zu empfangen.

Christian Beullac und Francis Rougé hatten Freude und Interesse an den Gesprächen zwei Jahre zuvor gehabt. Warum sollte man sie nicht fortführen, um das Gröbste aus dem Weg zu schaffen? Maurice Jordan und François Gautier könnten später mit Pierre Dreyfus zusammenkommen, um bereits geklärte Probleme noch einmal allgemein zu besprechen.

«Es soll nicht so sein, dass sie gezwungen sind, nein zu sagen!» haben die beiden Abgesandten vereinbart.

Anfang Dezember 1965 ruft Pierre Dreyfus Beullac zu sich:

«Rufen Sie Rougé an», sagt er zu ihm, «sprechen Sie mit ihm und halten Sie mich auf dem laufenden!»

Rougé und Beullac treffen sich nun regelmässig bei Whisky im Restaurant L'Orée du Bois. Bei Renault sind nur drei Personen in das Geheimnis eingeweiht: natürlich Pierre Dreyfus, sein Generalsekretär Bernard Vernier-Palliez und Christian Beullac, der seine Gespräche mit Rougé dem Inhalt nach zusammenfasst. Dreyfus versieht diese Resümees, die er sorgfältig durcharbeitet, mit seinen Randbemerkungen und hält nur die Punkte fest, die ein Abkommen ermöglichen. Bei Peugeot geht man auf die gleiche Weise vor, dort unterbreitet Rougé seine eigenen Notizen Jordan und Gautier, wonach die beiden Parlamentarier sich ihre entsprechenden Papiere zusenden. Sie begreifen, einer wie der andere, dass in diesem genau geregelten Szenarium alles, was von dem einen an den anderen gerichtet ist, das offizielle Imprimatur der zuständigen Generaldirektion erhalten hat. Aber sie haben sich auch untereinander geeinigt, «dass diese Unterredungen niemanden verpflichten».

Die Unterredungen werden jedoch von den beiden Präsidenten mit Leidenschaft verfolgt. Für einige Wochen überlassen sie ihren Abgesandten allein die Sorge um die Gespräche. Beullac und Rougé sondieren vollständig das Terrain und packen so nach der Grundidee von Pierre Dreyfus das Problem am rechten Ende an. Da nicht die Rede davon sein kann, die beiden Unternehmen auf organische Weise zu verbinden, da es unmöglich ist, sie auf finanziellem und kaufmännischem Gebiet zu «vermählen», muss man die Ehe auf technischem und industriellem Gebiete eingehen.

Roland Peugeot und Pierre Dreyfus sind sich darüber einig, als sie sich Ende Februar gemeinsam zur Einweihung des Montagewerks von Saint-Bruno bei Montreal begeben, wo gleichzeitig der Peugeot 404 und die Typen Renault 8 und 10 montiert werden.

Während sich die Photographen schussbereit machen, wendet sich Roland Peugeot lächelnd zu Pierre Dreyfus, der ihm nicht von der Seite weicht.

«Ich wette, Sie lassen sich nicht in einem Peugeot photographieren!»

«Warum nicht?», antwortet Pierre Dreyfus und nimmt neben Roland Peugeot auf dem Beifahrersitz Platz.

Dieser flüstert seinem Nachbarn witzelnd ins Ohr:

«Mein Lieber, das also ist das Photo des Ehebruchs. Sie wissen schon, wem ich das schicken werde!»

Nach Paris zurückgekehrt, wird Dreyfus an den Sitz von Peugeot in die Rue de Berry zum Mittagessen eingeladen. Dort findet er sich dem kompletten Vorstand, verstärkt durch einige Verwaltungsratsmitglieder, gegenüber.

Für Pierre Dreyfus, der allein gekommen ist, um seine Sache vorzutragen, wird die Begegnung zu einem regelrechten Examen.

«Stellen Sie sich vor, es käme wieder eine Front Populaire! (Koalitionsregierung der Kommunisten und Sozialisten)», sagt Jordan, «das wäre schrecklich!»

«Beschliessen wir doch, niemals Politik zu machen, nicht einmal metaphysisch», schlägt Dreyfus vor. «Falls Frankreich tatsächlich dieser Richtung zuneigen sollte, so ist dies die Sache des französischen Volkes. Man wird dann schon sehen...»

Beunruhigt zögert Jordan offensichtlich, sich überzeugen zu lassen. Nicht er ist es, der die Diskussion vorantreibt. Er lässt sich nicht leicht überreden, dass eine Verbindung mit einem verstaatlichten Unternehmen gangbar und gefahrlos sei, dass die politischen Probleme aus dem Titel einer eventuellen Annäherung überwindbar seien. Immerhin, beim Café sieht es so aus, als könnte man zu einem Übereinkommen gelangen.

Von nun an schlägt Dreyfus des öfteren den Weg zur Rue de Berry ein... und lässt sich ein Privatbüro im letzten Stock des neuen Gebäudes von Renault an den Champs-Elysées einrichten, um dort diskret Besucher empfangen zu können, die es wünschen, nicht in Billancourt gesehen zu werden.

Das Abkommen steht in Aussicht. Es ist den beiden Parteien gelungen, untereinander ein Klima des Verständnisses und Vertrauens herzustellen. Um sicher zu gehen, dass die öffentlichen Gewalten nicht in letzter Minute einen Einwurf erheben, muss Dreyfus die Regierung über seine Verhandlungen informieren. Es ist jedoch wesentlich, dass das Geheimnis gewahrt bleibt, dies um so mehr, als gewisse hohe Beamte zur selben Zeit ein unbestimmtes und theoretisches Projekt einer Vereinigung zu dritt von Renault, Peugeot und Citroën studieren.

Es soll *L'Automobile de France* heissen und man regt sogar an, dass nach dieser Umgruppierung nur noch Citroën und Peugeot Automobile bauen sollen, während Renault die Rolle eines Lieferanten von Ersatzteilen zugedacht ist!

Dreyfus will gewiss nicht die Aufmerksamkeit auf die viel ehrgeizigeren Verhandlungen lenken, die er mit Peugeot führt, aber er kann nicht umhin, seinem Finanzminister Michel Debré darüber Rechenschaft abzulegen; er trifft ihn, bevor er von de Gaulle im Elysée empfangen wird.

«Wir führen Verhandlungen mit Peugeot», erklärt er dem Staatschef. «Der Finanzminister wird Sie auf dem laufenden halten, sobald die Dinge reif zur Entscheidung geworden sind.»

«Sie wollen also ein Monopol schaffen», entgegnet der General heiteren Tones.

«Nein, mon Général, wir wollen uns nur gegenseitig unterstützen, um eine französische Gruppe von internationalem Format zu bilden. Frankreich bleibt, wohlverstanden, jeder Konkurrenz offen!»

«Machen Sie das nur!» sagt de Gaulle.

Das Geheimnis der Verhandlungen bleibt gut gewahrt. Peugeot öffnet den Weg, indem es im März 1966 sein Abkommen mit Citroën kündigt, dann weiht man die Juristen der beiden Gesellschaften ein, die sich mit ihren Präsidenten an einem Samstagmorgen im April 1966 bei dem Vorsitzenden der Anwaltskammer, Crespelle, dem juristischen Berater von Peugeot, treffen, um die letzte Hand an den Text des Abschlussprotokolls zu legen. Man verfasst auch wechselseitige Gegenschreiben und setzt das Datum fest: das Assoziationsabkommen wird am folgenden Samstag, dem 22. April, veröffentlicht, da das Wochenende für eine derartige Veröffentlichung wegen

Schliessung der Börse günstig ist. Und dann besuchen sich von der folgenden Woche an die technischen Generalstäbe der beiden Firmen und sagen und zeigen einander alles. Indem der eine vom andern alles weiss und auf fünf Jahre hinaus die Pläne eines jeden kennt, indem man die beiden Unternehmen von der Basis an einander näherbringt, das heisst durch ihre Entwicklungsabteilungen, macht man die Assoziation unwiderruflich. Es bleibt nun nur noch übrig, sich im «Vormarsch» als Assoziierte zu erweisen, die Rechtsgrundlage im Handeln zu schaffen.

Am Montag, dem 17. April, wird Marc Ouin, der Direktor für auswärtige Beziehungen bei Renault, unterrichtet und beauftragt, mit dem entsprechenden Herrn von Peugeot das Kommuniqué abzufassen, das Ende der Woche veröffentlicht wird. Am Freitag, dem 21., am Vorabend der Assoziation, werden die Direktoren der beiden Unternehmen ihrerseits verständigt. Die Presse wird am Freitagabend zu einer wichtigen Pressekonferenz einberufen, die am folgenden Nachmittag im Pavillon von Armenonville im Bois de Boulogne stattfindet, kurz nachdem die Verwaltungsräte und Werksausschüsse der beiden Firmen selbst von dem Abkommen in Kenntnis gesetzt wurden. Die Journalisten, die nichts von dem Grund dieser Versammlung wissen, folgen fluchend der Einladung: es ist ein schöner, sonniger Tag, ein wunderbarer Frühlingsnachmittag, der zum Nichtstun, nicht aber zur Arbeit einlädt. Doch die Anwesenden werden es nicht bedauern, gekommen zu sein.

Neben Georges Glasser, dem Abgeordneten der Direktion von Peugeot sitzend, verliest Marc Ouin das Kommuniqué, das wie eine Bombe einschlägt:

Die Régie Nationale des Usines Renault und die Société Industrielle et Commerciale des Automobiles Peugeot geben ihre Assoziation bekannt, deren Protokoll am heutigen Tage von den Verwaltungsräten gebilligt worden ist.

Der Statutenunterschied der beiden Firmen hat zu dieser originellen Form einer Assoziation geführt, die auf einigen von den Unterzeichnern im voraus genau definierten Grundprinzipien aufgebaut ist:

● der Respektierung der Integrität ihrer jeweiligen Struktur und ihres Statuts;

● der Ausarbeitung gemeinsamer Entscheidungen auf einer Ebene strikter Parität;

● der Aufrechterhaltung ihrer völligen finanziellen Autonomie;

● der völligen Unabhängigkeit ihrer kommerziellen Verkaufsorganisationen in Frankreich, mit dem Bestreben gegenseitiger Unterstützung im Ausland.

Dieses im Rahmen der allgemeinen Konzentrationsbewegungen der grossen französischen industriellen Gruppen entworfene und von den

öffentlichen Gewalten ermutigte Abkommen soll den beiden Automobilpro-
duzenten aufgrund einer fortschreitenden Harmonisierung ihres jeweiligen
industriellen Potentials eine enge und dauernde Zusammenarbeit im
weitesten Umfang und eine Verstärkung ihrer internationalen Position
durch die Ausarbeitung und progressive Verwirklichung einer gemeinsam
festgelegten Politik ermöglichen.

Die ersten Ziele der beiden Unternehmen sind:

● *Eine enge Zusammenarbeit untereinander auf dem Gebiet der*
wissenschaftlichen Forschung und gemeinsame Studien zur industriellen
Entwicklung.

● *Ihre Investierungen zu rationalisieren, ihre Produktionsbedingungen*
zu verbessern und dabei die Kontinuität der Beschäftigung ihres Personals
sicherzustellen.

● *Eine gemeinsame Politik für den Kauf von Bedarfsgütern und*
Ausrüstungsmaterialien zu betreiben.

● *Diese auf vollem gegenseitigen Vertrauen gegründete evolutive*
Assoziation soll eine optimale Entwicklung der industriellen Gruppe, die die
beiden Produktionsunternehmen darstellen, unter Berücksichtigung des
persönlichen Charakters der beiden Partner gestatten.

In den Kommentaren, die gleichzeitig den Journalisten überreicht
wurden, ist bereits die Möglichkeit von noch weiterreichender
Zusammenarbeit angedeutet. Ebenso wird darauf hingewiesen, dass
eine Kollaboration mit einem oder mehreren anderen Automobilwer-
ken ins Auge gefasst werden könnte, falls sich die Assoziation als
Erfolg erwiese.

Das Industrieministerium ist ebenso überrascht wie die übrige
Welt, doch lässt man sich das nicht anmerken. Man will dort den
Erfolg auf die eigenen Fahnen schreiben und veröffentlicht ein
Kommuniqué, welches präzisiert, dass diese Assoziation bloss ein
erster Schritt sei. Ohne es auszusprechen, will man zu verstehen
geben, dass Citroën sich den beiden Assoziierten anschliessen könne.

«Ab nächster Woche», so erklären Ouin und Glasser, «wird der
technische Generalstab von Renault in La Garenne von Peugeot
empfangen werden und die Ingenieure von Peugeot werden das
Forschungszentrum von Renault in Rueil besuchen. Wir werden
einander alles zeigen.»

«Eine geniale Idee», sagen die einen. «Es war das einzige Mittel für
Renault, aus der Isolierung herauszutreten, zu der ihre Satzung die
Régie verurteilte.»

«Das wird nie gehen», sagen die anderen. «Man kann nicht ohne
eine finanzielle Bindung zusammenarbeiten!»

Zur Stunde, da die gesamte Pariser Automobil- und Industriewelt
die unglaubliche Nachricht der Assoziation zwischen der verstaatlichten und damit einem sozialistischen Experiment verpflichteten

Régie Renault und dem erzkapitalistischen Familienunternehmen Peugeot kommentiert, befindet sich Pierre Dreyfus auf dem Lande in seinem Garten in der Normandie.

Er geniesst völlig beglückt den Frieden dieses Samstagnachmittags und gibt sich seiner Lieblingsbeschäftigung hin: er tut nichts und sieht dem Wachsen der Bäume zu.

Bei den 24 Stunden von Le Mans gewinnt der Renault-Prototyp mit den Fahrern de Lageneste und Morrogh die Verbrauchsindexwertung vor einem weiteren Renault Alpine (Masson-Zeccoli) und dem Gesamtsieger Guichet-Vaccarella auf Ferrari. Der Alpine-Renault bestreitet die 24 Stunden mit einem Durchschnitt von 163,374 km/h.

Flucht nach vorn

Am Morgen öffnet das Allerheiligste von La Garenne in der Pariser Bannmeile seine gepanzerten Tore den Sondergesandten der Régie. Am Nachmittag werden die gut bewachten Gitter von Rueil geöffnet, um die Ingenieure von Peugeot einzulassen.

«Ein phantastischer, wunderbarer Tag», sagt später Christian Beullac.

Er hat den Mann, der sein Nachfolger in der Fertigungsleitung sein wird, Aimé Jordan, weinen sehen, als er ihm mitteilte, dass Renault und Peugeot von nun an Hand in Hand arbeiten werden. Jordan hat seine ganze Kindheit in Montbéliard verbracht, wo sein Vater nie einen anderen Arbeitgeber als Peugeot hatte. Aimé Jordan selbst begann bei Renault als Elektriker. Er hat dann das Fliessband verlassen, um sein Studium an der Ecole des Arts et Métiers wieder aufzunehmen. Und dann ist er als Ingenieur in die Fabrik zurückgekehrt und stieg in der Hierarchie auf. Als Kind bei Peugeot, als Erwachsener bei Renault, kommen ihm bei der Ankündigung des Abkommens die Tränen: endlich hat sein Leben eine Einheit.

Aber er allein weint und das auch nur vor Freude. Die Spezialisten, die sich vor den Zeichnungen, den Plänen, den Motoren und den geheimsten Prototypen, die jede Gruppe vor der anderen mit Leidenschaft kommentiert, wiederfinden, sind oft Studienkameraden gewesen.

Sie lernen schnell, Ellbogen an Ellbogen zu arbeiten. Man bleibt Peugeot und man bleibt Renault, aber man schafft von nun an am Erfolg eines grösseren Ganzen, an der Zukunft einer Gruppe, deren Vereinigung die beste Versicherung gegen die Stürme der internationalen Konkurrenz darstellt.

Dreyfus erinnert daran:

«Nichts ist je endgültig in der heutigen Welt gewonnen. Auf Zeiten des Fortschritts folgen unvermeidlich Zeiten, in denen die gleichen Anstrengungen nicht notwendigerweise den gleichen Lohn finden werden.»

Glücklicherweise bläst ein guter Wind damals in die Segel der beiden Gesellschaften und treibt ihre Flotten auf das hohe Meer. Die Expansion erleichtert in grossem Masse die Bemühungen gemeinsamer Seefahrt.

1966 ist ein neues Rekordjahr für Renault, so wie es alle folgenden Jahre sein werden. Das Modellangebot wurde erweitert, das Marken-Image durch die unternommenen Qualitätsanstrengungen und das Erscheinen des Renault 16 verbessert, die Verkaufsorganisation im Ausland konsolidiert, der Ausbau von Montagewerken jenseits der Grenzen vorangetrieben, neue Tochterunternehmen wurden errichtet und schliesslich gelang auch noch der Durchbruch im Osten. Dies alles bedeutete für Renault einen neuen Höhenflug.

Die sportlichen Siege versinnbildlichen gleichfalls diesen Frühling. In Le Mans triumphiert Alpine Renault wieder einmal im Leistungs-Index mit Cheinisse-de Lageneste, die vor Vinatier-Bianchi und Verrier-Bouharde ans Ziel kommen. Vier von sechs gestarteten Wagen befinden sich unter 15 gewerteten Fahrzeugen am Ziel. Aber vor allem ist es das erste Mal, dass ein Wagen von 1300 cm³ – gesteuert von Mauro Bianchi – die Wette gewonnen hat, den Durchschnitt von 200 km/h im Rennen zu überschreiten! Das Jahr ist auch durch den neu eingeführten Renault-Gordini-Pokal gekennzeichnet, der sich als eine bemerkenswerte Bewährungsprobe für die jungen französischen Piloten, aber auch für die Marke erweist.

Seit langen Jahren erhofft und vorbereitet, verwirklicht sich endlich der Durchbruch im Osten. Die ersten Zeichen einer nahen Öffnung sind seit 1964 zu spüren. Renault hat nach Ostdeutschland Werkzeug zum Bau von Lastwagen-Fahrerhäusern und Karosserien geliefert. Mit Jugoslawien wurde ein Vertrag für die Lieferung von 14 000 Wagen in fünf Jahren abgeschlossen. 3000 Renault 10 wurden ferner nach Rumänien geliefert, wo die S.E.R.I. darüber hinaus 1965 einen ersten Engineering-Kontrakt zur Fertigung von Jaeger- und Ducellier-Elektroapparaten für eine Fabrik abgeschlossen hat.

Ein erstes Abkommen zum Bau eines Montagewerks wird mit Bulgarien unterzeichnet, das von 1966 an zur Montage von 150 Renault 8, des «Bulgarenault», schreitet und das später den Bau des einzigen in Osteuropa montierten Sportwagens, des «Bulgaralpine», unternimmt.

Renault hat sich vorab am Bau eines Kundendienst- und Werkstattnetzes in Plovdiv, Varna, Pleven und Gabrovo beteiligt.

Pierre Dreyfus ist schon 1962 von Kossygin im Kreml empfangen worden. Durch die Fenster des weiträumigen Büros von Kossygin hat Dreyfus die breiten Moskauer Zufahrtstrassen beobachten können, auf denen nur einige wenige Lastwagen verkehrten:

«Eines Tages», so sagt er zu dem sowjetischen Ministerpräsidenten, «werden diese Prachtstrassen zweifellos voll von Autos sein!»

«Im Augenblick», antwortet Kossygin, «bin ich vor allem darauf bedacht, diese leeren Lastwagen zu füllen und unsere Warentransporte sicherzustellen.»

Es war die Epoche, in der Chruschtschow erklärte:

«Wenn die Sowjetbürger eines Tages Wagen wollen, werden sie sie mieten. Wir werden die Verschwendung, die im Westen Brauch ist, nicht übernehmen.»

Aber die Zeiten haben sich geändert, und Italien, das seit 1962 bedeutende Tauschgeschäfte mit der UdSSR vornimmt, bei welcher die Gruppe Mattei einen guten Teil ihres Erdöls kauft, hat im April 1966 den Baukontrakt für ein riesiges Automobilwerk in Togliattigrad abschliessen können. Sechs Monate später unterzeich-

Seite an Seite unterzeichnen François Gautier (rechts), Präsident und Generaldirektor von Peugeot, sowie Pierre Dreyfus, Präsident und Generaldirektor von Renault, ein industrielles Kooperationsabkommen mit der Sowjetunion.

net die Régie Renault ihrerseits das Protokoll eines Abkommens zur Modernisierung und Entwicklung der sowjetischen Autoindustrie. Die darin geforderten Lieferungen für Ausrüstung und Maschinen belaufen sich auf 250 Millionen Francs. Sie erreichen am Ende den dreifachen Betrag von dem, was zunächst vereinbart gewesen ist, und Renault errichtet beziehungsweise modernisiert drei Fabriken für den Moskvich in Ijvest, Ufa und Moskau (AZLK).

Gleichzeitig wird in Bukarest ein Vertrag unterzeichnet, demzufolge Renault in Pitesti (Rumänien) eine zur Herstellung des zukünftigen Renault 12 bestimmte Fabrik erstellt, deren Autos in Rumänien unter der Bezeichnung «Dacia 1300» bekannt werden. Dieses Werk erreicht eine Kapazität von 40 000 Wagen pro Jahr und fertigt für Renault die Schaltgetriebe und Vorderachsen für die Estafette.

Ein Abkommen mit der Einkaufszentrale der DDR sieht die Lieferung von Automaten zur Bearbeitung von Zylinderköpfen für einen Betrag von 6 Millionen Francs vor.

In Ungarn wird die S.E.R.I. Projektleiter für die Einrichtung einer Fabrik zur Herstellung von Dieselmotoren nach Lizenz von MAN in Györ, deren Werkzeugmaschinen von der Régie geliefert werden.

Rotchina endlich, das schon 1964 Werkzeugmaschinen zur Herstellung von Zylinderköpfen gekauft hat, erneuert seinen Auftrag im Jahre 1966 für den gleichen Betrag von einer Million Francs.

Bei allen die Montage ihrer Modelle im Osten betreffenden Verträgen legt die Régie grosse Vorsicht an den Tag. Wenn Fiat in der Tat seinen Partnern freie Hand lässt, alle Wagen wie sie wünschen nach dem Westen weiter zu exportieren, so begrenzt Renault diese Berechtigung auf 10% der Produktion des Vorjahres, wobei die Verkäufe zwangsläufig über die jeweilige Renault-Verkaufsorganisation erfolgen müssen. So kann man eine mögliche Bumerangwirkung unter Kontrolle halten und es können die zukünftigen Verkaufspreise der im Osten gefertigten und montierten Renaultwagen in den westlichen Ländern kontrolliert werden.

Gewisse Leute fragen sich jedoch, ob Renault nicht den Zauberlehrling spielt, indem sie durch ihre Aktion im Osten das Auftreten möglicher Konkurrenten anregt und sich zukünftige Absatzmärkte verschliesst.

«Durchaus nicht», antwortet Pierre Dreyfus. «Jedenfalls wären andere glücklich gewesen, in unserer Abwesenheit die von Renault und Fiat abgeschlossenen Verträge zu unterzeichnen. Die Öffnung des Ostens ist offenbar eine Wette auf die Zukunft. Wir haben uns unsererseits die Tore öffnen wollen. Der Tag wird kommen, an dem sich der Warenaustausch vervielfältigen wird. Der Osten wird Erzeugnisse exportieren, die uns fehlen, aber er wird auch Automobil-Typen importieren, die er nicht selbst herstellt. Dann werden wir einen Vorteil haben, nämlich den, auf diesen neuen Märkten bereits anwesend zu sein!

Diese Orientierung ist vielleicht die grosse Chance der Zukunft!»

Renault denkt ausschliesslich an die Zukunft: so werden Abkommen mit Péchiney-Saint Gabin für die Forschung auf dem Sektor Kunststoffe, mit der C.S.F. und mit dem Petroleum-Institut für die Entwicklung von Brennstoffzellen geschlossen.

738 000 Fahrzeuge – die Produktion der SAVIEM nicht mit inbegriffen – werden im Jahre 1966 von Renault ausgeliefert, davon 330 000 in das Ausland. Damit wurden alle bisherigen Rekorde gebrochen. Sie werden im folgenden Jahr erneut verbessert, indem sich die gesamte Produktion auf 777 000 Einheiten und die Exporte auf 380 000 erhöhen. Die Belegschaft erreicht damals die Zahl 67 000, nähert sich also merklich derjenigen von 1959/1960, jedoch ist die Fertigung um die Hälfte erhöht worden.

Die Produktion allein der spanischen Niederlassung der Gruppe erreicht mit 69 000 Wagen 1967 die Gesamtproduktion von Renault im Jahre 1939. Die Régie hat mit dem Renault 10 in den Vereinigten Staaten wieder ein Absatzgebiet gefunden, in der Erwartung, dort den Renault 16 einzuführen.

Sie hat nach dem Rückkauf der Aktienmehrheit von Willys Overland do Brazil durch Ford ihre brasilianischen Anteile wieder verkaufen müssen, aber sie hat das freigewordene Kapital zur Übernahme der Kontrolle von I.K.A. Kaiser in Argentinien verwendet.

Sie erntet auch die Früchte ihrer kaufmännischen Investitionen im Ausland. Der Prozentsatz der von Renault im Rahmen der Europäischen Wirtschaftsgemeinschaft erreichten Neuzulassungen beläuft sich auf 10% in Belgien, 7,7% in den Niederlanden, 5% in Deutschland, 1,6% in Italien, wo die Régie dabei ist, wieder eine Verkaufsorganisation aufzubauen. Renault schafft ferner 20,6% Marktanteil in Spanien, 6,3% in der Schweiz, 4,8% in Schweden, 3,6% in Norwegen und 1,6% in Grossbritannien.

Autos der Marke Renault werden auf allen Kontinenten montiert: Allein fünf Montagewerke befinden sich in Europa, eines in Kanada, neun in Lateinamerika, fünf in Afrika, zwei in Ozeanien, eines in Asien – in Erwartung derer, die in Rumänien und im malaiischen Archipel entstehen werden. In einem einzigen Jahr werden so 210 000 Fahrzeuge ausserhalb Frankreichs hergestellt oder montiert.

Ein anderes positives Zeichen: die Investitionen haben sich in zwei Jahren mehr als verdoppelt, und sie erreichen 1957 einen Gesamtbetrag von 552 Millionen Francs.

Renault und Peugeot arbeiten aktiv zusammen, selbst wenn die Ergebnisse ihrer Assoziation noch keine sichtbaren und spektakulären Formen annehmen. Alle neuen Patente werden schon gemeinsam angemeldet, die Herstellung bestimmter Teile – Triebwerkelemente, Zylinderkopfdichtungen – erfolgt gemeinsam und es werden Pläne für Investitionen aufgestellt, die die beiden Firmen zusammen und zu gleichen Teilen vornehmen werden.

«Wir müssen das Stadium unserer gegenwärtigen Produkte überschreiten», sagt Pierre Dreyfus, «und auch das jener, die im Entstehen begriffen sind, um uns über die Produkte zu einigen, die heute erst studiert werden. Die Auswirkungen dieser Politik auf die Modellreihe von Renault und Peugeot werden also nicht vor einem ziemlich fernen Zeitpunkt, im besten Falle in fünf oder sechs Jahren, zu spüren sein. Ich habe die berechtigte Hoffnung, dass wir eines Tages – einer für den anderen – über 25% der für unsere Fahrzeuge benötigten Komponenten herstellen werden.»

*

Die Weiterentwicklung von Renault wird im März 1968 durch den Stapellauf des Renault 16 TS – mit einem neuen Motor von 1565 cm³

Anlässlich der Pariser Saloneröffnung im Oktober 1968 beglückwünscht General de Gaulle Pierre Dreyfus und Jean Rédélé zu den beiden grossen Le Mans-Erfolgen von Alpine-Renault. Man gewann sowohl den Verbrauchsindex als auch den Leistungsindex.

und der «europäischen» Höchstgeschwindigkeit von 160 km/h unterstrichen, als sich das erste Donnergrollen des Monats Mai vernehmen lässt.

Das im Quartier Latin entstandene Gewitter überzieht rasch Billancourt und den Rest des Landes. Einen ganzen Monat lang, von Ende Mai an, stehen alle Maschinen still, die Tore der Fabriken sind geschlossen. In den Fabriken kampieren die Streikenden an ihrem Arbeitsplatz, draussen ruft eine aufgeregte Jugend die Arbeiter zur Revolution auf.

Nach dem, was Frankreich mit liebenswürdigem Euphemismus «les événements» (die Vorfälle) zu nennen beliebt, zieht man die Bilanz. Das allgemeine Produktionsniveau ist in der Automobilindustrie im Verhältnis zum Juni 1967 um 60% zurückgegangen. Renault allein hat einen Produktionsausfall von 76 000 Wagen, nahezu 10% des Jahresprogramms, zu verzeichnen. Die unter schwierigen Verhältnissen durch Georges Reber, den Personaldirektor, ausgehandelten Abkommen, die der Wiederaufnahme der Arbeit vorausgehen, haben die Lohn- und Sozialasten in beträchtlichen Proportionen anwachsen lassen. Die Gesamtheit des Personals von über 55 Jahren wird monatlich entlohnt, die Arbeitswoche wird um eine Stunde herabgesetzt. Und die automatische Anwesenheitskontrolle, die schon im Jahre zuvor in Flins, Cléon und Le Mans abgeschafft worden ist, verschwindet gleichfalls in Billancourt, indessen die Gewerkschaftsrechte im Unternehmen offiziell anerkannt werden.

Renault gibt nach, bricht aber nicht zusammen. Der vorherrschende Optimismus und die Kampfeslust haben bei Pierre Dreyfus gleich wieder die Oberhand:

«Wir haben zu viele Krisen glücklich überstanden, als dass wir mit einer schwarzseherischen Haltung in die Zukunft gingen!» verkündet er laut. Wir werden die Karte der Expansion gründlich ausspielen, unsere Effektivstärke erhöhen und so versuchen, den verlorenen Boden wiederzugewinnen, uns noch mehr verschulden, um zu investieren. Die einzige Lösung für uns ist die Flucht nach vorn.

Kein einziger Wagen liegt mehr auf Lager, die Erdölleitungen sind trocken, und Dreyfus ist hin- und hergerissen zwischen seinem Wunsch, die ausländischen Märkte zu bedienen und der Notwendigkeit, einen Deich gegen die Importe aufzurichten: im August 1968 haben diese ein Drittel des französischen Marktes an sich gerissen.

«Unser Anteil am deutschen Markt war vor den Vorfällen auf 7% angestiegen», bemerkt Dreyfus; «er beträgt nur noch 5,5%. Man kann natürlich nicht mit unregelmässigem Einsatz auf den ausländischen Märkten arbeiten!»

Das Werk macht eine ungeheure Anstrengung, um die Zeit, das Geld und die Produktion, die verlorengegangen sind, wieder hereinzuholen. Es beendet das Jahr mit einer noch höheren Produktion als im vorangegangenen Betriebsjahr: mit 807 000 Renault-Fahrzeugen, 836 000, wenn man die von der SAVIEM gelieferten Nutzfahrzeuge mit einberechnet. Aber das Investitionsprogramm, das einen neuen Sprung vorwärts machen und sich auf 750 Millionen Francs belaufen sollte, bleibt bei ein wenig mehr als 540 Millionen stehen.

«Im Laufe der letzten zehn Jahre», so stellt Pierre Dreyfus fest, «haben die französischen Automobilproduzenten zweieinhalb mal weniger als ihre ausländischen Konkurrenten investiert. Wir sind unsererseits immer der Auffassung gewesen, dass die Eigenfinanzierung wenigstens 70% unserer Investitionen decken müsste. Aber zweifellos müssen wir uns von nun an noch mehr verschulden, selbst wenn die Verschuldung im Gewicht der finanziellen Lasten, das sie mit sich bringt, ihre Grenzen findet. Deshalb haben wir alle unsere Investitionspläne aufrechterhalten, wissen aber, dass diese Einstellung vielleicht nicht von Dauer sein kann!»

Flucht nach vorn... Renault und Peugeot stürzen sich zusammen ins Kampfgewühl.

Sie haben sogar versucht, Citroën für ihre Assoziation zu gewinnen, als sie von den Verhandlungen zwischen Fiat und Citroën Wind bekommen haben. Pierre Dreyfus und François Gautier haben daraufhin dem Ministerpräsidenten Maurice Couve de Murville eine «französische Lösung» vorgeschlagen.

«Wir sind bereit, mit Citroën zusammenzugehen», haben sie erklärt.

Aber François Michelin hat dieses Entgegenkommen abgelehnt.

Gemeinsam flüchtend, um sich vor dem Juni-Gewitter unterzustellen, beschliessen Renault und Peugeot zusammen in Douvrin-la-Bassée, im Norden, eine Motorenfabrik zu bauen. Sie gründen zu diesem Zweck ein Tochterunternehmen mit neutralem Namen, La Société Française de Mécanique, mit einem Kapital von 50 Millionen. Die Abteilung Renault-Marine wird die ausschliessliche Vertriebsorganisation für die Marine-Dieselmotoren, die von Indenor-Peugeot hergestellt werden, übernehmen. Die Assoziation weiht ausserdem die neue Teststrecke von Felchamp im Département Doubs ein, auf deren 3,46 km langer Piste die beiden Firmen von nun an die Dauer- und Sicherheitstests ihrer Modelle durchführen. Die Renault-Teststrecke von Lardy, die ausgebaut wurde, wird nun ebenfalls von Peugeot benutzt.

Im Rahmen der Assoziation werden von jetzt an die Studien und Versuche von automatischen Schaltgetrieben durch eine gemeinsame Abteilung durchgeführt. Die Abteilung für Physiologie und jene für fortgeschrittene Studien, die gleichfalls für die beiden Gesellschaften arbeitet, ist im Studienzentrum von Peugeot, in La Garenne-Colombes, untergebracht.

Auf eigene Rechnung beschliesst Renault, die Leistungsfähigkeit seiner Fabrik von Sandouville vor 1970 zu verdoppeln und in Douai im Norden eine Karosserie-Montagefabrik zu errichten. Dieses fieberhafte Rennen nach Investitionen hört bei weitem nicht auf. Während im Jahre 1969 die Fundamente für die Fabrik von Douvrin gelegt werden, geben Renault und Peugeot bekannt, dass sie ganz in der Nähe ein Werk zur Herstellung von automatischen Triebwerken bauen werden. Es wird auf einem Gelände von 80 Hektar in Bruay-en-Artois errichtet.

Ferner übernehmen die beiden Firmen eine Minderheitsbeteiligung am Karosserie-Werk Chausson, das zusammen mit ihnen ein Werk für Zusammenbau, Lackierung und Endbearbeitung in Maubeuge, ebenfalls im Norden, erstellt.

Dann übernehmen Renault und Peugeot die Kontrolle des Montagewerks Brissonneau und Lotz in Creil, das seit vielen Jahren die Spezialfahrzeuge und die letzten Wagen einer Serie von Renault montiert.

Und dann...

Die Flucht nach vorn nimmt kein Ende. Aber es ist eine siegreiche Flucht, von der es unmöglich ist, alle Zielpunkte anzuführen.

Ein historisches Ziel: zum 70. Geburtstag der Marke lässt Renault 1968 auf den Champs-Elysées die Geschichte der Firma vorbeidefilieren, angefangen mit dem Vierrad von 1898 bis hin zum jüngsten Kind, dem Renault 8 S – einer sportlichen, kanarienvogelgelben Variante des «8» – und dem Renault 6, der Krönung des Projekts 118, die dem Renault 4 einen «Bruder» in Limousinenform beschert.

Sportliche Ziele: Gérard Larrousse am Steuer eines Alpine Renault verliert einen schon sicher erscheinenden Sieg bei der Rallye Monte Carlo 1968 an Porsche nur deshalb, weil einige traurige Spassvögel in vereistem Schnee die Strecke sperren. Aber der Alpine Renault und der Renault 8 Gordini holen sich bei der Rallye «Neige et Glace» in Lyon-Charbonnières, bei den Rallyes in Marokko, in der Tschechoslowakei, in Polen, beim Coupe des Alpes, bei der Tour de Corse und beim Kriterium der Cevennen den Sieg; Vinatier, Larrousse, Andruet und Nicolas teilen sich in die «Ernte».

Ein anderer Höhepunkt: Andruet-Nicolas triumphieren beim Leistungsindex in Le Mans mit dem bescheidensten der beteiligten Wagen, einem Alpine mit einem Renault Motor von 1005 cm³, während die Alpine Renault von Thérier-Tramont, Le Guellec-Serpacci und Wollek-Ethuin die drei ersten Plätze im Energieverbrauchsindex belegen. Der «schnellste Liter Kraftstoff» läuft immer aus den Fässern von Renault oder genauer aus den Pumpen von Elf – wobei die beiden Gesellschaften ihre technischen und finanziellen Mittel zusammengelegt haben, um die Erfolgsliste der Régie zu verlängern.

Industrielle Ziele: Man feiert im Jahre 1969 gleichzeitig die Fertigstellung des zweimillionsten Renault 4 und des millionsten Renault 8.

Finanzielle Ziele: Souleil und sein Stellvertreter in der Finanzdirektion, Percie du Sert, gründen nach der Renault Holding, der Renault-Bail und der Renault-Equipement auch noch die Renault-Finance. Pierre Dreyfus hat sehr bald gespürt, dass die Welt in eine Phase der monetären Unruhe eintritt. Das englische Pfund wurde im November 1967 massiv abgewertet, bald gefolgt von Peseta und Escudo. Doch wie kann man im Ausland verkaufen, wenn die monetäre Instabilität das System lähmt?

Die Régie fakturiert ihre Automobile an alle ihre ausländischen Tochterunternehmen stets in französischen Francs, wobei sie gewisse Zahlungsziele einräumt. Für die Filialen ist das Kursrisiko beträchtlich und sie sind auch nicht gerüstet, diesen Problemen zu begegnen.

«Die Direktoren unserer Tochterunternehmen sind Händler», bemerkt Dreyfus, «aber keine Geldwechsler. Man muss sie schützen, um ihnen ein ruhiges Arbeiten zu ermöglichen, unbesorgt um die morgige Parität von Mark, Lire oder Pfund Sterling.»

So erfindet man 1969 die Renault-Finance mit Sitz in Lausanne, wozu Valéry Giscard d'Estaing, neuerlich zum Finanzminister bestellt, seinen Segen erteilt. Man wählte diesen Ort, weil Renault schon in der Vergangenheit die Beratung und die Dienste des dort arbeitenden Finanzgenies André Lévy mit Erfolg in Anspruch genommen hatte, eines wichtigen Eurodollar-Courtiers. Renault-Finance wird sehr bald die Drehscheibe für alle ausländischen kommerziellen Operationen der Régie. Es handelt sich hier keineswegs um Geldspekulation, sondern vielmehr um eine möglichst weitgehende Ausschaltung des Kursrisikos für die ausländischen Tochterunternehmen und die Régie selbst. Dies erfolgt über die Renault-Finance durch Einführung der Cash-Zahlung für sämtliche Lieferungen, wobei sie die Funktionen eines Schatzamtes und einer Wechselzentrale ausübt.

Das Kursrisiko erstreckte sich vordem über einen Zeitraum von vier bis fünf Monaten, nunmehr ist es auf zwei bis drei Tage beschränkt! Die gesamte Renault-Finance wird von einem kleinen Stab von bloss dreizehn Personen höchster Qualifikation verwaltet. Das Schatzamt eines Automobilkonzerns ist zu diesem Zeitpunkt eine sehr bedeutende Sache, so dass es nicht lange dauert, bis die Renault-Finance zum grössten Finanzierungsinstitut der Schweiz und zur sechstgrössten Bank der Confédération wird!

Zum siebzigsten Geburtstag der Marke lässt Renault 1968 auf den Champs-Elysées «die Renault-Geschichte» vorbeirollen, beginnend mit dem Quadricycle von 1898 bis zum jüngsten Modell aus Billancourt.

Aber vielleicht liegt die bedeutendste Etappe für Renault, aus einer Zukunftsperspektive gesehen, in der Schaffung einer neuen grossen «Direktion» im Jahre 1968, von der Pierre Dreyfus immer geträumt hat, der Direktion für Planung und Informatik.

Ihr Leiter heisst Bernard Hanon. Es ist der gleiche junge Praktikant von Renault in den Vereinigten Staaten, der fast seine Stellung wegen der Dauphine eingebüsst hatte, als er zu früh voraussagte, dass sich der «Wind gedreht hat»...

Dies endet vorerst im Jahre 1963 mit seinem freiwilligen Abgang aus der Firma, weil er mit dem Doktorat in der Tasche seiner, wie er meint, wahren Berufung nachgehen will. Er unterrichtet Wirtschaftsmathematik an der Universität von New York. Immerhin hält er seine Kontakte zum Generalstab in Billancourt aufrecht, ebenso zu Vincent Grob, dem Präsidenten von Renault USA. So trifft er bei einem Abendessen im Hause Grob Vernier-Palliez wieder, der auf einem Kurzbesuch in New York weilt.

«Vielleicht können Sie mir nach dem Café eine Stunde oder anderthalb widmen, um mir den Stand der Wirtschaftswissenschaften in den Vereinigten Staaten zu erklären.»

Hanon bequemt sich dazu und gibt eine brillante Analyse der jüngsten Theorien der Ökonometrie, der linearen Programmierung, der Konstruktion von Modellen, der Berechnung von Discount und Cash Flow, der internen Rentabilitätsverhältnisse. Dabei spricht er zu den Theorien über Optionen, über die Entscheidung, die Risiken. Vernier-Palliez hört gebannt zu, wie später noch sehr oft.

«Das sollten Sie demnächst einmal in Billancourt jenen zwanzig oder dreissig Burschen erzählen, die bei uns ein bisschen denken.»

Nach Paris zurückgekehrt, berichtet V.P. an Dreyfus.

«Gute Idee», sagt der Präsident, «er soll kommen.»

Professor Hanon kommt also für einen Vortrag nach Billancourt und kehrt bald danach wieder nach New York zurück. Einen Monat später ruft ihn Grob an:

«Vernier-Palliez möchte Dich in Paris sehen.»

Wiederum packt Hanon seinen Koffer. Er trifft Dreyfus und V.P.

«Würden Sie akzeptieren, zwei Jahre bei uns zu bleiben», fragt Dreyfus, «um hier eine Abteilung für Wirtschaftsstudien aufzubauen?»

Hanon stimmt zu, glücklich über seine Rückkehr nach Paris, das er so lange vermisst hatte. Von der Universität New York erhält er zwei Jahre Urlaub. Anfangs 1967 wird er an die Spitze einer Keimzelle berufen, aus der er eine Abteilung für Wirtschaftsstudien und -programmierung aufbaut. Er nimmt vorerst die Probleme der Produktplanung in Angriff, von der das Wohl und Wehe des gesamten Unternehmens in hohem Masse abhängt. Bald winkt ihm seine erste Chance: Yves Georges, der Chef der Entwicklung, versteht ihn sofort, während andere noch über den Vortrag jenes aus Amerika herübergekommenen Eierkopfes grübeln, der so sehr im Gegensatz zu ihren gewohnten Theorien steht.

«Du machst mich ärgerlich», sagt Georges in seiner sehr direkten Sprache, «aber ich schätze Deine Betrachtungsweise und Deine Methoden.» Man wird zusammenarbeiten.

Man hat zwar bereits eine Modellpolitik bei Renault, doch ist man noch weit davon entfernt, für ein zukünftiges Modell ein konkretes Pflichtenheft festzulegen. Neue Wagen werden stets aus dem konstruktiven Dialog zwischen Pierre Dreyfus, der sich als intuitiver Soziologe begnügt, sie summarisch in ihrem allgemeinen Konzept zu definieren und Yves Georges, der die Entwicklung der Fahrzeuge als kompetenter und ideenreicher Techniker ausführt. Hanon beginnt, die Überlegungen zu strukturieren und diese durch wissenschaftlichere Marktstudien zu nähren. Parallel dazu setzt sich das von ihm geschaffene Team mit den Fragen des Produktionsvolumens auseinander und schafft damit eine Nabelschnur zwischen der Generaldirektion und der Fertigung. Hanon wird von zwei Beigeordneten unterstützt, Ballé – dem späteren Präsidenten der RIET (Renault Industrie-Ausrüstung und Technik) – und Regnier, der bald danach zum Leiter des Renault-Kundendienstes bestellt wird. Insgesamt umfasst seine Commando-Einheit bloss zehn Personen. Ihre Aufgabe heisst denken!

Durch seinen Brückenschlag zwischen Theorie und Praxis beginnt Hanon langsam aber sicher ein System aufzubauen. Er bringt dem Unternehmen die Untersuchung der relativen Kosten näher, die produktionsabhängigen Kurven, die Kostenrechnung in Abhängigkeit von der Kadenz, die Definition des Break-Even-Points, das Studium der Nachfrageschwankungen und das der Rentabilitätsverhältnisse.

So erhebt sich der klassische Streit zwischen den «Alten», welche diesen Theorien und Methoden abgeneigt sind, und den «Modernen», die Schritt für Schritt seinen Vortrag verstehen. Dreyfus, Beullac, Zannotti und Meesemaecker begeistern sich an seinen Bestrebungen. Das Unternehmen beginnt mehr und mehr im Sinne eines globalen Programms, im Sinne eines Planes zu denken.

Zwei Jahre sind verstrichen, das System beginnt zu funktionieren. Im Sommer 1969 wird Hanon von Dreyfus empfangen.

«Monsieur», sagt Hanon, «ich komme, um mich zu verabschieden.»

«Verabschieden?»

«Freilich! Sie haben mich für zwei Jahre engagiert. Ich habe Ihre Aufträge ausgeführt. Ich gehe nach New York zurück, meine Studenten erwarten mich dort an der Universität.»

«Zwei Jahre? Das ist doch keine Frage von zwei Jahren. Haben wir wirklich von zwei Jahren gesprochen? Sie bleiben doch selbstverständlich! Ich bestelle Sie zum Direktor. Sie übernehmen die gesamte Planung, und dazu die Informatik.»

Hanon bleibt, an die Spitze seines erweiterten Königreichs im Rahmen des Renault-Imperiums berufen. Er hat bereits der ganzen Evolution von Renault seinen Stempel aufgedrückt – den Produkten und den Systemen. Seine Abteilung für Wirtschaftsstudien und -programmierung wird mit der Planungs-Direktion verschmolzen. Daraus wird die Direktion für Informatik und Planung, das Zentralgehirn, der Regulator und Planer der gesamten Régie.

Und Dreyfus kann sich in aller Öffentlichkeit freuen:

«Unser grösster interner Fortschritt», sagt Pierre Dreyfus, «ist, dass wir jetzt einen wirklichen Plan haben, der uns die Zukunft für fünf Jahre vorauszusehen erlaubt und es uns gestattet, sie bis auf sieben Jahre abzuschätzen, und dass wir ferner über eine wirkliche „Regierung" verfügen. Ich hatte früher oft den unangenehmen Eindruck, gegen meinen Willen als absoluter Monarch zu herrschen. Wir sind jetzt gewappnet, die Zukunft auf unendlich methodischere Art vorzubereiten, um mit Sachkenntnis die beste Wahl zu treffen, um meist mit Peugeot alle unsere Investitionen auf die beste Art vorzunehmen. Und vor allem haben wir die Arbeit unseres Managements in einer gemeinsamen Gruppe organisieren können. Dies ist ein Fortschritt, der vielleicht nicht so stark ins Auge fällt, der aber für uns von grösster Bedeutung ist!»

«Anatole», der riesige, im Jahre 1960 aufgestellte Computer, ist nicht mehr allein, und die Leute, die ihn umgeben, haben sich seiner zu bedienen gelernt. Ein Budget zur Ausbildung des Verwaltungspersonals ist seit 1968 in der Bilanz der Régie zu finden. Im Verlauf des ersten Jahres sind 200 Techniker in der Auswertung der Informationen des Computers im primären, 50 im sekundären und 10 im höheren Niveau ausgebildet worden.

«Zuvor», so erklärt Pierre Dreyfus, «konnten wir unsere Zukunftshypothesen nur auf zwei Gegebenheiten aufbauen: auf den Modellen und dem Umfang der Produktion. Die Informatik erlaubt uns jetzt, die Hypothesen zu zergliedern und ergänzende wirtschaftliche sowie soziologische Annahmen in unser „Werkmodell" einzuführen, die bis zu Effektivplänen, Bildungsprogrammen oder zur Inangriffnahme von Wohnungsbauten gehen.»

Ein neuer Befehls- und Mitteilungsstil hat sich fortlaufend in Billancourt herausgebildet. Dreyfus hat schnell mit der altertümlichen täglichen Postsitzung Schluss gemacht. Er hat sie nach und nach durch ein wöchentliches Meeting ersetzt. Es vereint jeden Montagmorgen die von Dreyfus «Apostel» genannten Mitarbeiter. Das Werk gab ihnen den Namen «Mitprinzen».

Pierre Dreyfus leitet die Diskussion in einem ruhigen Stil, er drückt sich gewählt aus, ohne je die Stimme zu heben – und ohne je Notizen zu machen. Seine Mitarbeiter müssen seine Aussagen wie sein Schweigen «übersetzen», derart vorsichtig ist er in seinen Wendungen. Er misstraut kategorischen Stellungnahmen, und sein Gedanke hebt stets die feinen Unterschiede hervor. Er erscheint zurückhaltend, scheu, diskret, doch ist er in Wirklichkeit entschlossen, energisch, kämpferisch.

«Er wickelt seine Leute ein», sagt einer seiner Mitarbeiter, «aber er ist stahlhart.»

«Er weiss immer sehr schnell, was er will, aber er hütet sich wohl, es gleich frei heraus zu sagen», präzisiert ein anderer.

«Wenn man eine wichtige Entscheidung treffen muss», so erklärt Dreyfus, «soll man sie so spät wie möglich treffen. Man muss sich den äusseren Umständen anzupassen wissen, die sich noch entwickeln können. Wenn man seine Karte zu früh ausspielt, kann das dazu führen, dass man gegen sich selbst spielt.»

Gleichzeitig kühn und vorsichtig, oft Gaullist in seinem Wesen, hält Dreyfus jede Woche persönlich eine Reihe von Konferenzen ab: Konferenzen über Personalpolitik, über Fabrikationsprogramme, Finanzfragen, industrielle Politik, zu denen ab 1971 das Direktionstreffen für internationale Angelegenheiten hinzukommt, das dann unter dem Vorsitz von Jean-Laurens Delpech, einem früheren Mann von Schneider, alle ausländischen industriellen Operationen von Renault gruppenweise neu zusammenstellt.

Und weiter tritt einmal pro Monat, bald bei Peugeot im modernen und prunkvollen neuen Sitz an der Avenue de la Grande-Armée, bald bei Renault auf den Champs-Elysées, der Direktionsausschuss der Assoziation zusammen.

Die Mitarbeiter, die dabei sind, lernen schnell, das Schweigen ihres Präsidenten zu interpretieren.

«Wenn Gautier nichts sagt, so bedeutet das, dass ihm der Vorschlag zusagt. Wenn Dreyfus schweigt, heisst das, dass er durchaus nicht einverstanden ist!» Seinen Mitarbeitern gegenüber ist er immer von der gleichen Art: eine eiserne Hand in einem samtenen Handschuh. Aber sobald eine Entscheidung getroffen worden ist, muss die Ausführung sofort erfolgen. Der Befehl «reift» langsam, aber wenn er erteilt ist, hat Dreyfus es immer eilig. Wenn er etwas will, so will er es schnell. Er liebt es nicht, dass man ihm die Wahrheit verschleiert, und deswegen versteht er sich prächtig mit seinem Entwicklungsdirektor Yves Georges, einem geraden Widerspruchsgeist ohne Umschweife, der stets die Gültigkeit dessen, was er unternommen hat, in Frage stellt, sobald es getan ist.

Ist Dreyfus, wie einer seiner Mitarbeiter behauptet, «ein de Gaulle ohne Ministerpräsident»? Jedenfalls entwickelt sich die absolute Monarchie zur konstitutionellen, und Dreyfus umgibt sich mit zwei Staatsministern, Christian Beullac und Bernard Vernier-Palliez. Planungsminister ist Hanon, Finanzminister Souleil, Handelsminister Lamirault. Für den Einkauf sorgt Constantin, für die Industrielle Produktion ist Jardon zuständig. Die Forschung und Entwicklung untersteht Georges, Internationale Angelegenheiten fallen in das Ressort von Delpech. Ouin ist Generalsekretär und Sprecher dieser Regierung, Thomas Sozialminister und Meesemaecker obliegen die Beziehungen zu den «assoziierten Staaten».

Mit ihnen und jenen, die ihnen vorangegangen sind, verfolgt Dreyfus seinen Weg, energisch, hartnäckig, pragmatisch – und er versucht, der Welt «eine bestimmte Idee» vom Automobil und der Industrie einzuprägen auf einem Entwicklungsweg, der von Trotzki ausgehend, über Henry Ford I, Jean Monnet, Pierre Mendès-France und Pierre Lefaucheux bis hin zu Charles de Gaulle führt.

Der zu Jahresbeginn 1972 vorgestellte Renault 5 dringt sofort in die europäische Bestsellerliste ein.

Millionär

Rekorde... In nahezu einem halben Jahrhundert, von 1898 bis 1944, stellten die Fabriken von Louis Renault rund 900 000 Fahrzeuge her. Die Régie Renault hat im Verlauf eines einzigen Betriebsjahres, im Jahr ihres 25. Geburtstags, mehr Automobile als je zuvor gebaut: zum ersten Mal produzierte Renault im Jahre 1969 mehr als eine Million Fahrzeuge in einem Jahr und ist damit dem Club von Volkswagen und Fiat, dem sehr exklusiven «Club der europäischen Millionäre», beigetreten.

Zum ersten Mal wurden auch in einem Jahr mehr als 500 000 Fahrzeuge exportiert, was über die Hälfte der Gesamtproduktion darstellt.

Und die Kurve steigt noch immer an: wenn man die von der SAVIEM hergestellten Nutzfahrzeuge berücksichtigt, hat Renault im Jahre 1970 1 196 000, 1971 1 207 000, 1972 1 318 000 und 1973, trotz einem Produktionsausfall von 60 000 Einheiten durch Streiks im Frühjahr, 1 414 000 Fahrzeuge auf die Strassen der Welt gebracht. Die Assoziation Renault-Peugeot hält sich mit einer Gesamtproduktion von über zwei Millionen Einheiten in der Spitzengruppe der Automobilindustrie der Welt. Die Repräsentanten der Öffentlichen Hand im Verwaltungsrat der Régie drücken ihre Zufriedenheit aus. Unter ihnen befindet sich seit 1971 ein brillanter junger Beamter als Vertreter des Industrieministeriums. Er heisst Jean-Paul Parayre und er ahnt noch nicht, dass er eines Tages der Hauptkonkurrent von Renault sein wird. Einige Jahre später wird er nämlich zum Präsidenten des Peugeot-Konzerns bestellt werden...

«Zu Anfang der Europäischen Wirtschaftsgemeinschaft erschreckte uns die Vorstellung von der erdrückenden Macht der amerikanischen Unternehmen in Europa», erinnert Dreyfus. «Diese Macht ist gewiss sehr real, aber die Erfahrung beweist, dass sie uns nicht zermalmt hat, sondern ganz im Gegenteil!»

Und weiter:

«Die Régie war von Geburt an dazu verurteilt, eine gleichzeitig kühne und überlegte Politik zu betreiben. Eine solche Politik war nur dann möglich, wenn die Männer die Kompetenz, Phantasie und Dynamik bewiesen, die eine solche Politik erforderte. Sie haben diese Eigenschaften in glänzender Weise auf verschiedenen Stufen gezeigt. Die ihrer doppelten Sendung eines industriellen und nationalen Unternehmens treue Régie war es sich schuldig, ein führendes Unternehmen zu sein. Sie ist es auf technischem, wirtschaftlichem und sozialem Gebiet!»

Auf technischem Gebiet: Es gab eine Zeit, in der die Régie als einzige Firma in der Welt alle drei bekannten Antriebslösungen anbot. Zu Anfang 1959 bot Renault mit dem 4 CV und der Dauphine die

Konzeption «geschlossene Antriebsgruppe hinten», mit dem Lieferwagen Estafette die Lösung «geschlossene Antriebsgruppe vorn» und
mit der Frégate den dritten, klassischen Weg mit Frontmotor und
Hinterradantrieb an.

Dann wurde die gesamte Modellpalette fortschreitend auf Vorder-
radantrieb umgestellt. Auf ein technisches Konzept, von dem das
Unternehmen fürchtete, es könnte mit ihm nicht zurechtkommen. Es
herrschte jedoch bei Renault nie eine «Fronttriebs-Doktrin», sondern
nur die pragmatische Überzeugung, dass das Werk, das alles auf die
Eigenschaften des guten Funktionierens, des Komforts und der
Sicherheit setzte, diese Ziele nur erreichen würde, indem es den
logischen Weg des Vorderantriebs wählte.

Das Vielfältigkeitsprinzip und das Baukasten-System wären bei
einer anderen Formel unbequemer gewesen. Der Mann der ständigen
Neuanpassung wird Yves Georges, dessen Wirklichkeitssinn sich so
gut mit dem geplanten Pragmatismus von Dreyfus verträgt.

«Ich bin ein Krämer», sagt Georges, «ich habe Auswahl. Wählen Sie
nur!»

Yves Georges «vermählt» und kombiniert – man möchte meinen je
nach Laune – Motoren, Fahrwerke, Bremsen und Federungen seines
«Kramladens» und vervollständigt so die Auswahl an Typen.

Aber die technischen Neuerungen der Régie sind ebenfalls bemerkenswert. So erregt im März 1969 die Vorstellung einer Variante des
Renault 16 mit Getriebeautomatik Aufsehen. Das hier verwendete
Aggregat «135» basiert auf einem hydraulischen Drehmoment-
wandler und einem Dreigang-Planetengetriebe. Die Vorwahl der
Gänge erfolgt elektronisch, während die Gänge selbst hydraulisch
geschaltet werden. Die Fachwelt begrüsst diese Automatik und
bezeichnet sie als eine der besten, die je erfunden wurde.

Auf dem Pariser Salon im Oktober 1969 erfolgt die Vorstellung des
Renault 12. Die Régie war auf dem Markt der mittleren Klasse von
1100 bis 1500 cm³, deren Bedeutung ständig wächst, nur unvollständig vertreten. Der Anteil dieser Wagen am Weltmarkt ist
zwischen 1964 und 1968 von 35% auf 46% gestiegen. Das Projekt
117, für das im Jahre 1965 die Entwicklungsarbeiten begonnen
haben, sieht einen wirtschaftlichen, einfach aufgebauten Wagen vor.
Eine Synthese zwischen einem geräumigen Fahrgastraum mit einem
grossvolumigen Kofferraum und einem kleinen Motor. Er muss
einfach zusammenzubauen sein, damit er in der ganzen Welt
montiert werden kann. Er wird in Rumänien Dacia und in Brasilien
Corcel heissen. In Brasilien wird er nach dem Rückkauf der Anlagen
von Willys Overland do Brazil durch die zweitgrösste Firma von
Detroit das Zeichen Ford tragen. Er ist robust für den Exportmarkt und
bequem für Frankreich. Er soll als Basis für zahlreiche Varianten –
also für ein Baukastensystem – dienen.

Tag «G» für Gordini! Am 19. Juli 1970 überschwemmen zehntausend Besitzer eines Renault-Gordini die Rennstrecke von Castellet. Sie sagen dem heissgeliebtesten Nachkriegsmodell, dem Renault 8 Gordini, lebewohl und feiern gleichzeitig die Geburt des neuen «12 Gordini».

Für ihn entwickelt man den Motor des Renault 8 weiter. Der Zylinderblock wird geändert. Bohrung und Hub werden vergrössert. Das Ergebnis ist ein Vierzylinder von 1298 cm³, der 54 PS entwickelt. Man gibt dem Wagen eine Stromlinienform, aber keine Heckklappe. Die Variante eines Kombi hilft diesem Mangel für die Anhänger des «funktionsgerechten Autos» kurz darauf ab. Es ist der «grosse» Reisewagen für kleine Börsen. Sechs Monate nach seinem Stapellauf werden allein in Frankreich schon 700 Einheiten täglich hergestellt. Im Oktober 1970 geben ihm seine Eltern einen grossen, muskelstarken Bruder, den Renault 12 Gordini. Sportliche und verbesserte Vettern entstehen, der Renault 15 und 17, eine gelungene mechani-

Unter den Einmarkenformeln der Régie gewinnt die «Formel Renault» sogar europäische Dimensionen. Auf dem Paul Ricard-Rundkurs nehmen künftige Meister an einer Renault-Elf-Rennfahrerschule teil.

sche Kreuzung mit dem 16. Und er bekommt noch einen bürgerliche-
ren und kräftigeren zweiten Bruder im Oktober 1972.

«Die Zeiten sind vorüber», hat Pierre Dreyfus im Augenblick des
Erscheinens des Renault 12 gesagt, «als das Unternehmen von ein
oder zwei Grundmodellen lebte, die alle sechs Jahre erneuert wurden.
Das Angebot von Renault wächst von nun an im Rhythmus von
einem neuen Wagen jährlich!»

Nachdem man das Modellangebot nach den aufsteigenden geraden
Zahlen – 4, 6, 8, 10, 12 und 16 – benannt hat, ergänzt man sie durch
die ungeraden Zahlen 15, 17 und bald noch 5.

Der 12 Gordini erhielt den Motor des 16 TS, der jedoch überarbeitet
worden war. So bekam er zwei Doppelvergaser, um die «Atmung» zu
verbessern, neue Ein- und Auslässe mit Ventilen grösseren Durch-
messers und längeren Öffnungszeiten, ferner stärkere Pleuel und ein
Fünfgang-Getriebe. Er gibt in dieser Ausführung eine Leistung von
zusätzlichen 30 PS ab, und der mit belüfteten Scheibenbremsen
ausgestattete Wagen bewältigt den Kilometer mit stehendem Start in
31,8 Sekunden. Er erreicht eine Höchstgeschwindigkeit von 185
km/h. Am Tage «G» (G gleich Gordini), dem 19. Juli 1970, strömen
Zehntausende nach Castellet, um dort den Abschied von einem der
gefeiertesten Modelle der Nachkriegszeit, dem Renault 8 Gordini, zu
begehen und die Einführung des Nachfolgers zu begrüssen.

Mit den Typen Renault 15 und 17 dringt die Régie auch in die
Stadtviertel des Bürgertums vor. Sie hat nun, wie die Konkurrenz,
ebenfalls ein Coupé anzubieten. Sie hätte es schon längst gehabt,
wären da nicht wichtigere Dinge zu tun gewesen.

«Wir haben uns zunächst um das „tägliche Brot‟ unseres Modell-
Programms gekümmert», sagt Dreyfus, «die Butter konnte ein wenig
warten!»

Die wesentlichen Komponenten der neuen Wagen warten geduldig
in den «Regalen» des «Kramladens» von Georges, ausser der elektro-
nischen Benzineinspritzung, die man für die leistungsstärkere
Variante dieser sportlichen und ausgetüftelten Serie, den 17 TS,
aus Deutschland holt.

Und Anfang 1972 erscheint der Renault 5. Eine Gottesgabe, ein
Geschenk der Musen. Zwischen dem etwas zu grobschlächtigen
Renault 4 und dem nur funktionellen Renault 6, der ihm folgen soll,
ihn aber nicht übertreffen wird, ist noch für etwas anderes Platz. Ein
Fahrzeug der unteren Fahrzeugklasse auf der technischen Grundlage
des Renault 4, der aber besser sein wird als ein «Lieferwagen»! Ein
moderner, ansprechender Wagen; Hanon nennt ihn verspielt einen
sozial neutralen, also «klassenlosen» Wagen.

Ein 36jähriger Stylist namens Boué aus dem Team Juchet legt einen
Entwurf vor, den er in seiner Freizeit ausgeführt hat, weil es ihm
Freude machte. Kein Entwurf jedenfalls für ein bestehendes Projekt.

Als gezähmte Version der Berlinette tauchte das Modell Alpine A 310 erstmals im März 1971 am Genfer Automobilsalon auf. Der Stylist und Automobilkonstrukteur Alessandro de Tomaso meinte dazu: «Jetzt versteht man auch schon anderswo als in Turin Autos zu entwerfen!»

Er geht von einem Photo des Renault 4 aus. Auf Basis dieses Bildes skizziert er die Formen eines völlig unterschiedlichen Wagens, mit breiterer Spur, niedriger, mit grösseren Glasflächen, viel kompakter. Ein Kleinwagen, der verschieden vom Mini ist, verschieden von allem Bestehenden. Ein Volltreffer. Georges und Probst-Dame sind die Ersten, welche den Boué-Entwurf studieren, sehr bald sind sie von ihm überzeugt.

Zwei Tage genügen, um die Zeichnung in ein Kunststoffmodell umzusetzen; die Chemie erlaubt es, die Entwicklungszeit abzukürzen. Georges ruft Hanon an:

«Komm her, ich habe etwas Interessantes, ein ungewöhnlicher Entwurf!» Hanon ist begeistert. Andere sind viel kritischer.

«Die Motorhaube ist zu hoch», sagt einer.

«Ein fahrbares Maschinengewehr», meint ein anderer, «so etwas kann man nicht bauen!»

Doch Georges und Hanon verstehen es, ihren Enthusiasmus für jenes unerwartete Projekt, das einem gottbegnadeten Zeichner zu verdanken ist, den anderen einzuimpfen. Für den Renault 6 mussten 27 verschiedene Tonmodelle hergestellt werden, bevor die endgültige Form des Wagens festgelegt werden konnte. Selbst wenn schliesslich 1,6 Millionen Einheiten dieser Type gebaut werden sollten, war sie stilistisch kein grosser Wurf. Für den Renault 5 konnte man sich mit einem einzigen Entwurf begnügen. Man musste bloss das Boué-Projekt etwas ausfeilen, man gab dem Wagen Kotflügelschürzen, verlängerte ihn um ein paar Zentimeter und Probst-Dame trug zu dem Projekt die Idee der Kunststoff-Stossstangen bei. Man war etwas besorgt, einen zweitürigen Wagen auf einem Markte zu lancieren, der daran nicht gewohnt war. Deshalb wurde auch eine viertürige Version entwickelt, die aber erst sehr viel später auf den Markt kommen sollte.

178

«Versuchen wir's,» suggeriert Hanon seinem Chef Dreyfus. «Ich glaube nicht, dass dieses Projekt den Renault 4 umbringen wird, auch dem Renault 6 wird er kaum Konkurrenz machen. Dieses Fahrzeug hat eine völlig andere sozioökonomische Positionierung.»

Man sieht eine Tagesproduktion von 900 Einheiten vor, davon 700 für den französischen Markt, ohne zu ahnen, dass er diesen enggesteckten Rahmen bei weitem sprengen wird. Auch hat man keineswegs den Reifungsprozess dieses Modells vorausgesehen, der zu einer Vielzahl von Varianten führen sollte. Das Publikum nimmt das neue Modell sofort sehr positiv auf. Die Presse findet den Wagen «sympathisch und lustig», die Kunden nennen ihn hübsch und praktisch, die Werbung spricht vom «Supercar». Er ist kurz, lebendig, frech und lustig – und dazu mit seinen armierten Kunststoff-Stossstangen aus dem neuen Werk in Dreux gegen kleine Parkschäden völlig immun. Er erntet gegen Jahresende Titel und Auszeichnungen von einer europäischen Fachjury nach der anderen, er wird auch alle Rekorde brechen. Ein Mann fehlt allerdings bei den Geburtstags-Feierlichkeiten. Boué, der eigentliche Vater des Renault 5, ist wenige Wochen vor der öffentlichen Vorstellung des neuen Modells einem heimtückischen Krebsleiden erlegen ...

Die Modellpalette wird immer grösser – sämtliche Typen sind funktionell, einige auch besonders leistungsstark und aufregend attraktiv. Die Modellreihe beginnt mit dem 1961 erschienenen Mehrzweckwagen, dem Renault 4, nach oben schliesst sie mit dem Hochleistungs-Sportcoupé Alpine-Renault 310 ab, welches erstmals am Genfer Salon 1971 gezeigt wird. Sein 1605-cm³-Motor leistet 140 PS und verleiht dem Wagen eine Höchstgeschwindigkeit von 215 km/h. Als der italo-argentinische Automobilindustrielle Alejandro de Tomaso diesen Wagen sieht, bemerkt er:

«Jetzt können sie auch schon anderswo, nicht bloss in Turin, Autos entwerfen!»

*

Die Anlagen von Renault nehmen auf französischem Boden eine Fläche von 15 Millionen m² ein, bei drei Millionen davon handelt es sich um bebaute Flächen. Die neuen Werke der Assoziation Renault-Peugeot in Douvrin, Bruay und Maubeuge und diejenigen der Régie in Douai sowie in Dreux sind jetzt in Betrieb und kommen zu den bereits arbeitenden Fabriken von Billancourt, Le Mans, Flins, Cléon, Sandouville, Choisy-le-Roi und Orléans hinzu. Renault ist über den Bereich der Seine-Achse hinausgewachsen und hat im Norden Frankreichs Arbeitern aus den Steinkohlengruben eine neue Beschäftigung gegeben. Werke von Renault sind aber auch im Osten Frankreichs sowie in der Bretagne und am Fusse der Alpen zu finden: Stahlwerke, Schmieden und Giessereien. In Savoyen werden Achslager hergestellt, im Westen Traktoren und im Zentrum des Landes Schienen- und Nutzfahrzeuge.

«Die Régie», so schreibt Jean-Francis Held, «ist Frankreich. Aus den sozialistischen Hoffnungen der Zeit der Befreiung geboren, ist sie Sinnbild und Mutter zugleich. Jeder hat seinen Anteil daran, und alle haben sie ganz. Sie trägt eine phrygische Kappe wie die Gips-Marianne der Bürgermeistereien und ein Wunderhorn...!»

Sie ist Französin, aber auch multinational, durch die Bande zunächst, die sie mit anderen geknüpft hat, mit MAN und mit Alfa Romeo für die Lastwagen von SAVIEM, die wiederum auch mit Volvo verbunden ist, mit DAF und mit K.H.D. Sie hat Motoren an Lotus verkauft, und sie stellt solche für DAF und die Mercury-Aussenborder der Kiekhaefer Corp. her. Sie wird auch welche zusammen mit Volvo im Rahmen der Gesellschaft Franco-Suédoise de Mécanique herstellen, die sie 1971 in Douvrin gemeinsam mit Peugeot und dem Unternehmen aus Göteborg geschaffen hat. Aber sie ist multinational vor allem durch ihre Unternehmen im Ausland. In Spanien baut die F.A.S.A., welche nunmehr vier Werke in Valladolid und eines in Sevilla betreibt, mehr als 130 000 Fahrzeuge, beinahe ebensoviele wie die ganze Firma Renault im Jahre 1950! Ihr Absatz beträgt ein Viertel des spanischen Marktes. Auch das Montagewerk von Haren in Belgien ist 40 Jahre nach seiner Gründung «volljährig» und hat gleichfalls mehr als 120 000 Wagen montiert!

Direkt oder über Unternehmen mit einheimischem Kapital ist die Régie einer der grössten Fahrzeugbauer Lateinamerikas in Argentinien, in Mexiko – wo im Jahre 1972 mit dem Bau eines neuen Montagewerks mit einer Kapazität von 40 000 Einheiten pro Jahr begonnen wurde –, in Venezuela und in Kolumbien.

Sie ist in Afrika, in Asien, in Ozeanien zu finden. Im Osten hat das Werk von Pitesti in Rumänien von nun an einen Montageanfall von mehr als 40 000 Wagen pro Jahr, und 1973 hat im Werk I.M.V. in Jugoslawien die Herstellung von Renault-Fahrzeugen begonnen. Dort wurden bis dahin British Leyland-Modelle montiert. Mit dem Ministerium für sowjetischen Aussenhandel wurde ein Vertragsprotokoll in der Grössenordnung von 1,2 Milliarden Francs unterzeichnet, das die Lieferung von Zubehör, Lizenzvergabe und technische Beratung für die sowjetische Automobilindustrie im allgemeinen, aber für das neue Lastwagen-Werk der KAMA im besonderen betrifft.

Nur in den Vereinigten Staaten unternimmt Renault in dieser Phase keine besonderen Anstrengungen.

«Eine beherrschende Stellung auf dem amerikanischen Markt einzunehmen, stellt ein äusserst hohes Risiko dar und erfordert Investitionen, die in keinem Verhältnis zu den zu erreichenden Zielen stehen», stellt Dreyfus fest, «wir suchen heute nicht mehr Amerika jenseits der Meere, es steht vor unserer Tür in Europa selbst!»

Die kürzlich in den Vereinigten Staaten begangenen Irrtümer wurden in Europa, als die Zollschranken fielen, nicht mehr wiederholt. Renault verkauft heute jährlich 150 000 Fahrzeuge jenseits des Rheins. Der Anteil der Régie am deutschen Markt beträgt mehr als 7%, in den Niederlanden etwa 8% und in Italien bei 3,2%. Unter den europäischen Automobilproduzenten rangiert Renault nach Fiat auf dem zweiten Platz, was seinen Absatz innerhalb der Europäischen Wirtschaftsgemeinschaft betrifft.

Der Markt, auf dem Renault den grössten Fortschritt zu verzeichnen hat, ist Grossbritannien, wo die Régie bei den Importen an erster Stelle steht. Am Vorabend des Eintritts von Grossbritannien in die Europäische Wirtschaftsgemeinschaft (EWG) belief sich der Absatz von Renault in diesem Land auf mehr als 60 000 Einheiten pro Jahr, was nahezu die Hälfte der französischen Importe ausmacht. Grossbritannien ist die letzte «der zu ergreifenden Gelegenheiten» für Pierre Dreyfus. Die Einrichtung der Verkaufsorganisation und die Absatzförderung entwickeln sich dort in einem ähnlichen Umfang wie einige Jahre zuvor in Deutschland. Alle neu ausgewählten Händler – die Auswahl erfolgt mit grosser Sorgfalt – vertreten ausschliesslich die Marke Renault.

Im Jahre 1972 umfasste das Netz 380 Händler, zwei Jahre später sollten es bereits 500 sein. Diese Renault-Händler blicken auf eine alte Tradition zurück, denn Louis Renault hat 1902 durch die Vermittlung von Roadway Autocar Ltd. seinen ersten Wagen jenseits des Kanals verkauft, und im darauffolgenden Jahr wurde in London eine Filiale, Renault Frères Ltd., eingerichtet. Ein Vierzylinder-Renault von 14/20 PS mit einer Landaulet-Karosserie wurde 1906 an König Eduard VII. verkauft und noch im Jahre 1926 von König Georg V. gefahren. Wagen der Marke Renault wurden in dem 1925 von Louis Renault eröffneten Werk bis zum Jahre 1961 montiert, dann importierte man nur noch fertige Fahrzeuge.

Die Zeit ist vorbei, als eine Luftbrücke in 18 Minuten Le Touquet mit Lydd verband und eine Bristol Mark 32 bei jedem Flug vier neue Dauphine auf englischem Boden absetzte. Heute laden ganze Lastschiffe die Renaults in den britischen Häfen aus.

Mehr als 810 000 Fahrzeuge – ungefähr die gleiche Anzahl, die Renault sechs Jahre zuvor insgesamt produzierte – werden so im Jahre 1973 ausserhalb Frankreichs geliefert. Jeden zweiten Tag arbeitet Renault also nur für den Export, und vier von zehn der ins Ausland geschickten französischen Wagen tragen die Raute von Billancourt. Die Régie sah im Jahre 1968 keine andere Lösung, als die Flucht nach vorn. Sie schien ihre Wette mit grosser Sicherheit gewonnen zu haben, als die Welt im Oktober 1973 brutal durch den Yom Kippur-Krieg und seine Folgen erschüttert wurde. Der erste einer ganzen Reihe von Erdöl-Schocks erfasste das Abendland.

Drei Renault im Festtagskleid. Mit den Modellen Renault 15 (oben), 17 und 17 TS erneuert die Régie ihre Tradition, sportliche Fahrzeuge in grösseren Serien zu bauen, wie dies bereits mit Floride und Caravelle auf Dauphine-Basis der Fall war.

Der Ölkrieg

Volkswagen baut eine Modellpalette ganz in der Art von Renault auf. «Man könnte darauf stolz sein, wäre dies nicht vielmehr Ursache zur Besorgnis», sagt Dreyfus. Die Konkurrenzsituation macht also in Billancourt Sorge. In diesem Moment bricht der Ölkrieg aus.

Ist Dreyfus ein Hellseher? Wenige Tage zuvor hat er den Pariser Salon mit den Worten eröffnet:

«Die Gesundheit ist ein heikler Zustand, der nichts Gutes ahnen lässt ...»

Noch vor Beginn der Preiseskalation für das schwarze Gold – innerhalb weniger Monate vervierfacht sich der Ölpreis zu Beginn des Jahres 1974 – fürchtet man um die Versorgung. Ein Teil Europas wird von Panik erfasst. Holland verbietet jeglichen Verkehr an Sonntagen, man fasst auch ein Fahrverbot für Automobile an jedem zweiten Tag ins Auge. Überall bereitet man eine Rationierung von Benzin vor.

In den 3 Monaten von Oktober bis Dezember 1973 brechen die Märkte zusammen. Die Neuzulassungen im Dezember fallen um 44% in Deutschland, um 40% in den Niederlanden, um 34% in Belgien, um 21% in Grossbritannien und auch in Italien. In Frankreich, wo die Auftragsbücher gut gefüllt sind und man einen kühlen Kopf behält, ist der Rückgang weniger dramatisch, doch immerhin beträgt er 9%.

Die vordem aus Sicherheitsgründen verhängten Geschwindigkeitsbeschränkungen werden bestätigt und verschärft, diesmal zum Zwecke der Benzinersparnis. Dadurch wird der ursprünglich aus Angst vor Versorgungsengpässen ausgelöste psychologische Schock noch verstärkt.

Die Fabriken beginnen zu bremsen. Bei Opel wird pro Monat eine einwöchige Zwangspause eingelegt. Ford, Volkswagen, Fiat, Volvo, Citroën und Peugeot feiern zusätzlich einige Tage lang zwischen Weihnachten und dem Neuen Jahr. In den Vereinigten Staaten schliesst General Motors 16 Fabriken 8 Tage lang im Dezember und verabschiedet 38 000 Arbeiter mit 1. Jänner. Bei Renault wird für den Moment bloss ein einziger Tag im Werk Sandouville nach Weihnachten zwangsgefeiert.

«Die Situation ist ernst, wir werden eine schwierige Zeit erleben», verkündet Dreyfus in der Sitzung vom 14. Dezember vor dem Zentralausschuss des Unternehmens. «Wir werden aber einen kühlen Kopf bewahren und der Krise gefasst entgegentreten. Unsere Konkurrenten sind viel stärker und viel früher als wir in Schwierigkeiten geraten. Zur Zeit besteht keine Notwendigkeit zur Produktionseinschränkung. Wir haben lediglich einen Personalaufnahmestop beschlossen. Bei der Durchführung unserer Investitionspläne werden für die nächsten 2 Monate bloss die lebensnotwendigen Arbeiten fortgeführt, alles weitere ist vorläufig zurückgestellt.»

Wie immer, hält sich Renault in krisenhaften Situationen besser und länger als die Konkurrenz. Die Modellpalette ist der wirtschaftlich schwierigen Situation gut angepasst. Dies und das gut funktionierende Vertriebsnetz erklären jedoch noch nicht alles. Das Unternehmen fürchtet Terrainverluste mehr als eine Bilanz mit roten Zahlen. Deshalb ist es bereit, und auch in der Lage, notwendige Ausgaben durchzuführen. Es ist das Privileg der Régie, im Gegensatz zu den meisten privaten Konzernen, langfristigen Investitionen eine höhere Priorität als den Dividendenzahlungen zuzumessen. Doch vor allem herrscht bei Renault stets ein Kampfgeist und eine Bereitschaft, Herausforderungen anzunehmen. Dieser Wille zum Überleben führt zu neuen Aktivitäten.

Lamirault erweitert und dynamisiert seine Verkaufsorganisation neuerlich. Er ruft im Jänner 1974 die Verantwortlichen seines Bereichs zusammen:

«Unsere Auftragsbücher leeren sich», gibt er zu, «die Verkäufe verschieben sich gegen die unteren Fahrzeugklassen zu, wo wir geringere Erträge erwirtschaften. Hier gibt es nur einen Ausweg: unser Ziel ist einfach, wir müssen unseren Marktanteil für das Jahr um 10% erhöhen, sowohl in Frankreich als auch im übrigen Europa.»

Zum Zeitpunkt der Suezkrise im Jahr 1956 hatte Renault sofort einen werblichen Gegenangriff gestartet: «Die Dauphine ernährt sich mit dem Tropffläschchen.» «Der 4 CV holt das Wesentliche aus dem Benzin heraus.» «Mit Ihren 30 Litern kommen Sie in der Dauphine 500 km weit.»

Diesmal führt man zu denselben Themen eine massive Werbekampagne durch, dem Zeitgeschmack entsprechend angepasst. Seit November 1973 wirbt Renault in 70 Tageszeitungen: «Wir bauen wirtschaftliche Fahrzeuge und haben guten Grund dazu.» «Unser teuerster Wagen verbraucht bei 90 km/h weniger als 8 Liter auf 100 km.» «Es gibt Momente, wo wir über unseren Ruf, wirtschaftliche Fahrzeuge zu bauen, besonders glücklich sind.»

Man kämpft mit allen Mitteln. Dies geht so weit, dass man bei den teuersten Modellen Renault 16, 15 und 17, welche von der Krise am stärksten betroffen sind, für die Firmenangestellten Sonderkonditionen zum Kauf, bzw. für Leasing-Arrangements beschliesst. Im ersten Halbjahr 1974 schrumpfen die wichtigsten europäischen Märkte insgesamt um rund ein Viertel. Lediglich Italien und Frankreich widerstehen hier etwas besser, und Renault hält dem Schock stand.

Die Modelle der unteren Klassen, ganz besonders der Renault 5, dessen Produktion um 60% erhöht wird, schützen die Régie vor den schlimmsten Auswirkungen des Unwetters. Das Unternehmen beweist Imagination, Entschlossenheit und Flexibilität. Man setzt alles auf den Renault 5. Im Werk Flins wird eine zusätzliche Montage-strasse für dieses Modell freigemacht. Man verlegt die gesamte Fertigung des Renault 12 in das Werk Sandouville in der Normandie, wo bisher die Modelle 16, 15 und 17 gefertigt worden sind. Dies bedeutet den Transport von 350 Rohkarosserien pro Tag, welche von 60 Lastwagenzügen in einem unaufhörlichen Pendelverkehr trans-portiert werden. Daraus resultieren zusätzliche Kosten von 150 Francs pro Fahrzeug. Ausserdem wird eine Montagestrasse des Renault 5 im brandneuen Werk von Douai eingerichtet. Dort hatte man eine grosse Limousine bauen wollen, die niemals das Licht der Welt erblicken wird.

Denjenigen Arbeitern von Sandouville, welche eine zeitweilige oder definitive Verlegung ihres Arbeitsplatzes in das Werk Cléon akzeptier-ten, wurden Beihilfen geboten. Auch bei der FASA in Spanien wird eine Personalaufnahmesperre verhängt und darüber hinaus wird die Lieferung von spanischen Renaults nach Frankreich eingeschränkt. Die Direktion für internationale Angelegenheiten hingegen verstärkt die Exporte von fertigen sowie von CKD-Fahrzeugen («completely knocked down», für Assembling am Ort) in jene Überseemärkte, welche von der Krise weniger betroffen sind. Renault-Finance hat einen Weg gefunden, um die indirekten Importbeschränkungen in Italien zu umgehen. Die Importeure müssen für die Dauer von 6 Monaten bei der italienischen Nationalbank eine Kaution in der halben Höhe des Wertes der Importprodukte deponieren. Für Renault bedeutet dies die Bindung von 150 Millionen Francs über ein volles Jahr. Renault Finance schiesst diesen Betrag vor und sichert damit einen spektakulären Durchbruch des Renault 5 auf dem transalpinen Markt, wo die Régie zum grössten Importeur wird. Auf einem um 5% geschrumpften Markt kann Renault seine Lieferungen um rund 27% erhöhen.

Man geht neue Wege der Verkaufsförderung und lanciert am folgenden Salon die Operation «Preiswahrheit», welche mit dem Begriff des «Inklusivpreises für den schlüsselfertigen Wagen» Schule macht. Die Gesamtheit dieser Massnahmen erlaubt es, einen Still-stand der Fabriken auf ein Minimum zu reduzieren. Lediglich Sandouville ist davon in geringem Ausmass betroffen. Man feiert einen Tag im Jänner, einen Tag im März und zwei Tage im April. Die finanzielle Situation hingegen verschlechtert sich gefährlich. Der Verkaufsrückgang bei den teuren Modellen, die Kosten für die Produktionsumstellungen in den Werken, die Kostensteigerungen und die Verringerung der Margen bilden ein beunruhigendes Ensem-ble. In diesem bedrückten Klima des Marktes kann keine Rede von Preiserhöhungen zur Kompensation der Kostensteigerungen sein. Die Regierung, welche die Preise kontrolliert, ist auch keineswegs bereit, den Automobilfabriken hier freie Hand zu lassen. Als Folge davon müssen Investitionen zurückgestellt werden. Das Jahresprogramm – 1200 Millionen – wird um 200 Millionen Francs reduziert, die Vorstellung des Renault 20 und des Renault 30 zurückgestellt, und die Verschuldung steigt weiter an. Die geplante Selbstfinanzierungsquote von 75% ist nicht erreichbar.

Einen kühlen Kopf zu behalten, klingt sehr schön, doch die Krise hat ein derartiges Ausmass erreicht, dass die Zukunft düster erscheint. Manche beginnen sich zu fragen, ob die Automobilindustrie überhaupt noch eine Zukunft habe. Einer der europäischen Automobilhersteller zumindest, nämlich Fiat, kommt zum Schluss, dass dies nicht der Fall sei. Dort unterbricht man 4 Jahre lang das Erneuerungsprogramm der Modellreihe. Ein anderer Hersteller, Volkswagen, setzt vorläufig auf die Karte der Diversifikation und übernimmt die Kontrolle der Büromaschinenwerke Triumph-Adler. Renault lehnt diesen extremen Pessimismus ab, doch lässt Dreyfus immerhin die Idee gelten, dass die Automobilindustrie zumindest teilweise aufhören könnte, eine Wachstumsbranche zu sein:

«Unser Handicap ist die Tatsache, dass wir ohne die geringsten Reserven in eine stürmische Epoche eintreten müssen», erklärt er vor dem Zentralausschuss des Unternehmens in der Sitzung vom Juni. «Wir sind folglich ausserordentlich verwundbar. Unsere Industrie könnte eine Wachstumsverlangsamung erleben, welche weit über das hinausgeht, was wir uns heute vorstellen können. Wie kann man dem entgegentreten? Man muss die Aktivität auf dem Automobilsektor durch Diversifikation unterstützen und die Existenz einer starken Renault-Gruppe muss uns erlauben, die mittelmässigen oder schlechten Jahre durchzustehen.»

*

Im Februar 1974 und nochmals 2 Monate später macht sich Christian Beullac zum Sprecher der Diversifikation. Er hat Pierre Dreyfus zwei Grundsatzpapiere vorgelegt, welche von einer Arbeitsgruppe unter Leitung von Moustaki ausgearbeitet wurden. Letzterer ist bei der Régie für die makroökonomischen Studien zuständig. Man schlägt verschiedene Stossrichtungen vor.

Die Régie hat stets eine gewisse Diversifikation geübt, ohne dies zu wissen oder auch zu wollen. Louis Renault selbst hat Glas, Holz und Kautschuk hergestellt, um immer in einer Position der Stärke gegenüber den Zulieferanten zu sein. Hierbei handelte es sich also mehr um eine hohe Fertigungstiefe als um echte Diversifikation.

Er hat auch zu Beginn der Zwanziger Jahre einige Finanzierungs-Tochterunternehmen geschaffen wie die DIAC, ein Kreditinstitut, die Société financière et foncière, ein Finanzierungs- und Bodenkreditinstitut als Konzernbank, oder die SAF zur Verwaltung der Liegenschaften. Seinen Nachfolgern überliess er ein gemischtes Erbe, das auch die Herstellung von Eisenbahnwaggons, Untergrundbahnwagen, Kugellagern, Reifen, Lack und Werkzeugmaschinen umfasste. Man hat diese Fertigungen teilweise verkauft, teilweise weiterentwickelt. Gelegentlich hat die Régie über Verlangen der öffentlichen Hand auch die eine oder andere Firma übernommen, wobei man sich bemüht hat, möglichst wenige lahme Enten der Régie einzugliedern.

Zu Beginn der Siebziger Jahre verstärkte sich diese Tendenz. Zu der gewollten und geplanten Diversifikation in Richtung Finanzierungswesen gesellten sich auch «Anlagen» von ungenügender Ertragsstärke. Die Régie verfügte meist über umfassende Finanzierungsmittel; so hat man sich bei Immobilien engagiert, was bis zur Übernahme eines Aktienpakets der Compagnie européenne des parcs de loisirs ging. Diese Firma sollte mit Hilfe der SERI (Renault-Engineering) eine «Fabuland» genannte europäische Version von Disneyland errichten. Als man daran dachte, sich im Agrar- und Nahrungsmittelsektor zu engagieren, wurde eine Beteiligung an der Générale Occidentale erworben. Dies wiederum rechtfertigte die Übernahme einer Spezialfirma für Solarpumpen. Man kaufte die Firma Couach auf, um die Firma Renault-Marine zu errichten. Zur Verstärkung der Tochter Renault-Moteurs wurde die Rasenmäherfirma Moteurs Bernard übernommen. Mit Nachdruck betrieb man die Lancierung von Renault-Loisirs, um auch am Wachstum der Freizeitindustrie zu partizipieren.

Diese etwas ungeordneten Entwicklungen wurden bereits vor der Ölkrise in Angriff genommen. Moustaki will all dies im Rahmen einer wohlüberlegten Diversifikation verstärken. In seinen Berichten bringt er diese Gedanken zum Ausdruck. Um gesamtwirtschaftlich von Bedeutung zu sein, muss man Umsatz machen und das Automobil könnte in Zukunft nicht mehr die starke Lokomotive von ehedem sein. Will ein Unternehmen Mitarbeiter von allererster Qualität haben, so muss man den Führungskräften Zukunftsaussichten bieten. Hier könnte das Automobil bald nicht mehr genügend Anreiz für die ehrgeizigsten Personen bieten.

Dreyfus versammelt seinen Generalstab. Vor den leitenden Angestellten lässt er eine Bombe platzen.

«Die Diversifikation ist für uns unerlässlich», bestätigt er. «Unser Ziel ist es, 50% unseres Umsatzes ausserhalb des Automobilbereichs zu tätigen.»

Zu diesem Zeitpunkt trägt die PKW-Produktion 70% des Umsatzes der Régie bei, verglichen mit 11% bei LKW (SAVIEM), 6% bei diversen Industrieprodukten (Kugellager, Spezialstähle, Kautschuk), 6% bei Engineering (Anlagenbau) sowie 3% im Motorenbau. Die von Dreyfus erwähnte Zielsetzung ruft Erstaunen hervor. Hat er hier nicht, wie es häufig seine Art war, einen Versuchsballon gestartet, eine Herausforderung definiert oder eine Arbeitshypothese? Sofern er nicht eine gute Gelegenheit benützte, im Rahmen der Régie eine sehr weitgehende Operation der industriellen Neustrukturierung einzuleiten, bei der Renault für Frankreich eine Rolle einnehmen könnte wie die IRI in Italien? Soll Renault zur Ausübung eines wirtschaftlichen und industriellen Einflusses sein Pouvoir, das derzeit für die Dimensionen der Automobilindustrie genügt, ausweiten und damit indirekt den Staatseinfluss verstärken, all dies im Wege über eine galoppierende Diversifizierung? Vor dem Zentralausschuss des Unternehmens im Juni 1974 hat Dreyfus Farbe bekannt:

«Ich versichere Ihnen», sagt er, «dass ich stets ein Vordringen von Renault in andere wirtschaftliche Sektoren gewünscht habe, um somit die verstaatlichte Industrie zu stimulieren.»

Beullac sorgt jedenfalls für einige Aufregung, als er die Dreyfus-Erklärung vis-à-vis der Zeitschrift «L'EXPRESS» für die Öffentlichkeit in dem Sinne interpretiert, dass Renault im Jahre 1985 die Hälfte seines Umsatzes ausserhalb des Automobilbereichs erwirtschaften werde. Dreyfus selbst schwächt dies einige Monate später in einem Interview für die Zeitschrift «Le Point» beträchtlich ab:

«Wir müssen in der Lage sein», erklärt er, «innerhalb der nächsten zehn Jahre ausserhalb des reinen Automobilbereichs einen Umsatz zu machen, der etwa 50% unseres Automobilumsatzes beträgt.»

Diese Zielsetzung scheint in der Zwischenzeit in den Bereich des Vorstellbaren gerückt, selbst für jene, die so wie Dreyfus es ablehnen, für das Automobil an «apokalyptische Visionen» zu glauben, wie dies von manchen Unglückspropheten zur Zeit ausposaunt wird.

Mittlerweile hat Peugeot den Entschluss gefasst, seine Geschicke mit jenen von Citroën zu verknüpfen. Indirekt kann Renault dadurch einen Riesenschritt in Richtung auf eine natürliche Diversifikation tun: die Übernahme der Kontrolle über Berliet stellt ein bedeutendes Projekt im Bereiche der Nutzfahrzeuge dar.

Adieu, Peugeot!
Willkommen, Berliet!

Am 21. Juni 1974 berichtet Christian Beullac dem Zentralausschuss des Unternehmens über die Entwicklung der Assoziation Renault-Peugeot.

«Ich lebe mit dieser Assoziation tagtäglich und kann Ihnen versichern, dass trotz aller Schwierigkeiten der Geist des ersten Tages nach wie vor besteht.»

Drei Tage später, am 24., ruft François Gautier, der Kapitän von Peugeot, Pierre Dreyfus an:

«Wir haben mit Michelin ein Grundsatzübereinkommen unterzeichnet, welches die Firmen Peugeot und Citroën einander näherbringen soll. Ein Communiqué geht heute an die Öffentlichkeit.»

Dreyfus ist völlig überrascht. Er sieht Gautier einmal im Monat. Meesemaecker und de Pins, die Sekretäre der Assoziation, haben täglichen Kontakt miteinander. Zu keinem Zeitpunkt jedoch hat Peugeot gegenüber Renault irgendwelche Andeutungen gemacht, dass es geheime Verhandlungen mit Dritten führe.

In Billancourt gehen die Emotionen hoch. Man hat das Gefühl, hereingelegt worden zu sein. Peugeot-Renault war für viele eine Ehe fürs Leben. Man hat zwar seit dem ursprünglichen Abschluss des Assoziationsvertrages vor acht Jahren mehrere Male die Möglichkeit einer «ménage à trois» ins Auge gefasst, doch niemand hätte auch im entferntesten daran geglaubt, dass Peugeot im Alleingang auf Suche nach einem neuen Partner wäre. Nun wurde Dreyfus im letzten Moment davon in Kenntnis gesetzt und damit vor vollendete Tatsachen gestellt.

«Citroën war krank», sagte er, «und wir wussten alle, dass vielleicht die Notwendigkeit einer Intervention bestünde. Wir haben diese Möglichkeit auch gemeinsam mit Peugeot in Erwägung gezogen und dachten dabei, im gegebenen Augenblick die Operation einvernehmlich vornehmen zu können.»

Doch François Michelin hat wenig Lust, sein Automobilwerk einem verstaatlichten Unternehmen anzubieten. Er und der Generalstab von Peugeot sind zu einer anderen Entscheidung gelangt. Der Präsident der Régie ist davon tief betroffen. Man hat immerhin einige lebensfähige Kinder in die Welt gesetzt; das Motorenwerk von Douvrin, die Getriebe- und Hinterachsenfertigung in Ruitz, die gemeinsamen Investitionen in den Karosseriewerken Chausson sowie Brissonneau und Lotz. Man hat hunderte gemeinsame Patente eingereicht. Dennoch steht fest, dass sich Gautier und Dreyfus stets recht schlecht verstanden haben. Der Erstere misstraute dem Letzteren, den er als viel zu listig und ausserdem zu links für seinen Geschmack empfand.

Von Billancourt vor den Toren von Paris bis Sandouville nahe dem Atlantik fügen sich

Und der Zweite fühlte sich bei der Kühle seines Partners nie wohl. Sie kamen stets zu einem Einverständnis, wenn es sich um ein industrielles Investitionsprogramm in Frankreich handelte, das für beide Teile profitabel war. Doch unbewusst war Dreyfus oft darüber irritiert, dass Peugeot als der kleinere Partner stets gleichberechtigt mit Renault behandelt werden wollte, während Gautier offensichtlich stets darunter litt, dass Dreyfus den stärkeren Partner in der Assoziation vertrat.

Renault hätte die Zusammenarbeit mit seinem Partner gerne noch ausgeweitet, ganz besonders in Richtung auf gemeinsame industrielle Projekte in Übersee. Derartige Aktionen hätten jedoch eine Abstimmung der Modellreihen erforderlich gemacht und dazu war Peugeot nicht bereit. Gautier und Dreyfus hatten also füreinander keine besondere Sympathie, doch die Beziehungen zwischen ihren Beigeordneten waren stets besonders herzlich und die Kooperation unter den Ingenieuren so gut wie am ersten Tag. Einmal im Monat sass man sich an einem langen Tisch vis-à-vis, abwechselnd in der Avenue de la Grande-Armée und im Bürohaus an den Champs-Elysées. An den Tischenden einander gegenüber die beiden Chefs der Konzerne, rechts von ihnen Rougé und Beullac, zwei systematisch denkende Menschen, die sich darum bemühten, die Arbeit voranzutreiben. Georges Taylor, ein Vorstandsmitglied von Peugeot und späterer Präsident von Citroën, spielte dabei die Rolle des Hofnarren und animierte die Assoziation.

Man spürte zwar, dass die Assoziation auf der Stelle trat, doch immerhin hatte man eine Reihe von positiven Resultaten erzielt und bei Renault erhoffte man noch weitere Ergebnisse. Durch die Übernahme von Citroën wollte Peugeot ein ausgeglicheneres Kräfteverhältnis herstellen. Gautier präzisierte darüber hinaus zu Dreyfus:

die Renault-Werke in Flins und Cléon harmonisch in die Mäander der Seine ein.

«Dies soll nichts an unseren Beziehungen ändern, im Gegenteil, wir können daraus Nutzen ziehen...»

Doch der Charme war zerbrochen, das Vertrauen hatte sich verflüchtigt. Meesemaecker legte erbittert bald darauf seinen Posten als Sekretär der Assoziation zurück und wurde durch Ouin ersetzt. Und Vernier-Palliez machte einen Vorstoss bei Dreyfus:

«Man muss einen Nutzen aus dieser Situation ziehen», sagte er, «der Staat wird Peugeot bei der Übernahme von Citroën unterstützen. Fordern wir wenigstens die Übernahme von Berliet durch Renault.»

Die Fusion von Berliet und Renault zur Erzielung einer schlagkräftigen Nutzfahrzeugindustrie in Frankreich ist ein alter Traum von Billancourt. Lefaucheux hat in den Nachkriegsjahren ernstlich daran gedacht und selbst die Abtretung der viel zu kleinen Gruppe Latil-Renault-Somua zugunsten von Berliet ins Auge gefasst. Mangels einer Ermächtigung, Berliet zu erwerben, hat Renault noch im Jahre 1965 die Abtretung der SAVIEM überlegt. Doch Paul Berliet hat keinen Enthusiasmus für dieses Projekt gezeigt, weil er der Überzeugung war, dass SAVIEM ihm eines Tages wie eine reife Frucht zufallen werde. 1968 und neuerdings 1971 haben Vernier-Palliez und Zannotti gegenüber Paul Berliet und der öffentlichen Hand das Interesse von Renault an einer Annäherung bekundet und die Notwendigkeit einer derartigen Massnahme unterstrichen, doch alles war umsonst.

Diesmal allerdings scheinen die Chancen günstiger. Einmal mehr verlangt Pierre Dreyfus eine Audienz bei Giscard d'Estaing. Das Treffen findet nicht mehr im Finanzministerium statt, sondern im Elysée-Palast. Vor wenigen Wochen war Giscard zum Präsidenten der Republik gewählt worden. Wenn die beiden Männer auch ideologisch

191

in verschiedenen Lagern stehen, sie schätzen einander. Der Ex-Finanzminister hat den Präsidenten der Régie stets sehr gut verstanden und er ist oft sein Verbündeter gewesen.

«Wenn Sie bereit sind, viel Geld in eine Neugruppierung Peugeot-Citroën zu stecken», sagt ihm Dreyfus, «so könnten Sie sich wenigstens für dieses Geld das Berliet-Aktienpaket aus dem Besitze von Citroën ausfolgen lassen. Die Régie wird sie Ihnen abkaufen. Sie führen also eine Doppeloperation durch und niemand kann Ihnen den Vorwurf machen, ein Privatunternehmen zum Schaden der nationalen Régie favorisiert zu haben...»

Ganz so einfach und schnell geht die Sache nicht über die Bühne, doch immerhin folgt die öffentliche Hand den Ideen, welche Dreyfus und Vernier-Palliez ausgesprochen haben. Anfang Dezember ist der Plan reif. Das «Interministerielle Komitee für die Verbesserung der Industriestrukturen» fasst einen Beschluss. Am nächsten Tag empfangen der Wirtschafts- und Finanzminister Pierre Fourcade und der Industrieminister Michel d'Ornano nacheinander die Herren Pierre Michelin, François Gautier und Pierre Dreyfus. Daraufhin wird am 3. Dezember der offizielle Beschluss der Regierung bekanntgegeben: zur Unterstützung der Neugruppierung von Peugeot und Citroën vergibt der Fonds für wirtschaftliche und soziale Entwicklung an Citroën ein Darlehen von einer Milliarde Francs mit einer Laufzeit von 15 Jahren bei einer Verzinsung von 9,75%. Um den Erwerb von Berliet durch Renault zu unterstützen, wird der Fonds einen Betrag von 450 Millionen Francs zu denselben Konditionen an die Régie vergeben. Diese Summe deckt bis auf 30 Millionen die Rechnung, welche Renault an die Citroën S.A., somit also an den Michelin-Konzern, für den Erwerb der Berliet-Aktien zu bezahlen hat, nämlich 480 Millionen Francs.

Befriedigung und Sorge mischen sich in Billancourt. Die Neustrukturierung der französischen Lastkraftwagenindustrie wird die Régie stark belasten. Ein 30 Jahre altes Ziel ist erreicht, doch ist es nicht vielleicht schon zu spät, um eine derartige Neugruppierung zu verwirklichen?

«Diese Operation», betont Dreyfus, «wird sich auf unsere Bilanz und die Finanzierung unserer eigenen Investitionen als schwere Belastung auswirken. Wie gross aber auch immer die daraus resultierenden Unannehmlichkeiten sein mögen, wir konnten diese Gelegenheit nicht vorbeigehen lassen. Der Renault-Konzern wird damit zum einzigen französischen Nutzfahrzeughersteller, der 85 Prozent der französischen Produktion stellt – der Rest ist die Firma UNIC, eine Fiat-Filiale. Die Rationalisierung, welche wir vornehmen werden, stellt eine Angelegenheit des nationalen Interesses dar.»

Die Assoziation Renault-Peugeot ist somit auf die während der Ehe erworbenen Güter und Anlagen reduziert. Wenige Monate später werden die beiden Partner sogar darauf verzichten, Patente gemeinsam einzureichen. Sie sind nunmehr beide so stark mit den Problemen im eigenen Lager beschäftigt, dass neue gemeinsame Bestrebungen nicht in Frage kommen. Man hat sich bei Renault schnell über die Fusion Peugeot-Citroën getröstet, weil die Régie trotz allem der erste französische Automobilhersteller blieb. Das Gefühl der Verärgerung ist bald verschwunden und macht rasch einem Geist der Herausforderung Platz. Citroën hat 1974 9000 Einheiten weniger gebaut als im Jahr zuvor. Der Verlust im Bilanzjahr 1974 wird mit 1 Milliarde Francs angegeben und für 1975 rechnet man mit ähnlich schlechten Ergebnissen:

«Wir wünschen ihnen viel Vergnügen», sagt man in Billancourt.

Um Peugeot zu zeigen, dass man, wenn nötig, auch unangenehm werden kann, spielt man dem ehemaligen Partner unter dem Motto der Diversifizierung übel mit. Peugeot erzeugt Fahrräder? Peugeot gibt bei der Tour de France den Ton an? Also gut! Renault kauft die in Schwierigkeiten geratene kleine Firma Micmo auf, welche die Gitanes-Fahrräder in Westfrankreich erzeugt. Bald wird man mit Lucien van Impe und Bernard Hinault die Tour de France gewinnen und dem bärtigen Löwen das Nachsehen geben. Peugeot erzeugt Mopedmotoren? Also gut! Renault beteiligt sich an Vélosolex und lässt sich in eine tolle Börsenspekulation ein, um ein grosses Aktienpaket von Motobécane zu erwerben. Nach dem Gewitter wird man dieses Aktienpaket an den Luftfahrtindustriellen Marcel Dassault weiterverkaufen, der seinem Enkel diese Firma schenken möchte.

*

Die Übernahme von Berliet ist ein knappes Jahr vor dem Ende von Pierre Dreyfus' Präsidentschaftsmandat bei der Régie erfolgt. Trotz dem Ölschock hat das Unternehmen das heikle Jahr 1974 gut überstanden. Die Hälfte der Investitionen war der Fertigstellung des Werkes von Douai gewidmet, wo die ersten Renault 5 zu Ende des Jahres erzeugt werden. Die Flexibilität der Montagewerke wurde verbessert, um eine rasche Anpassung an Veränderungen in der Nachfrage zu ermöglichen. Die Produktion der Régie ist auf 1 487 000 Einheiten angestiegen, wobei die Lastkraftwagen SAVIEM in der Zahl inbegriffen sind. Der Export konnte um 35 000 Fahrzeuge gesteigert werden. Die Krise zwang jedoch dazu, einige Projekte etwas zurückzustellen. Sie erlaubte bloss die Einführung eines neuen Modells, einer Variante des Renault 5. Dieses Modell LS sollte den Anfangspunkt einer ganzen Modellreihe Renault 5 bilden. Das Fahrzeug war mit einem Motor von 1289 cm³ ausgerüstet und erreichte eine Höchstgeschwindigkeit von 155 km/h. Darüber hinaus wies es ganz besonders sparsame Benzinverbrauchswerte auf. Renault präsentierte ausserdem sein Basic Research Vehicle, ein Versuchsfahrzeug, in dem eine Synthese sämtlicher Sicherheitsforschungen verwirklicht wurde.

1975 kommen zwei weitere Versionen des Renault 5 hinzu, das Modell TS und das Modell «Société». Vor allem aber wird die Modellpalette nach oben abgerundet. Der Renault 30 TS wird im März auf dem Genfer Automobil-Salon vorgestellt. Dies bietet Pierre Dreyfus eine gute Gelegenheit, seinen unerschütterlichen Glauben an das Automobil in aller Öffentlichkeit kundzutun und seine Überzeugung zum Ausdruck zu bringen, dass die Krise nicht andauern werde. Mit seinem Sechszylinder-V-Motor – demselben, der einige Monate später auch den Peugeot 604 antreiben wird – bezeugt die neue Limousine ironischerweise den Wert der Assoziation Renault-Peugeot zu einem Zeitpunkt, wo die letztere bereits ihre Zukunft hinter sich gelassen hat. Es handelt sich dabei um den ersten Motor, der in dem Unternehmen «Française de mécanique» in Douvrin produziert wird, zum Nutzen der beiden Assoziierten sowie auch von Volvo, welches sich diesem Projekt im Rahmen der «Franco-Suedoise de Moteurs» angeschlossen hat. Der Renault 20, ein kleiner Bruder des 30 TS, wird gegen Jahresende mit einem um 600 cm³ kleineren Vierzylinder-Motor auftauchen, welcher der Assoziation sehr viel weniger zu verdanken hat...

Modellpalette, Verkaufsorganisation und Produktionsanlagen sind besser als je zuvor zu einem Zeitpunkt, wo sich die Herrschaft von Pierre Dreyfus nach 20 Jahren dem Ende zuneigt. Leider wird sein letztes Bilanzjahr, welches eigentlich das glorreichste sein sollte, zugleich das schwierigste. In den Jahren 1971 und wiederum 1973 hat Renault im Frühjahr teure Streiks erlebt. Diejenigen des Jahres 1975 schlugen alle Rekorde und verursachten das grösste Defizit in der Geschichte der Régie, 551,2 Millionen Francs. Die Tatsache, dass alle anderen europäischen Automobilwerke, mit der Ausnahme von Mercedes, BMW und Peugeot, ebenfalls rote Zahlen schrieben, war nur ein geringer Trost. Die Investitionen mussten um 400 Millionen reduziert werden, die Vorstellung des Renault 14 verzögerte sich um 6 Monate, diejenige des Renault 18 wurde um ein Jahr zurückgestellt. Der Streik bricht Ende Jänner wegen einer Erschwerniszulage in Le Mans aus. Im Februar greift er auf die Fahrer in Billancourt, bald darauf auch in Flins über. Die Arbeitsniederlegung erfasst anschliessend auch die Fahrer des Werkes Le Mans und führt damit eine totale Lähmung herbei. Es ist dies der längste Streik in der Geschichte der Régie, er dauert volle neun Wochen, bis Mitte April. Renault kämpft mit gebundenen Händen. Ein Artikel im F.O. stellt am 10. April die Frage: «Wer dirigiert die Régie? Ist es Pierre Dreyfus? Oder ist es eine Minorität von Agitatoren, welche nur politische Ziele verfolgt?»

Der Streik im Frühjahr bedeutet für die Régie einen Produktionsausfall von 100 000 Einheiten. Kompliziert wird die Lage noch durch eine Arbeitsniederlegung bei Chausson, wodurch ein weiterer Produktionsverlust von 20 000 Fahrzeugen entsteht. Damit fällt die Gesamtproduktion für dieses Jahr auf das Niveau von vor 3 Jahren zurück.

«Die soziale Krise, die wir erleben, hat leider keine grossen Heilmittel», bemerkt Pierre Dreyfus. «Es existiert in der Tat ein Problem, das weder einem Lande, noch einem Wirtschaftssystem eigentümlich ist. Die Stellung des angelernten Arbeiters (ein Ausdruck, mit dem wir in Wirklichkeit den Hilfsarbeiter bezeichnen) ist eng an die industrielle Zivilisation gebunden. 75% der Industriearbeiter entsprechen dieser Definition. Es werden morgen vielleicht nicht mehr als 70% sein, doch wird das nichts am Wesentlichen des Problems ändern!»

«Die Grundtatsache ist, dass heute ein betonter Widerspruch zwischen der allgemeinen Hebung des Ausbildungsniveaus und dem Umstand besteht, dass die Gesellschaft eine beträchtliche Anzahl von Posten für unqualifizierte Arbeiter bietet. Wie soll man tatsächlich von Leuten, die Anstrengungen gemacht haben, sich zu kultivieren, von Leuten, die die Welt durch das Fernsehen und alle modernen Informations- und Kulturmittel entdecken, verlangen, Arbeiten zu verrichten, die oft uninteressant sind?»

Die Régie Renault jedenfalls hat ihre Anstrengungen zur Verbesserung des sozialen Klimas beständig fortgesetzt. Auf Anregung von Georges Pompidou sind seit 1969 Aktien des Unternehmens unter das Personal verteilt worden. Die monatliche Lohnzahlung ist im gleichen Jahr für weitere Gruppen von Arbeitern eingeführt worden, und die Arbeitszeit wurde nach der schon 1968 eingetretenen Herabsetzung um eine weitere Stunde vermindert.

Am 1. Januar 1970 ist die monatliche Bezahlung des Personals mit 25 Jahren Dienstzeit beschlossen worden, und das Werksabkommen vom 27. März sieht diese Entlöhnung nach und nach für alle im Stundenlohn Stehenden vor, während eine neue Herabsetzung der Arbeitszeit eintritt. Weitere Reduzierungen folgen im Februar 1971, im Oktober 1972 und 1973 sowie im September 1974.

Zum gegenwärtigen Zeitpunkt wird die gesamte Belegschaft mit mindestens einem Dienstjahr auf monatlicher Grundlage bezahlt. Thomas ist auf Reber gefolgt, doch bleibt auf Veranlassung von Pierre Dreyfus die Politik die gleiche. Das am 17. Januar 1973 unterzeichnete Werksabkommen sieht vor, dass der 1958 eingerichtete soziale Ausgleichsfonds von nun an die arbeitslosen Tage zu 60% statt zu 50% entschädigt. Aber vor allem erlaubt das Abkommen den Arbeitnehmern, im Alter von 63 Jahren ohne Verminderung der Pension in den Ruhestand zu treten. Es bietet ferner die Möglichkeit eines Ausscheidens in «Warteurlaub» mit 62 Jahren für die Männer und mit 61 Jahren für die Frauen mit einer Besoldung, die 75% des letzten Lohnes entspricht.

Wieder einmal setzen diese Abkommen, deren Einfluss auf die gesamte französische Industrie spürbar sein wird, ein Beispiel.

«Da man die Lage der Arbeiter nicht grundlegend ändern kann», wiederholt Pierre Dreyfus, «ist es unsere Pflicht, die Dauer ihrer Tätigkeit zu verkürzen!»

*

Der Betrag der Renault vom Finanzministerium gewährten jährlichen Kapitalzuwendungen variiert zwischen 100 und 280 Millionen Francs, und die Investitionen überschreiten von nun an 1 Milliarde Francs pro Jahr, viermal mehr als 1965, zweimal mehr als 1967. So ist seit 1969 der Prozentsatz der Investitionen im Verhältnis zum Umsatz höher als 10% oder nahe daran.

Aber die finanziellen Lasten sind schwer: die Régie muss die durch ihren Eigentümer beigebrachten Kapitalzuwendungen verzinsen und die Anleihen zurückzahlen.

Das Werk arbeitet aber an der Grenze seiner finanziellen Möglichkeiten, und dieser ständige Bedarf an neuem Kapital findet nie ein Ende.

Souleil ist jedoch stets bereit, seine Schatztruhen zu öffnen. «Wenn es sich um rentable Projekte handelt», sagt er, «werde ich Euch immer Geld auftreiben!»

Die Treue der Régie zum Automobilsport und immer wieder neue Siege zeugen von der Dynamik und dem Kampfgeist, welche das gesamte Unternehmen beseelen. Die Régie Renault festigt ihre Beteiligung an sportlichen Wettbewerben, sie hat die Firmen Gordini und Alpine unter ihre Fittiche genommen und sie knüpft engere Bande zu der Mineralölgesellschaft Elf.

Der Renault 12 Gordini-Pokal und die Rennen der Formel Renault – die aus der 1969 eingeführten Formel France hervorgegangen ist – sind für die jungen Rennfahrer ein Sprungbrett für grössere Aufgaben. Jean Vinatier ist im Jahre 1969, am Ende einer langen Erfolgsserie, französischer Rallye-Meister gewesen, Jean-Claude Andruet hat ihn unter den blau-weissen Farben der Renault-Rennabteilung abgelöst und der Erfolgsliste der Firma im Jahre 1970 einen Europameistertitel hinzugefügt.

Diesem Höhepunkt folgen weitere. Im Januar 1971 vollbrachte Renault bei der Rallye Monte Carlo eine noch nie dagewesene Leistung. Der Alpine Renault von Ove Andersson und David Stone dominierte nicht nur den Porsche von Waldegaard, dem Gesamtsieger der beiden vorangegangenen Monte Carlo-Rallyes, sondern die blauen Wagen erzielten auch einen aussergewöhnlichen Team-

Erfolg: die sechs gestarteten Alpine Renault konnten sich alle klassifizieren. Sie belegten die beiden ersten Plätze im Gesamtklassement, und unter den ersten zehn der Gesamtwertung sind allein fünf Alpine A 110 zu finden. Renault gewann gleichzeitig den Mannschaftswettbewerb, der Trophäe der Automobilindustrie, errang einen Gruppensieg und einen Klassensieg. Ein Lastwagen ist erforderlich, um alle Pokale, die das Team gewonnen hat, nach Dieppe zu Alpine und nach Billancourt zu befördern.

Im gleichen Jahr verbessert ein von den Brüdern Marreau mit einer Durchschnittsgeschwindigkeit von 71,96 km/h gefahrener Renault 12 Gordini den Rekord für die Strecke Kap–Algier um 2 h 50'. Bei der im Monat Januar 1973 ausgefahrenen Rallye Monte Carlo ist das Ergebnis für Renault noch eindrucksvoller als zwei Jahre zuvor. Stets befinden sich drei Alpine Renault mit Andruet-Biche vor Andersson-Todt und Nicolas-Vial in der Spitzengruppe. Alle konkurrierenden Werkswagen beenden den Wettbewerb noch innerhalb der Wertung, aber diesmal befinden sich sechs Alpine Renault unter den zehn Erstplazierten, und der Renault 12 Gordini von Ragnotti und Tambay sind unter den ersten zwanzig des Gesamtklassements zu finden. Es ist der erste Erfolg eines französischen Teams seit 1959 in Monaco und das erste Mal, dass eine junge Dame – «Biche Petit», eine 22jährige Jura-Studentin – die in den Staatsdienst zu gehen beabsichtigt, einen derartigen Erfolg zu verzeichnen hat.

In diesem Jahr gewinnt Alpine-Renault seine erste Rallye-Weltmeisterschaft sowie die Europameisterschaft für Prototypen bis 2000 cm³ mit dem Modell A 441, das bereits ein Vorläufer des A 442 mit Turbomotor des Jahres 1976 ist. Die Nachwuchsformeln, welche bereits die späteren Meisterfahrer Jarier, Laffite, Tambay und Larrousse hervorbrachten, entwickeln sich ständig weiter.

1974 entsteht die Formel Super Renault sowie der Europa-Pokal der Formel Renault. Im darauffolgenden Jahr wird das Modell Renault 5 LS (80 PS, 175 km/h) zum Schlachtross für den Renault-Elf-Gordini-Pokal bestimmt.

Zur selben Zeit nähert sich auch der persönliche Marathon von Pierre Dreyfus seinem Ziel. In den letzten fünfzehn Jahren hat sich das Volumen des europäischen Marktes verdoppelt, während sich die Renault-Verkäufe verdrei-, ja vervierfachten! Als Dreyfus zur Régie kam, baute man dort 200 000 Einheiten pro Jahr, davon ein Viertel für den Export. Zwanzig Jahre später hat Renault eine Produktionskapazität von anderthalb Millionen Wagen, von denen man in guten wie in schlechten Jahren 55% exportiert. Bei seinem Eintritt in das Unternehmen arbeiteten 50 000 Mann unter dem Firmensymbol der Raute; als er abtritt, sind es 200 000, davon 96 000 in der Régie selbst, 62 000 in den französischen Filialen und 40 000 in den ausländischen Niederlassungen.

Das Erbe von Pierre Dreyfus – eine Modellreihe...

Die Raute selbst, die er im Herzen trägt, liess Dreyfus durch den Maler Vasarely im Jahre 1972 verjüngen. Es ist dies die achte Version des Firmen-Logos, seit dem Renault-Zahnrad des Jahres 1899. Die Raute wählte Louis Renault erstmals 1924 als Emblem für seine

Wagen – und dabei ist es seither grundsätzlich auch geblieben.

An wen also wird Dreyfus diese neue Raute beim Stafettenlauf weiterreichen? Die Stunde für die Suche eines Nachfolgers ist gekommen!

Pierre Dreyfus (rechts) übergibt Bernard Vernier-Palliez sein Amt im Dezember
1975. Etwas mehr als fünf Jahre später wird Dreyfus als Industrieminister wieder in
Amt und Würden sein.

BERNARD VERNIER-PALLIEZ

DIE NACHFOLGE

Im Frühjahr 1975 versammelte Dreyfus seine Barone im 8. Stockwerk des Verwaltungsgebäudes am Point du Jour. Die Régie hat eine funkelnagelneue Kommandobrücke errichtet, symbolisch für die neue Zeit. Dreyfus ist ein grosser Verehrer der modernen Kunst und Architektur. Er hatte anfangs daran gedacht, den Bau dem brasilianischen Architekten Oscar Niemeyer zu übertragen, doch das Projekt des Vaters der Stadt Brasilia, ein riesiger, gläserner Kreisbogen, war zu ambitioniert, vor allem zu teuer. Man beauftragte schliesslich den Architekten Jean Vigneron, bekannt für seine Korrektheit bei der Einhaltung der Bautermine und der Kostenvoranschläge. Sein Projekt war bescheidener, es handelte sich um eine weniger futuristische und sehr funktionelle Konstruktion.

Die moderne Kunst kommt dennoch nicht zu kurz. Seit einigen Jahren leitet Claude Renard im Rahmen der Régie eine Forschungsabteilung unter dem Namen «Kunst und Industrie». Er ist es, der – nach den Worten von Bernard Hanon – «Renault in eine zeitgenössische Landschaft stellt». Er mobilisiert einige der grössten Künstler und Graphiker seiner Zeit, um den Würfeln aus Stahl, Beton und Glas, welche den Generalstab der Régie beherbergen werden, jene ästhetischen Lichtpunkte aufzusetzen, welche sie benötigen.

Der Venezolaner J. R. Soto entwirft die Eingangshalle in einem linearen schwarz-weissen Dekor sowie das Restaurant zu ebener Erde. Der Argentinier Julio Le Parc malt die 14 farbigen Bänder in der Cafeteria. Ein anderer Argentinier, Luis Tomasello, gibt dem Konferenzsaal sein Dekor von horizontalen und vertikalen Lamellen. Für die Generaldirektion in der 8. Etage schafft Armand 2 Basreliefs aus zersägten mechanischen Elementen. Die vier riesigen Wandgemälde im Computerbau stammen von Jean Dewasme. Jean Dubuffet steuert 21 grosse Gemälde für die sechs Direktionsspeisesäle bei und entwirft für die Eintrittshalle ein «Monument», der einzige Misserfolg des ganzen Projektes. Es wird später mit einem grossen Teppich verdeckt. Vasarely schliesslich, dessen neue Renault-Raute auf der ganzen Welt bekannt ist, schafft 29 grosse Werke auf Aluminium-Basis, welche die Restaurants der leitenden Angestellten und der Gäste schmücken.

Soweit zum Dekor, nun zu den Menschen. Dreyfus, der grosse Regisseur, hat die Wahl zwischen zwei Kronprinzen – Christian Beullac und Bernard Vernier-Palliez – sowie einer Reihe von weiteren qualifizierten Kandidaten. «V.P.» ist mit 57 Jahren der älteste unter Dreyfus' Kronprinzen. Er ist seit 30 Jahren bei der Firma und witzelt gelegentlich «ich gehöre schon zum Mobiliar». Lefaucheux hat ihn zum Generalsekretär gemacht und Dreyfus bestellte ihn im Jahre 1967 zum stellvertretenden Generaldirektor. Er gilt als zweiter Mann im Hause und Erbe von Pierre Dreyfus. Doch die Frage der Nachfolge ist noch nicht aktuell und einige Vorfälle sollten die beiden Männer etwas auseinanderbringen.

Der Pflichtmensch Vernier-Palliez hat Dreyfus mehrmals durch unverhüllte Kritik, die er recht öffentlich ausdrückte, irritiert. Dies galt besonders für seine Finanzpolitik und die Form seines Sozialdialogs. Die beiden Männer teilen dieselbe Leidenschaft für das Unternehmen, doch sind sie in ihrem Arbeitsstil absolute Antipoden. Der grosse Charmeur Dreyfus ist ein Mann der Nuancen, bescheiden und gleichzeitig ehrgeizig, zaghaft aber aggressiv, sentimental aber autoritär, ruhig jedoch impulsiv, intuitiv und unsystematisch. Er ist eine komplexe aber verführerische Persönlichkeit, die sich selbst mehr als Soziologe denn als Manager fühlt, mehr als Beamter denn als Industrieller, mehr Financier als Händler.

Vernier-Palliez liegen diese gewundenen Wege überhaupt nicht. Er ist kraftvoll und gradlinig, die Inkarnation der Korrektheit. Er ist warmherzig aber verschlossen, zärtlich aber gleichzeitig hart, zaghaft aber ebenso direkt, ein Idealist, doch dabei konkret. Er ist der Mann der Koordination und der Delegierung, der Mann der definitiven und präzisen Strukturen, ein Teamchef und gelegentlich der Führer einer Commando-Einheit.

Ein unerwartetes Ereignis hat ihn Dreyfus etwas entfremdet. Paul Durlach, der Präsident der SAVIEM, leidet an Krebs. Er muss sich im Herbst 1967 einer langen Behandlung unterziehen, welche ihn für mehrere Monate ausser Gefecht setzt.

«Ich brauche Sie bei der SAVIEM», sagt Dreyfus also zu Vernier-Palliez. «Wollen Sie 50 Prozent Ihrer Zeit diesem Unternehmen widmen?»

Vernier-Palliez akzeptiert. Am Vorabend von Allerheiligen ist er bei der Verwaltungsratssitzung, er soll kooptiert werden und eine provisorische Bevollmächtigung erhalten. Als er den Sitzungssaal betreten will, ruft ihn Dreyfus an:

«Durlach ist tot», teilt er ihm mit. «Was tun wir jetzt?»

«Ich werde also nicht eine provisorische Bevollmächtigung verlangen, sondern das komplette Pouvoir. Es gibt keine andere Lösung.»

Zum Präsidenten und Generaldirektor der SAVIEM bestätigt, behält er gleichzeitig drei Jahre lang den Titel des stellvertretenden Generaldirektors der Régie bei. Doch die Zeit fehlt ihm, um gleichzeitig all die Belange, welche am Quai Léon-Blum, dem Sitz der SAVIEM, und in der Avenue Emile-Zola bei Renault anfallen, zu behandeln. Ausserdem ist er nicht immer einer Meinung mit Dreyfus.

«Wir sind freie Wesen», erklärt Vernier-Palliez, «Vollblutpferde. Selbstverständlich drückt man seine Meinung aus. Wenn alle Welt sofort und in jeder Beziehung einverstanden ist, werden grosse Dummheiten gemacht! Man muss sagen, was man denkt. Zum Schluss allerdings trifft der Patron seine Entscheidung und dann muss sich jedermann daran halten.»

So kommt Vernier-Palliez endlich für sich zum Schluss: die SAVIEM beschäftigt ihn zu stark, so meint er, dass es keinen Sinn hat, seinen schmeichelhaften Titel bei der Régie beizubehalten. Im Jahr 1970 legt er denselben zurück. Christian Beullac wird zum stellvertretenden Generaldirektor der Régie bestellt. Er ist der einzige, der diesen Titel trägt, und er übt diese Funktion auch aus.

*

Beullac tritt also in die Fussstapfen von Dreyfus und erscheint mehr und mehr als sein Kronprinz. Vernier-Palliez kommt nicht mehr zu den wöchentlichen Montagssitzungen. Er widmet sich ganz seiner eigentlichen Aufgabe und gerät bei der Régie etwas in Vergessenheit, während Beullac sich sehr einsetzt, um die finanzielle Situation von Renault wieder in den Griff zu bekommen. In Billancourt glaubt man, aus Dreyfus' Verhalten verstanden zu haben, dass er seine Wahl getroffen hat und Beullac zum gegebenen Zeitpunkt als seinen Nachfolger einsetzen wird.

«Gehen Sie hinaus, gehen Sie ins Feld, besuchen Sie die Händlerbetriebe, zeigen Sie sich», rät Dreyfus seinem Stellvertreter.

Der lässt sich das nicht zweimal sagen. Er diniert in der Stadt, spricht mit der Presse, trifft die Minister, bemüht sich um einen Kontakt mit dem Elysée-Palast. Zunehmend irritiert er Dreyfus. Der Patron möchte gerne, dass sich Beullac innerhalb der Régie zeigt, doch die hohe Politik des Unternehmens, soweit sie in den Ministerkabinetten diskutiert wird, soll weiter seine ausschliessliche private Domäne bleiben.

Dreyfus hat die methodische und strenge Vorgangsweise von Beullac als Verantwortlichen für die industriellen Belange der Régie sehr geschätzt, als sein Stellvertreter 1970 und 1971 die Lager aggressiv abbaute, die Produktivität verbesserte, die Spannen erhöhte und die Finanzlage entlastete. Doch er machte sich dabei nicht bloss Freunde. Einige von den Baronen waren bereit, ihm zum gegebenen

Die Kronprinzen: François Zannotti, Christian Beullac, Bernard Vernier-Palliez und Bernard Hanon.

Zeitpunkt den Kampf anzusagen, sie neigten eher dazu, V.P. zu unterstützen.

Just in dieser Situation baute sich durch den Kauf von Berliet neuerlich eine tragfähige Brücke zwischen Dreyfus und V.P. auf. In der zweiten Jahreshälfte 1970 sahen sich die beiden Männer wiederum sehr häufig. Besser noch. Die Annäherung und Verschmelzung von SAVIEM und Berliet veranlasst Dreyfus, Zannotti das Kommando bei der SAVIEM zu übertragen und V.P. in einem Büro neben seinem eigenen am Quai du Point-du-Jour als Generaldelegierten für Nutzfahrzeuge und Autobusse zu installieren. Plötzlich hat der König zwei Kronprinzen und er zögert nicht, zwischen ihnen eine Entscheidung zu treffen.

*

Am 18. November 1975 feiert Dreyfus seinen 68. Geburtstag. Damit läuft gleichzeitig sein Mandat aus, welches vordem um 3 Jahre verlängert worden war. Sehr diskret hat Dreyfus das Klima in Billancourt geprüft. Er hat die Bemerkungen seiner Barone interpretiert und gleichzeitig die halbjährlichen Sitzungen des Zentralausschusses benützt, um sehr formlos die Meinungen der Betriebsräte zu ergründen, ohne direkte Fragen zu stellen. Die Tendenz ist günstig für V.P. Niemals hat Vernier-Palliez einen Wahlkampf betrieben. Er ist nicht der Mann, der sich selbst in Szene setzt. Er sagte sogar zu Beullac:

«Ich sehe Sie als künftigen Chef der Régie.»

Giscard d'Estaing empfängt Pierre Dreyfus Ende Mai, um die Nachfolge zu erörtern. Der Präsident der Régie bestellt zwar sämtliche Angestellte des Unternehmens, doch ist es Angelegenheit der Regierung, den Präsidenten und Generaldirektor der Régie einzusetzen.

«Auf jeden Fall», eröffnet Dreyfus, «muss man jemanden aus dem Haus ernennen. Eine Person, welche das Automobil und die Menschen in Billancourt kennt. Es darf keine Unterbrechung der Kontinuität eintreten. Es gibt in der Régie ein Team und dessen Geist muss wohl bewahrt werden.»

«Und wenn ich Ihnen einen hohen Beamten, der seine Fähigkeiten bereits unter Beweis gestellt hat, vorzuschlagen habe?» antwortet Giscard lächelnd.

«Nein, Monsieur le Président, die Aufgabe ist viel zu komplex.»

«Sie sind doch wirklich nicht die Person, mir zu sagen, dass ein hoher Beamter die Régie nicht erfolgreich leiten kann...»

«Die Zeiten waren damals viel einfacher und ich habe Fehler gemacht, die man ohne weiteres hätte vermeiden können.»

Giscard lacht. Er kennt die beiden Kronprinzen, welche Dreyfus ihm vorschlagen wird.

«Ich könnte auch weitere Namen hinzufügen», sagt Dreyfus, «doch die Zeit ist für jene noch nicht reif. Immerhin möchte ich ihre Namen erwähnen.»

Und er nennt Bernard Hanon, «der vielleicht der Nachfolger meines Nachfolgers sein könnte». Giscard kommt nun mit einem Vorschlag, den seinerzeit Pompidou mehrmals formuliert hatte:

«Man könnte sich ein anderes Konzept vorstellen», sagt er, «mit einem Aufsichtsrat und einem Vorstand. Wie bei Peugeot. Dies hätte den Vorteil, dass Sie als Präsident des Aufsichtsrates bei dem Unternehmen verbleiben könnten.»

«Nein», sagt Dreyfus, «wenn man sich entscheidet, die Aufgabe weiterzugeben, dann soll man gehen und nicht seinen Nachfolger behindern. Und ausserdem: wer erinnert sich noch an die Namen der Triumviren des Octavian, an die Kollegen von Bonaparte als Konsuln, an die Troika, welche Stalin nachfolgte... Glauben Sie mir, die Régie braucht einen Chef, und zwar einen einzigen.»

Giscard ist leicht zu überzeugen. Dreyfus muss nicht lange sprechen, um für seinen Kandidaten zu plädieren: «Vernier-Palliez», sagt der Präsident der Republik, «ist eine solide Persönlichkeit. Im Fall von Schwierigkeiten gerät er nicht in Panik. Das ist für mich das wichtigste.»

Die Entscheidung, die Präsidentschaft an V.P. zu übertragen, wird im Moment getroffen. Sie wird durch die Regierung drei Wochen später am 17. Juni verlautbart und vom Ministerrat am 12. November bestätigt, welcher gleichzeitig das Mandat von Pierre Dreyfus um einige Tage bis zum 23. Dezember verlängert.

Renault am «Point du Jour». Die Régie hat einen neuen, moderneren und funktionelleren Sitz erhalten. Das Schicksal der 230 000 Arbeitnehmer und dasjenige der französischen Wirtschaft wird im achten Stockwerk entschieden...

Christian Beullac wird von Dreyfus unmittelbar nach seiner Rückkehr aus dem Elysée-Palast empfangen. Er kann seine Enttäuschung nicht verbergen.

Vernier-Palliez hingegen zeigt weder Freude noch Überraschung. Zwei Monate zuvor hat ihn Dreyfus vorgewarnt: «Die Aufgabe könnte an Sie fallen.»

«Es ist nicht der richtige Zeitpunkt», hat V.P. geantwortet. «Im Moment habe ich bei den Nutzfahrzeugen sehr viel zu tun.»

Und als Dreyfus ihm die Nominierung mitteilt: «Die Sache ist beschlossen, Sie werden dieser Aufgabe nicht entgehen!»

«Haben Sie auch wohl vorgebracht», fragt Vernier-Palliez, «dass ich ein schwieriges Temperament und keinen leichten Charakter habe? Und dass ich auch weiterhin die Autonomie und Unabhängigkeit der Régie verteidigen werde? Haben Sie alle diese Punkte vorgebracht, bevor man mich nominiert hat?»

«Das habe ich getan», sagt Dreyfus.

*

Mit der Vorbereitung seiner Nachfolge sechs Monate vor seinem Ausscheiden hat Dreyfus Renault einen letzten und bedeutenden Dienst erwiesen. Ein wertvolles halbes Jahr ist dadurch gewonnen, in dem die abtretende Wache die antretende Garde bei der Vorbereitung auf die neue Aufgabe unterstützt. Vernier-Palliez und Beullac sind sehr schnell zu einem Übereinkommen gelangt, nach welchem ihre Verantwortlichkeiten aufgeteilt werden: Beullac wird zum Generaldirektor der Régie ernannt und er wird für alles, was nicht Automobile betrifft, verantwortlich sein. So kann V.P. ihm ab Juli Schritt für Schritt sämtliche Dossiers über die Nutzfahrzeuge übergeben, um

206

selbst den Kontakt mit dem Automobil aufzubauen und sein Projekt der Reorganisation vorzubereiten.

Dreyfus gibt gerne zu, dass er nicht sehr methodisch arbeitet und dass er eine «unüberwindliche Abneigung gegen Dossiers, gegen fixe Stunden und gegen die Rendez-vous» habe. Er arbeitet mit und neben Vernier-Palliez, während dieser methodisch neue, klare, präzise und strenge Strukturen erarbeitet und definiert. Die Organisationsformen, welche V.P. festlegt, sind für ihn selbst massgeschneidert. Sie wären für Dreyfus völlig ungeeignet gewesen, doch der neue Mann fühlt sich mit ihnen wohl.

Das Grundstatut der Régie hat dem Unternehmen nicht die juristische Struktur einer Gruppe gegeben. Es ist auch ausgeschlossen, die Statuten vom Parlament abändern zu lassen, doch die Régie muss wohl oder übel eine Gruppe werden, sonst läuft sie Gefahr, sich in Richtung auf ein Konglomerat hin zu entwickeln. V.P. macht sich folglich daran, Renault einen operationellen Rahmen zu geben, der dem Unternehmen erlaubt, so zu funktionieren, wie es nun einmal beschaffen ist und nicht in der Art, wie sich seine Schöpfer vor 30 Jahren dies vorgestellt hatten.

Am 15. September rufen Dreyfus und Vernier-Palliez die leitenden Angestellten der Régie zusammen, um ihnen das neue Projekt vorzustellen. Vier Tage später wird dasselbe dem Zentralausschuss des Unternehmens bekanntgemacht und am 1. Oktober, dem Vortage der Saloneröffnung, auch der Presse.

«Monsieur Vernier-Palliez», gibt Dreyfus zu, «ist ein anderer Mensch als ich: er hat andere Qualitäten und andere Fehler. An der Struktur der Régie und der Gruppe wird sich nichts ändern. Das Ziel meines Nachfolgers ist es, eine Verbesserung der Funktionsweise zu erreichen und damit strategische Entscheidungen zu erleichtern, verglichen mit den Entscheidungen, wie wir sie bisher getroffen haben. Wir haben in den letzten zehn Jahren zahlreiche neue Institutionen geschaffen, die funktionieren, ohne institutionalisiert zu sein. Der Wechsel an der Spitze des Unternehmens gibt eine gute Gelegenheit, um all das, was getan wurde, zu rationalisieren und eine gewisse Anzahl unserer Organismen und unserer Arbeitsmethoden zu institutionalisieren.»

Am 23. Dezember wirft Pierre Dreyfus einen langen nostalgischen Blick durch die breiten Fensteröffnungen seines Büros im 8. Stockwerk. Zu seinen Füssen fliesst die Seine und trägt ihr graues winterliches Wasser in Richtung nach Flins, nach Cléon und nach Sandouville. Das grosse Büro ist aufgeräumt und leer. Dreyfus betrachtet es ein letztesmal, schreitet ein letztesmal durch die Tür. Sein Herz bleibt hier, doch Dreyfus kommt nie wieder nach Billancourt. Am nächsten Morgen, am Weihnachtstag, hat Renault einen neuen Patron: Vernier-Palliez ist Alleinherrscher an Bord.

Vernier-Palliez, häufiger «im Felde» als in seinem Büro. Er ist immer verfügar und
an allem interessiert.

Die Renault-Gruppe

Von allen Unternehmungen bewundert Vernier-Palliez General Motors am meisten.

«Das ist ein Laden, der es versteht, richtige Chefs hervorzubringen», sagt er. Im Rahmen einer nach den Prinzipien der Dezentralisation modernisierten Régie wird auch er richtige Chefs einsetzen, wie sie für die Kontrolle eines grossen, multinationalen Unternehmens nötig sind.

Er gibt der Régie neue Strukturen; dort, wo es wesentlich ist, so rasch wie möglich, die restliche Umstrukturierung folgt schrittweise. Um niemanden zu erschrecken, verwendet er den Begriff «Gruppe» nur sparsam und mit Vorsicht. Er legt Wert darauf, stets zu betonen, dass sich an den juristischen Strukturen der Régie und ihrer Filialen nichts ändert, ebensowenig an der Personalordnung. Auch bleibt die Kompetenz des Zentralausschusses des Unternehmens ungeschmälert. Doch betrieblich ist alles in voller Entwicklung.

Es wird vier komplett strukturierte Direktionen für die Geschäftsbereiche Automobile, Nutzfahrzeuge, «andere Industrien» und Finanz-Tochterunternehmen geben. Dazu treten drei Stabs-Direktionen, nämlich Generalsekretariat, wissenschaftlich-technische Angelegenheiten sowie allgemeine Sozial-Angelegenheiten. Das ergibt sieben Verantwortliche, also sieben «Chefs» unter der Oberhoheit des «Grand Patron».

Generaldirektor Beullac übernimmt das Kommando über «alles, was nicht Automobil ist», also über zwei der Direktionen, wobei er für den Bereich Nutzfahrzeuge über die Assistenz von François Zannotti und Vincent Grob verfügt. Im Bereich der «anderen Industrien», also der Diversifikation, unterstützt ihn Meesemaecker.

Hanon wird zum Directeur Délégué für den Automobil-Bereich bestellt, wo ihn Tiberghien für Forschung und Entwicklung unterstützt, Jardon für die Produktion, Lamirault für den Handel und Verkauf, und Lucas für Internationale Angelegenheiten. Hanon ist ebenfalls für Informatik, Planung und Kundendienst zuständig.

Die Finanzdirektion unter Souleil, die Personaldirektion von Houdart und das Generalsekretariat von Ouin berichten direkt an den Präsidenten, ebenso wie Yves Georges, der die Führung der neugeschaffenen Direktion für wissenschaftlich-technische Angelegenheiten übernimmt. Das Gleiche gilt für Claude Thomas und die neue Direktion für allgemeine Sozial-Angelegenheiten.

Ein «Generalkomitee» als Regierung der Gruppe wird gebildet; es tagt jeden zweiten Freitag, alternierend mit einem «Direktionskomitee Automobile» und einem kleineren «Exekutivkomitee Automobile».

Jedem seiner direkt an ihn berichtenden Direktoren delegiert er möglichst weitgehende Kompetenzen.

«Sie müssen richtige Chefs sein. Ich werde niemals Dinge tun, die ein anderer statt mir tun kann. Und ich hoffe, dass Sie mit Ihren Beigeordneten ebenso verfahren werden.»

Kaum beginnt das neue Organisations-Schema zu funktionieren, muss es bereits abgeändert werden. Ende August, mitten im jährlichen Betriebs-Urlaub der Régie, wird Christian Beullac Minister! Drei Tage zuvor hat Jacques Chirac nach einer Meinungsverschiedenheit mit Giscard das Palais Matignon verlassen und die Türe hinter sich zugeknallt. Als seinen Nachfolger bestellt der Staatschef Raymond Barre. Der neue Ministerpräsident beginnt, sein Team zusammenzustellen, wofür er bloss 24 Stunden Zeit hat.

Bei der Wahl des Arbeitsministers denkt er an Beullac. Die beiden Männer kennen sich seit zwanzig Jahren. Sie haben sich bei einem Mitarbeiter Beullac's kennengelernt, dessen Gattin eine Studienkollegin des zukünftigen Ministerpräsidenten war.

Am Freitagmorgen ruft Barre Beullac an. Der Generaldirektor ist einer der wenigen leitenden Herren, der an jenem Tage im Büro weilt. Während die anderen Ferien machen, erstellt er das Budget für das kommende Geschäftsjahr der Régie.

«Ich rufe nicht als persönlicher Freund an», sagt Barre, «sondern als Ministerpräsident. Verfassungsgemäss fordert Sie der Präsident der Republik über meinen Vorschlag auf, den Posten des Arbeitsministers zu übernehmen.»

Beullac ist völlig überrascht.

«Sie sind verrückt», antwortet er, «ich bin mit meiner Position hier völlig zufrieden.»

«Sie kennen die Arbeitswelt wie kein Zweiter», sagt Barre, «Sie sind der Mann, den wir brauchen.»

«Sie können doch nicht erwarten, mein ganzes Leben in einer halben Stunde zu verändern», verteidigt sich Beullac.

«Nicht in einer halben Stunde! Aber ich werde Sie um 14 Uhr nochmals anrufen, damit Sie mir Ihr Jawort geben. Ich weiss, Sie haben viel zu viel Staatsbewusstsein, als dass Ihre Antwort anders ausfallen könnte!»

Beullac ist völlig verwirrt, er weiss nicht, welcher Sache er sich widmen soll. Vernier-Palliez ist bei den Festspielen in Salzburg auf Urlaub. Es ist nun halb zehn Uhr morgens. Beullac ruft ihn an, hat das Glück, ihn bei der Rückkehr von einem Morgenspaziergang zu erreichen.

«Das ist mir passiert!» sagt er. «Ein harter Schlag. Ich hoffe, Sie können das arrangieren. Können Sie nicht Barre anrufen?»

V.P. kennt den neuen Ministerpräsidenten. Vor zwei Monaten haben die beiden mit einer gewissen Bewunderung das amerikanische System besprochen, wo es gar nicht selten ist, dass Persönlichkeiten der Privatwirtschaft in Regierungspositionen berufen werden.

210

Konzipieren, finanzieren, produzieren, verkaufen... Von links nach rechts Philippe Lamirault, kaufmännischer Direktor, Bernard Hanon, Generaldirektor, Bernard Vernier-Palliez, Präsident, François Zannotti, Präsident von Renault Véhicules Industriels, Pierre Souleil, Finanzdirektor.

«Das wird nicht leicht sein», sagt Vernier-Palliez, «doch ich will es versuchen.»

Es ist auch wirklich nicht einfach. Barre akzeptiert am Telephon kein einziges Argument von V.P.

«Ausgerechnet Sie wollen mir meine Wahl vorwerfen!» sagt der Ministerpräsident.

V.P. ruft Beullac an:

«Der Ministerpräsident hat mir kräftig die Leviten gelesen», sagt er. «Ich glaube, Sie werden kaum aus der Sache herauskommen.»

Beullac sitzt tatsächlich in der Falle. Um vierzehn Uhr kann er nur noch seine Nominierung annehmen. Vergeblich hat er versucht, Widerstand zu leistem:

«Die Régie», sagt er zu Barre, «hat eben ihren Präsidenten verloren. Ich habe die Verantwortung für einen wesentlichen Anteil des Unternehmens übernommen. Das können Sie Renault nicht antun.»

«Die Régie», antwortet der Ministerpräsident, «ist weniger wichtig als Frankreich. Sind Sie ein Gegner des Präsidenten der Republik?»

«Nein...»

«Also gut, dann ist die Sache beschlossen. Sie übernehmen morgen Ihr Amt.»

Madame Beullac ist auf Urlaub in Korsika und erfährt im Radio die Ernennung ihres Mannes zum Minister. Christian Beullac war es nicht gelungen, sie telephonisch zu erreichen. Vernier-Palliez war an jenem 28. August ausserstande, noch einen Platz auf dem Linienflug zu bekommen, so dass er eine Privatmaschine chartern musste, um so schnell wie möglich nach Billancourt zurückzukommen. Beullac's Abgang kostete ihn die letzten zwei Konzerte. Samstag früh vor Beullac's Gang ins Ministerium sowie den ganzen Sonntag arbeiten die beiden Männer fieberhaft. Beullac übergibt V.P. sämtliche Dossiers und der Letztere muss nun sein Organisationsschema neu zeichnen.

Hanon wird zum stellvertretenden Generaldirektor bestellt, ohne jedoch den Automobil-Bereich abzugeben. Das riesige Tätigkeitsgebiet von Beullac wird in zwei Teile geteilt, womit der Zustand von vordem wiederhergestellt ist. Damit berichtet François Zannotti wiederum direkt an V.P., wie schon seinerzeit bei der SAVIEM; er wird zum Generaldelegierten für Nutzfahrzeuge bestellt, während René Meesemaecker als Directeur Délégué für die Industriebeteiligungen ebenfalls direkt an den Konzern-Präsidenten berichtet.

Man spricht nicht mehr von Diversifikation, wenn vom «Bereich Mees» die Rede ist. V.P. ist zwar durchaus bereit, den vorhandenen Besitzstand zu verwalten und zu führen, doch hat er die wilde und für seinen Geschmack viel zu anarchische Ausweitung der Diversifikation gestoppt. Diese war zwei oder drei Jahre zuvor in Gang gesetzt worden, als manche Personen den Glauben an das Automobil verloren hatten. In Richtung Diversifikation genügte es ihm vorerst, den Erwerb von Berliet zu verdauen.

Seit seiner Nominierung hatte er Inspektionsreisen gemacht. Dabei sagte er allen seinen leitenden Angestellten, all den zahllosen Filialchefs mit grosser Entschiedenheit:

«Man wird Sie nach Ihren Dividenden beurteilen.»

Die Rentabilität, die Wirtschaftlichkeit ist ihm besonders wichtig, er betrachtet sie als Gradmesser für die Unabhängigkeit. «Man kann nur frei sein, wenn man nicht betteln muss», doziert er.

Er weiss dies um so genauer, als er nur knapp einem Tiefschlag entgangen ist. Am 12. Jänner 1975, zwei Wochen nach seinem Amtsantritt, haben der Industrie- und der Wirtschaftsminister, d'Ornano und Fourcade, gemeinsam das Dekret No. 76-36 unterfertigt, welches seine Befugnisse genau abgrenzt. Der Text präzisiert, dass die Régie Beteiligungen an allen Unternehmen eingehen darf, die im Automobil- oder Nutzfahrzeugbereich liegen. Was jedoch andere Unternehmungen anlangt, so «werden eingegangene Beteiligungen erst durch gemeinsamen Beschluss des Ministers für Wirtschaft und Finanz mit dem Minister für Industrie und Forschung definitiv».

Dieses Dekret trägt den vehementen Polemiken des Senators Bonnefous Rechnung, der aus allen Rohren gegen die Régie und ihre «unzulässigen Methoden der stillschweigenden Verstaatlichung» geschossen hatte. Es ging darum, Renault an der Erweiterung seiner

Macht und seines Einflusses zu hindern. Und darüber hinaus, seinen Präsidenten besser zu kontrollieren.

Das bedeutet für Vernier-Palliez eine unerträgliche Einengung. Die Régie verdankt ihren Erfolg der Autonomie, ihrer Unabhängigkeit. Pech für alle jene, die ihr missgünstig waren. Gemeinsam mit Ouin setzt er zum Angriff auf die Minister an, findet den scharfen Ton von Lefaucheux wieder, spricht harte, offene Worte und es gelingt ihm, bei der Regierung die gewünschten Milderungen durchzusetzen.

Er hat sicher nicht die Absicht, ganz im Gegenteil, das Unternehmen weiter über seine natürlichen Geschäftsbereiche (Automobile, Motoren, Nutzfahrzeuge, Traktoren, Werkzeugmaschinen, Industrieausrüstung sowie Finanzierungsangelegenheiten, Transportwesen und Immobilien) hinaus zu diversifizieren. Allerdings kann er nicht zulassen, dass ihm dies untersagt würde. Der Ziffernmensch, der er im Laufe der Jahre geworden war, sollte der Régie das Rechnen lehren. Pech für jegliche industrielle Romantik, jetzt regiert der Realismus der Buchführung.

Seinem Team erklärt er den Weg mit grosser Klarheit:

«Der zu erwartende Konkurrenzkampf in den Bereichen Automobile, Nutzfahrzeuge und Landwirtschaftsmaschinen erlaubt uns keine Zersplitterung. Wir werden weder zu viel menschliche Arbeitskraft noch zu viel Geld für diesen Kampf haben.»

Jede strategische Entscheidung wird nunmehr kollegial im General-Komitee durchdiskutiert. Dreyfus agierte vor allem im Wege über persönliche Kontakte. Vernier-Palliez sieht sich als Team-Chef. Als Yves Georges in den Ruhestand tritt und Marc Ouin delegierter Vizepräsident der Kammer der Automobilindustrie wird, tritt dieses Generalkomitee jeden zweiten Freitag in der Zusammensetzung Vernier-Palliez, Hanon, Zannotti, Souleil und Myon im Büro von V.P. zusammen. Einmal monatlich nehmen an der Plenarsitzung auch Meesemaecker, Thomas und Jean Lagasse teil. Letzterer ist Georges nachgefolgt. Er war Professor für Elektronik an der Universität Toulouse und wissenschaftlicher Direktor der C.N.R.S. Damit ist er einer der wenigen Spitzenmanager der Régie, welcher nicht bei Renault selbst gross geworden ist. Je nach den Themen der Tagesordnung nehmen noch zwei Männer an den Diskussionen teil, welche die Generaldirektion abrunden, François Doubin, der Verantwortliche für Information und Public Relations der Gruppe, sowie Pierre Eelsen, welcher als Generaldelegierter für die Behördenkontakte verantwortlich ist.

Das also sind die Marschälle von Vernier-Palliez, welche den «Baronen von Dreyfus» nachgefolgt sind. Viele sind dieselben geblieben, doch die Dezentralisation hat sie aufgewertet. Viel Intellekt und Wissen ist hier versammelt. Drei der Marschälle sind aus der E.N.A. hervorgegangen, einer hat das Polytechnikum absolviert, einer die

Ecole Centrale, zwei verdanken ihre Ausbildung der H.E.C., zwei weitere haben Staatswissenschaft studiert. Zwei Doktoren sind unter ihnen, einer davon ist Wirtschaftsmathematiker.

Alternierend mit dem Generalkomitee tritt der neue Generalstab für den Automobil-Bereich zusammen. Freitag morgens tagt sein Direktionskomitee im Saale 820, wo sich bis zu zwanzig Personen bei der Sitzung einfinden, welche der Information und der Koordination dient. Am Nachmittag trifft das kleine Exekutivkomitee die Entscheidungen. Nach einem unveränderlichen Ritus beginnt die Sitzung mit dem Exposé von Vernier-Palliez, der die Probleme der Gruppe darlegt. Hanon wirft die allgemeinen Fragen aus dem Automobilbereich auf, Lamirault spricht über die Auftragslage und die Liefersituation. Jardon beleuchtet die Probleme der Fertigung. Danach wird in etwa zwei Stunden jene Strategie festgelegt, welche Renault zur ersten Marke des Gemeinsamen Marktes und zum sechstgrössten Automobilhersteller der Welt gemacht hat.

Einmal im Monat, am vierten Freitag, tagen das Finanzkomitee und das Sozialkomitee der Gruppe. Und einmal im Monat, am vierten Donnerstag, tritt das neue Komitee für Management-Entwicklung zusammen. Dieses Organ ist für das vielleicht wertvollste Gut des Unternehmens zuständig: seine leitenden Angestellten. Renault war stets bemüht, Management-Positionen aus den Reihen des eigenen Nachwuchses zu besetzen. Die Régie verfügt über knapp 5000 Manager, von denen 90 dem «Generalstab» angehören. Vernier-Palliez ist besessen von der Notwendigkeit, echte Chefs heranzubilden. Er hat deshalb amerikanische Methoden der Management-Entwicklung eingeführt. Sein alter Freund und Mitarbeiter Jean Myon ist mit der Überwachung dieses Programms betraut. Für jeden Management-Posten und für jeden leitenden Angestellten existiert ein Formular. Auf jedem dieser Blätter sind die drei Positionen angeführt, welche der Betreffende wahrscheinlich erreichen wird und die er auch ausfüllen kann. Ebenso sind die Namen jener Personen angeführt, welche den Betreffenden gegebenenfalls ersetzen können. Es gibt also genaue Karriere-Pläne, einen exakten Rahmen. Die Régie hat genügend entwicklungsfähige Männer in ihren Reihen, und diese Männer haben eine Zukunft.

*

Es gibt Klippen für viele Riesenunternehmungen. Sie heissen Technostrukturen und «Konferenzitis». Vernier-Palliez ist diesen Klippen geschickt ausgewichen.

Die unerlässlichen Sitzungen und Konferenzen hat er zugelassen und sie entsprechend strukturiert, wobei er ihnen fixe Termine zuwies, welche stets gegen Ende der Woche liegen. Formlose Kontakte

214

und Sitzungen, welche die Ausarbeitung von Plänen betreffen, finden am Montag statt. Die übrige Zeit ist V.P. frei und verfügbar, ebenso seine Beigeordneten. Diese sehr seltene Verfügbarkeit der Top Manager, welche im Wirtschaftsleben eine Ausnahme darstellt, ist eine der Stärken der heutigen Régie. Drei freie Tage pro Woche, dazu wenn nötig zwei freie Nächte, das genügt Hanon oder Semerena, um von Billancourt nach Detroit, Valladolid, Cordoba oder Moskau und zurück zu fliegen. Man kann doch auch im Flugzeug schlafen – und wozu gibt es schliesslich die Concorde! Drei Tage genügen auch Lamirault, jenem bemerkenswerten Verkaufs-Aktivisten, jeden einzelnen seiner Händlerpartner zumindest einmal im Jahr persönlich zu sehen und mit ihm zu sprechen. An jedem dieser drei Tage nimmt er in dem Händlerbetrieb, welchen er gerade besucht, um halb neun Uhr morgens an der Verkäuferbesprechung teil, wo die Verkäufe des Vortages diskutiert werden, die Rücknahme der Gebrauchtwagen und jene Fälle, in denen ein Verkäufer sich ausserstande sah, einen Gebrauchtwagen einzutauschen. Jene drei Tage, oder doch wenigstens zwei, genügen auch, um aus Vernier-Palliez jenen Konzernchef in der Automobilwelt zu machen, der an der vordersten Verkaufsfront am häufigsten auftaucht.

«Ich habe alles delegiert», sagt er lachend, «deshalb habe ich auch genügend Zeit, um die Schlachtfelder zu besuchen und selbst zu sehen, was sich wirklich abspielt.»

Er erstellt sein Besuchsprogramm etwa vier bis fünf Monate im vorhinein. Bald besucht er Werke, bald Händlerbetriebe, doch stets sind seine Reisen quer durch die Welt systematisch geplant. Sein Gedächtnis ist verblüffend. Er vergisst weder eine Zahl noch einen Menschen. Seine Kultur ist allumfassend, weil er sich ein für allemal entschlossen hat, dass fünf Stunden Schlaf pro Nacht genügen. Die drei ersparten Nachtstunden widmet er entweder der Régie oder seinen geistigen Beschäftigungen. Wann immer er ein Abendessen mit Industriellen, Bankiers oder Ministern vermeiden kann, geht er in die Oper oder ins Konzert, denn Musik ist ihm das Höchste. Am Wochenende reitet er gerne durch die Wälder.

Renault besitzt keine Flugzeuge, bloss Helikopter zum raschen Verkehr zwischen den einzelnen Werken. Vernier-Palliez hat keinen Chauffeur. Auch hierin unterscheidet er sich von anderen Konzernchefs. Zwischen dem Büro am Point-du-Jour und seiner Villa in Rueil zieht er es vor, selbst zu chauffieren und so die Konkurrenzprodukte besser kennenzulernen, oder auch einen neuen Renault, der frisch aus der Fertigung kommt. Der dichte Verkehr stört ihn kaum. Wenn er unterwegs ist, sind die Strassen meist recht leer. Er kommt zwischen 8 und 8.15 Uhr morgens ins Büro und verlässt es nach zwanzig Uhr. Schon längst hat er gelernt, keine Zeit zu vergeuden. Seine Anzüge sind stets blau, aus demselben Material und in

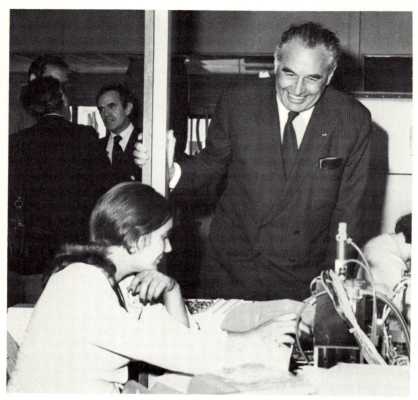
Im Felde nachsehen, was sich wirklich tut.

derselben Art geschnitten. Dazu trägt er immer eine blaue Krawatte.

«Als ich jung war», sagt er, «pflegte ich zu wechseln. Dann wurde mir klar, wie viel Zeit ich bei der Wahl der Krawatte jeden Morgen verlor. Jetzt sind alle meine Krawatten identisch und ich habe keine Probleme mehr!»

Zwei oder drei Tage der Woche ist er «im Feld», er interessiert sich für alles und spricht mit jedem, Wagenwäscher oder Filialdirektor. In seinem kleinen Büchlein, das er stets bei sich trägt, macht er sich Notizen, reagiert auf alles. Er kennt seine Fabriken, seine Händlerbetriebe, seine Männer besser als jeder andere. Er sieht so viele Händler wie sein Verkaufsdirektor, so viele Industrielle wie sein Direktor für die Fertigung. Für alle ist er ein Vorbild, er versteht es, ihnen seine Leidenschaft für Renault mitzuteilen und einzuflössen, ebenso seine Korrektheit.

Er ist warmherzig, kann aber auch eisig sein. Wenn er ein Werk betritt, hört er auf, er selbst zu sein und zieht seine Rüstung an. Jetzt ist

216

er nur noch Pflichtmensch. Er duzt niemanden im Unternehmen, ausgenommen seinen Büronachbarn und Freund seit vierzig Jahren, Jean Myon. Er spricht niemand mit Vornamen an. So wahrt er seine Privatsphäre. Er empfängt kaum einen seiner Mitarbeiter bei sich zu Hause. In seinem achten Stockwerk herrscht nicht der Geist einer falsch verstandenen Kameraderie.

Man schätzt sich, man hält gute Nachbarschaft, man arbeitet gut zusammen, doch man fraternisiert nicht mehr als nötig. Wenn zwei Personen miteinander befreundet sind, dann nicht deshalb, weil man «bei Renault» ist. Lange Zeit bestand Vernier-Palliez darauf, dem Diener, welcher jeden Morgen die Zeitung «Le Monde» auf seinen Schreibtisch zu legen hatte, dieses Blatt auch zu bezahlen. Wenn der alte rote Renault 4 seiner Frau ein Service benötigt, so wird dieses bei dem Händlerbetrieb in Rueil gegen Bezahlung als ganz normaler Kundenauftrag ausgeführt. Und wenn der Wagen einmal nicht funktioniert, so borgt V.P. niemals einen Firmenwagen, sondern er mietet einen Leihwagen.

Der Mann, dem Renault so viel verdankt, will niemand etwas schulden. Für alle ist er der Kommandeur – und vielleicht wird man ihm einmal ein Denkmal setzen.

Das jüngste Werk in Douai, wo man «auf japanische Art» produziert, vorerst den Renault 14, später den Renault 9.

«Ein siegreiches Team»

Neben zahlreichen anderen Talenten besitzt Vernier-Palliez die Gabe, die abstraktesten Konzepte zu vereinfachen und die Definitionen seiner Ziele auf einige wenige starke Ideen zu reduzieren, die für jedermann verständlich sind.

Im Automobil-Bereich handelt es sich darum, die beiden starken Atouts des Hauses, eine attraktive Modellpalette und ein lückenloses Vertriebsnetz, stets bevorzugt weiterzuentwickeln.

Wenn dies getan ist, muss die Produktivität der Werke verbessert werden.

Bei den Nutzfahrzeugen ist die Integration SAVIEM-Berliet voranzutreiben.

Für die diversifizierten Unternehmungen gilt es, jene zu entwickeln, die mit den mechanischen Aufgaben der Gruppe in Einklang stehen, jedoch nur dann, wenn diese nützlich und rentabel sind. Der Rest ist abzustossen und man muss jenen lahmen Enten, die im Rahmen der Régie unterzuschlüpfen trachten, die Pforten verschliessen.

Für den Gesamtkonzern gilt es, die notwendigen Finanzmittel freizumachen, die Verschuldung zu verringern, die Produktivität und die Rentabilität zu steigern. Vor allem aber muss sich dieses «französische Unternehmen mit internationaler Berufung», wie man bei Renault zu sagen beliebt, zu einem veritablen multinationalen Unternehmen wandeln.

Dies alles ist durch eine Dezentralisierung der Verantwortung, durch ein Zusammenwirken der Interessen und Aktionen innerhalb der Gruppe und durch einen gutfunktionierenden sozialen Dialog voranzutreiben.

Renault hat zwar im Geschäftsjahr 1975 einen schweren Verlust aufzuweisen, doch beginnt Vernier-Palliez seine Partie nicht ohne ein gutes Blatt, das viele Atouts aufzuweisen hat. Die Saat von Bernard Hanon und Yves Georges auf dem Gebiete der Produktentwicklung sowie die von Pierre Souleil auf dem Finanzsektor beginnt heranzureifen. Eine der ersten grossen Gesten von V.P. ist der Willkommensgruss in Douai am 2. Jänner 1976 für ein neues Modell, welches die Werbeleute den «glücklichen 7 CV» getauft haben. Der Renault 14 (Projekt 121) läuft im modernsten Werk der Régie vom Bande, Douai spielt bei Renault die Rolle einer «Pilot Plant». Das Werk umfasst bereits 33 verbaute Hektar und beschäftigt 4800 Personen. Man hat hier die Arbeit «im Graben» überwunden. Ein neuartiges, schwebendes Conveyor-System, das leise arbeitet, stabil und gelenkig ist, wurde installiert. 19 Unimate-Roboter wurden bei dem Fliessband aufgestellt, eine erste Antwort von Renault auf die japanische Herausforderung. 14 von diesen führen Schweissarbeiten durch, die anderen dienen dem Förderwesen.

Douai ist der Stolz der Régie. Hier hat man in grosszügigen Dimensionen ein Werk errichtet, mit grossen Grünflächen, mit geräuscharmen Pressen; kurzum, die Bemühungen um eine industrielle Ästhetik trugen reife Früchte.

Der Renault 14, der hier gebaut wird, verursachte anfangs weniger Zufriedenheit. Er ist das Ergebnis einer politischen Entscheidung. Dreyfus wollte dieses Modell bauen, um die Assoziation Renault-Peugeot zu konkretisieren. Man bediente sich der Früchte derselben, der Vorderradaufhängung und des kleinen Motors aus Douvrin, der für den Peugeot 104 bestimmt war. Es ist dies eine teure Mechanik. Georges und Hanon entschieden daher, dieselbe aufzuwerten, indem sie dem neuen Wagen eine geräumigere Karosserie gaben als die des 104. Technisch ist dies zwar ein Erfolg. Der Wagen ist viel leichter und kompakter als das (bis vor kurzem) Spitzenmodell von Renault, der Typ 16, bietet aber dieselben Fahrleistungen und ebensoviel Innenraum. Doch ästhetisch kann er nicht ganz befriedigen. Royer hat ihn entworfen, ebenso wie vordem den Renault 12. Doch diesmal scheint er dem Zeitgeschmack etwas vorausgeeilt zu sein. Schon die Testfahrer, welche sich selten irren, waren unangenehm überrascht, als sie die ersten Prototypen aus der Versuchsabteilung übernahmen. Seine Birnenform, aus der man später ein Werbeargument machte, erstaunt den Betrachter. Seine zu enge Schnauze vermittelt nicht jenen Eindruck von Geräumigkeit, die der Wagen ja tatsächlich bietet. Und aus Fertigungsgründen konnte das von der Styling-Abteilung vorgeschlagene Heck mit seinen attraktiven Gegenkurven nicht in der ursprünglichen Form ausgeführt werden.

Trotzdem machte dieser etwas unglücklich geborene Renault 14 seinen Weg. Er erreichte ungefähr dieselben Verkaufsziffern wie sein Vetter, der Peugeot 104. In der Zulassungsstatistik erschien er regelmässig unter den sechs oder sieben beliebtesten französischen Wagen.

Die Händler-Präsentation Ende Mai wurde ganz als amerikanische Show mit Joseph Pasteur und Robert Chapatte im Studio 104 des Maison de la Radio abgehalten. Während die 900 Händler den Vorträgen von Vernier-Palliez, Hanon und Lamirault zuhörten, konnten sie auf einem riesigen Fernsehschirm die Fahrt des Konvois von 500 Renault 14, sämtliche «andalusisch orange» lackiert, vom Werk in Douai bis zur Esplanade des Invalides verfolgen.

Stolz erklärt Vernier-Palliez die Erneuerung, Verjüngung und Erweiterung der Modellpalette innerhalb des letzten Jahres. «Wir feiern hier kurz, aber verstehen wir uns richtig, wir werden uns nicht auf den Lorbeeren ausruhen. Das Renault-Team hat wie jedes andere seine Qualitäten und seine Fehler. Es hat aber vor allem eine Besonderheit: es ist ein siegreiches Team!»

Lamirault bereichert diese Aussage lyrisch durch ein Malraux-Zitat:

220

Der Renault 14 war stilistisch seiner Zeit voraus, er schockte durch seine Linienführung. Dies führte dazu, dass man bei Renault für die jüngsten Modelle ästhetisch recht konservativ geworden ist.

«Es gibt keine fünfzig Arten zu kämpfen. Es gibt nur eine – und die heisst siegen!»

Hanon fügt seinen Ausführungen wie so oft etwas Zukunfts-Philosophie hinzu:

«Unser Ziel ist es, mit der Entwicklung der Gesellschaft phasen-gleich zu sein. Diejenigen sind verloren, welche sich vor einer solchen Entwicklung in Rückzugsgefechte verstricken. Jeder Konflikt, jede Einschränkung, jedes neue Ereignis bietet jenen, die den Zug der Zeit erkennen, die Chance des Fortschritts. Ich spreche hier auch von der zunehmenden Ablehnung jener schädlichen Auswirkungen des Automobils, wie den Schwierigkeiten des Stadtverkehrs oder der neuen Herausforderung, welche die Massenverkehrsmittel zu einem bestimmten Zeitpunkt an das Automobil zu richten schienen. Unsere Produkte stellen die bestgeeigneten Antworten auf diese echten Probleme dar. Unsere Teams, welche hier eine führende Rolle spielen, arbeiten bereits an den Lösungen für die Achtzigerjahre.»

Zu diesem Zeitpunkt gibt Hanon einer Keimzelle ihre Strukturen, die zum Nervenzentrum der Modellreihe werden soll. Die Produkt-Direktion wird einem Ingenieur, der vordem im kommerziellen Bereich gearbeitet hatte, anvertraut, Christian Martin. Anfangs hatte Hanon gemeinsam mit Georges den einfachsten Weg eingeschlagen. Die Entwicklungsabteilung redigierte ein technisches Pflichtenheft, die Marktforscher ein solches für Marketing. Danach wurden die

221

beiden Dokumente im Wege der Arbitrage einander angenähert, bis daraus eine kohärente Synthese für das Projekt entstand. Nach und nach wurde diese Kooperation im Rahmen eines Produktplanungs-Komitees institutionalisiert, welches sich aus den Männern Hanons und Georges' zusammensetzte.

Die Schaffung einer Produkt-Direktion erlaubte nun einige weitere Schritte nach vorne. Jetzt konnte man gemeinsame Überlegungen anstellen zwischen den Marketing-Propheten und den Entwicklungs-Ingenieuren, deren Chef mittlerweile Tiberghien geworden war.

Einige existierende Abteilungen wurden nunmehr im Rahmen dieser Direktion neu gruppiert, nämlich Marktstudien, Handelsstatistik und Zukunftsperspektiven. Die Direktion bedient sich auch diverser auswärtiger Hilfsquellen. Zwei Spezialinstitute liefern periodisch Studien über die Entwicklung der sozio-kulturellen und sozio-ökonomischen Strömungen. Dazu kommen kollektive Studien, die im Pool mit Konkurrenzunternehmen angestellt werden, Ergebnisse von Untersuchungen im Postwege und schliesslich die Resultate der «Kliniken», wo die Prototypen vom Publikum (repräsentativ ausgewählte Personen) vor Produktionsbeginn beurteilt werden.

Christian Martin steht in ständigem Kontakt mit den sich laufend verändernden Marktgegebenheiten und der soziologischen Entwicklung. Er umgibt sich mit einer Zahl von «Product Managers», welche eine Synthese der diversen Einzelgegebenheiten anstreben. Ein Mann ist für die Kleinwagen, einer für die obere Klasse, einer für Nutzfahrzeuge und einer für die diversen Aggregate zuständig. Dazu tritt später noch ein Amerika-Spezialist, der sich um die künftigen Renault-Modelle von American Motors kümmert.

Dieses Team ist an sich eher langfristig orientiert. Es integriert jedoch Überlegungen zur kurzfristigen Anwendung mit den langfristigen. Dies geschieht auf verschiedenen Ebenen. Die Momentanprobleme führen zu täglichen Kontakten mit der Entwicklung und dem Handel. Die Projekte des Fünfjahresplanes werden monatlich an einem Montag unter dem Vorsitz von Hanon und in Gegenwart von Vernier-Palliez analysiert. An diesen Sitzungen nehmen Vertreter der Entwicklung und der Fertigung auf hohem Niveau teil, jedoch nicht solche des Verkaufs.

«Die Verkaufsleute treten erst im Monat vor dem Launch des neuen Modells hinzu,» erklärt Martin. «Lässt man sie zu früh an der Konzeption eines Wagens teilhaben, so machen sie daraus ein Fahrzeug für heute, nicht für morgen.»

In periodischen Intervallen gibt es noch die «Konferenz für langfristige Studien», jeweils im Rahmen des Planes, wo jedesmal ein einziges Dossier studiert wird.

Ganz besondere Anlässe sind die «Hanon-Seminare», welche weitab vom Werk und seinen Turbulenzen drei- bis viermal im Jahr abgehalten werden. Acht Personen treten hier für zwei volle Tage unter der Woche im Grünen zusammen, um ihre «kleinen grauen Zellen» zu strapazieren. Es sind dies Hanon, weiters die Entwicklungschefs Tiberghien und Vuaillat, der Direktor für industrielle Operationen, der Planungsdirektor, Martin als Produkt-Direktor sowie der eine oder andere Beigeordnete. Die Diskussion geht an diesen Tagen weit in die Zukunft, fünf bis sieben Jahre. Es ist dies ein reines Brainstorming, man navigiert in totaler Ungewissheit durch ein Meer der Phantasie. Man stellt sich Technologien vor, welche von den Ingenieuren noch gar nicht erfunden sind, man denkt an Fahrzeuge, von denen das Publikum noch nicht einmal träumt. Es ist dies die Arbeit der Soziologen gemeinsam mit den Technikern, eine Arbeit für Propheten. Hier versucht man sich vorzustellen, wie die Menschen morgen leben werden, was ihre Geschmacksrichtungen sein werden, ihre Wünsche, ihre Bedürfnisse und ihre Mittel. Hier wird «Automobilkultur» gemacht, ein Lieblingswort von Hanon. Hier laufen die Ströme zwischen den Männern des Wünschenswerten, also den Marketing-Spezialisten, und den Männern des Möglichen, also den Exponenten der Entwicklung und der Fertigung.

In diesem Rahmen werden auch die reichhaltigen Lektionen analysiert, welche man aus einem Modell wie dem Renault 14 herauslesen kann. Der Markt ist konservativ, das hat er klar gezeigt. Das Publikum ist technischen Neuerungen gegenüber aufgeschlossen, es akzeptiert bereitwillig Modernismen der Mechanik, wenn man es nur entsprechend informiert und ihm ein wenig Sicherheitsgefühl vermittelt. Ästhetischen Avant-Gardismus aber lehnt es ab.

«Wir leben mit Vasarely», bemerkt Hanon, «aber viele unserer Kunden möblieren sich noch immer mit Büffets im Henri-II-Stil. Würde man jene Wagen bauen, die man gerne machen würde, gäbe dies rasch eine Riesenpleite. Das Schwierigste in diesem Beruf ist die Vermeidung des Fehlers, das zu tun, was einem Spass macht. Man darf niemals Automobile für sich selbst konzipieren. Man muss sich zum gegebenen Zeitpunkt abstrahieren und sich klar werden, dass man für das Publikum nicht repräsentativ ist. Vor allem aber darf man niemals den eigenen Geschmack dem Erscheinungsbild eines neuen Wagens aufdrücken.»

Als zwei Jahre später der Renault 18 erscheint, wird es evident, dass man die Lektion beherzigt hat. Da die Modelle 16 und 12 mittlerweile ein gewisses Alter erreicht haben, hat Renault das neue Mittelklassenmodell bereits als komplette Modellreihe konzipiert. Es gibt zwei Motoren mit 1397 und 1647 cm³, drei Getriebe und verschiedene Ausstattungsvarianten. Doch vor allem hat man diesmal einen Wagen gebaut, der gefällt – nicht einen solchen, an dessen Konzeption seine Schöpfer Spass hatten. Der Renault 18 ist hübsch, wie ein Miniatur-BMW, einschmeichelnd und klassisch – bis fast zum Punkte

Bernard Hanon bei der Vor-Premiere des Renault 5 Turbo am Pariser Salon 1978.
Diese Rakete wird 1980 auf den Markt kommen und 1981 die Rallye Monte Carlo
gewinnen.

der Banalität. Auf jeden Fall gefällt er. Man hat ihn als konventionellen «Drei-Box-Wagen» mit Kofferraum entworfen, um nicht ausschliesslich «Zwei-Box-Karosserien» mit Heckklappe im Angebot zu haben. Damit spricht man ein etwas älteres Publikum mit einem europäischeren – weniger typisch französischen – Geschmack an.

Der Wagen war konzipiert worden, um allerorts zu gefallen. Deshalb hat man für seine Präsentation die Europa-Hauptstadt Strassburg gewählt, daher auch das Präsentations-Thema: «Die internationalen Erfordernisse». Der Wagen wird zu einem grossen Erfolg für Renault, fast so wie der Renault 5. Für seine Fertigung hat man das Gebäude «P» in Flins umgebaut, einen grossen Komplex von 5 Hektar. Hier war vordem die Verpackung der «C.K.D.»-Elemente für die Lieferung an die Montagewerke im Ausland, meist in Übersee, installiert. Nun wurden hier die modernsten Roboter aus der eigenen Entwicklung und Fertigung – der Direktion für Automation unterstehend – montiert, damit der neue Wagen so wie der Renault 14 «auf japanische Art» produziert werden kann.

Mittlerweile hat der R 5 neue Junge geworfen. Hanon und seine Männer gehen die Ideen für dieses kleine Wunder nie aus. Georges hat den GTL innerhalb von 18 Monaten improvisiert, er ist im März 1976 als der ideale Antikrisenwagen auf den Markt gekommen. Mit seinem 1300 cm³-Motor und seiner langen Endübersetzung konnte der

Verbrauch auf den Rekordwert von 4,9 Litern/100 km reduziert werden. In seinem Kielwasser folgt der Renault 5 Alpine als Antithese, ein sportlicher Flitzer mit einer Höchstgeschwindigkeit von 175 km/h. Man hat anfangs eine bescheidene Fertigung von 20 Einheiten pro Tag ins Auge gefasst, die dann schliesslich verfünffacht werden musste! Und man arbeitet bereits an der Automatik-Version für 1978 sowie an einem Turbo für 1980...

«Hanon ist ein begnadeter Koch,» meint Yves Georges, «der aber fast nie aus dem Vollen schöpfen kann. Keiner kommt ihm gleich, wenn es darum geht, aus alten Gerichten «nouvelle cuisine» zu machen.» Georges, der sich selbst als Krämer bezeichnet, hat ihm dabei aber ein Gutteil der Rezepte und zweifellos alle Ingredienzen geliefert!

*

In der Produktion und im Geschäftsergebnis hat Renault wiederum Aufwind. In den Jahren 1976 und 1977 gibt es mit 1 659 000 und 1 737 000 Einheiten neue Produktionsrekorde. Der Exportanteil beträgt 55 Prozent. Für den Automobilbereich hat man jedoch auf Zuwendungen vom Aktionär aus dem staatlichen Dotationsfonds seit 1975 verzichtet, weil diese Mittel nunmehr im Nutzfahrzeugbereich dringend benötigt werden, wo man von den ausgefahrenen Geleisen wegkommen muss. Noch 1976 hatten die Nutzfahrzeuge keine Zuwendungen erhalten, nunmehr sind für die Jahre 1977 bis 1980 1200 Millionen Francs vorgesehen. Die Régie macht Gewinne: 610 Millionen im Jahr 1976, 12 Millionen 1977, 198 Millionen 1978 und als absoluten Rekord im Jahre 1979 konnte die Gruppe einen Gewinn von 1016 Millionen Francs ausweisen, nachdem man in dieser Periode bereits mehr als zwei Milliarden Francs an Steuern abgeführt hatte.

1978 brachte jedoch auch eine Wiederkehr von sozialen Konflikten. Der feste Ton und die Entschlossenheit von Vernier-Palliez sind nicht genug, um sämtliche Feuer auszulöschen. Renault zahlt zwar weiterhin überdurchschnittliche Remunerationen und der soziale Dialog wird fortgesetzt. 1976 erfolgte wiederum eine Arbeitszeitverkürzung und 1977 führte man eine reduzierte Arbeitszeit für Mitarbeiter über 60 Jahre in ihrem letzten Dienstjahr ein. Dreissig zusätzliche Massnahmen folgten im nächsten Jahr, sie betrafen vor allem Spezialurlaube und Aufwertungen von Arbeitstätigkeiten.

Renault hat mehr oder weniger aufgehört, «Balkon des Gewerkschaftswesens» zu sein, Schauplatz der grossen gewerkschaftlichen, ideologischen und parteipolitischen Auseinandersetzungen.

Vernier-Palliez verkündet seine Botschaft:

«Wenn die Produktivität steigt», wiederholt er, «können selbstverständlich auch die Löhne steigen. Wenn der Absentismus (das ungerechtfertigte Fernbleiben vom Arbeitsplatz) zurückgeht, kann der Urlaub verlängert werden. Wenn hier keine Besserung eintritt, geht es uns allen schlecht.»

Vorsichtig und ohne viel Publicity bewegt sich das Unternehmen in Richtung auf eine fünfte bezahlte Urlaubswoche hin.

Doch die alten Dämonen sind noch nicht tot. So kann ein kleines Feuer noch immer einen Waldbrand auslösen. Vernier-Palliez erlebt den ersten ernstlichen Streik im Juni 1978. Dabei wird er persönlich in Mitleidenschaft gezogen. Einige Militante halten ihn zehn Stunden lang in einem Gebäude in Billancourt fest; der Generalsekretär der örtlichen CGT-Gewerkschaft, Michel Certano, bewacht ihn. Ein unbeugsamer Vernier-Palliez setzt anschliessend auf Grund eines Gerichtsurteils seine Entlassung durch.

Der Juni-Streik und ein ungesundes Wirtschaftsklima hindern Renault, 1978 neue Produktionsrekorde zu erreichen. Zum erstenmale nach drei Jahren stagniert Renault, der Ausstoss beträgt 1 718 000 Einheiten. Damit geht kurzzeitig auch die Führungsposition der Régie im Gemeinsamen Markt an Ford verloren. Renault erreicht nur einen europäischen Marktanteil von 12,1% gegenüber 12,3% für die Filiale aus Detroit.

Dieser Rückschlag ist jedoch keineswegs die Hauptsorge der Régie. Was Renault in diesem Sommer viel stärker trifft, ist die Übernahme von Chrysler-Europa durch Peugeot: mitten in der Ferienzeit ist die Konkurrenz damit zum grössten französischen Automobilkonzern geworden!

*

Während ganz Frankreich in der Sonne bratet, schlägt die Nachricht am 10. August wie eine Bombe ein. Vier Jahre nach der Übernahme von Citroën kauft die Peugeot S.A. nunmehr die europäischen Chrysler-Filialen auf. Mit einem Schlag ist der ehemalige Associé zum grössten Automobilhersteller Europas geworden und hat sich eine Reihe von Fabriken in Frankreich, Grossbritannien und Spanien angegliedert. Selbst in das Nutzfahrzeuggeschäft dringt er via Dodge durch die Hintertüre wiederum ein. Dazu kommt ein wertvolles ausgedehntes Vertriebsnetz in ganz Europa. Sechs Jahre nach seinem Ausscheiden aus dem Verwaltungsrat von Renault ist der junge elegante Jean-Paul Parayre, Manager der Peugeot S.A., auf den Titelseiten aller Tageszeitungen. Er ist der Held der Automobilwirtschaft in Frankreich und ganz Europa – in Zukunft vielleicht sogar ihr starker Mann.

In Billancourt schmerzt dieser Schlag. Man war weniger bewegt, als Peugeot Citroën schluckte. Man vergisst hier, dass Chrysler eine wenig attraktive Verlobte ist und dass mit Schwierigkeiten zu rechnen sein wird. Man ignoriert auch häufig, dass Pierre Dreyfus für diese

Braut wenig Leidenschaft aufbrachte, als man ihm vor vier Jahren ihre Hand bot. Was die Menschen bei Renault so hart trifft, ist die kränkende Tatsache, dass man nach langen Jahren an der Spitze nur noch der zweitgrösste französische Automobilproduzent ist!

«Die Régie ist wie ein Mädchen», hatte schon Lefaucheux gesagt, «wenn sie ihre Launen hat, muss man sie in Ruhe lassen und sehen, wie es weitergeht.»

Doch diesmal ist es schwierig. Billancourt fühlt sich isoliert und bedroht. Die Moral der Truppe ist schlecht, sie hat das Gefühl, unfair geschlagen worden zu sein. Glücklicherweise bewahrt der Generalstab ruhig Blut. Man wird sogar aus der neuen Situation einen Vorteil ziehen. Einige Monate später wird Vernier-Palliez bei einem der periodisch wiederkehrenden Besuche der gemeinsamen Werke zu Parayre sagen können:

«Mit Ihrer Hilfe haben wir ein Jahr gewonnen!»

Denn Billancourt reagiert nach dem momentanen Schock ganz brutal. Man ist nicht mehr Erster, aber man wird wieder an die Spitze kommen! Vernier-Palliez und Hanon hatten stets Schwierigkeiten, ihr Programm der Rationalisierung, der Produktivitäts- und Rentabilitätssteigerung durchzusetzen. Jetzt plötzlich wird alles problemlos akzeptiert!

Das Top Management von Renault erklärt den Mitarbeitern der Régie wie auch der Öffentlichkeit, dass die Verstärkung der Peugeot S.A. nur ein Wechselfall des Lebens wäre. Zwar sei das Kräfteverhältnis zeitweilig verkehrt worden, doch für Renault bedeute dies keine Schwächung.

«Die grosse Stärke der Régie», erklärt Hanon, «ist ihre Kapazität der inneren Entwicklung. Unser organisches Wachstum hat uns eine homogene Modellreihe und ein starkes Vertriebsnetz gegeben, das dank dem grossen Verkaufsvolumen jedes Händlers Geld verdient. Peugeot S.A. muss mit drei Modellreihen und drei Verkaufsorganisationen arbeiten, welche nicht unser Niveau erreichen. Unter Berücksichtigung dieser Situation haben wir eine gute Chance, schneller als die anderen zu wachsen. Die Dimension ist an und für sich nicht von entscheidender Bedeutung, wenn nicht gleichzeitig die Verkaufsorganisation gestärkt und die Herstellungskosten gesenkt werden können.

Die «Economies of Scale», welche Peugeot durch den Kauf von Chrysler-Europa und die daraus resultierende Grösse der Gruppe erzielen will, strebt Hanon bei Renault durch ein Vorantreiben der Rationalisierung und Standardisierung an. Und Lamirault kauft kein neues Vertriebsnetz dazu, er entwickelt vielmehr das bestehende, vergrössert die Zahl der Verkaufs- und Service-Stellen, verbessert laufend die Aufteilung des Territoriums unter seinen Händlern. Sechs Monate nach der Einverleibung von Chrysler-Europa in die Peugeot-Gruppe konstatiert Hanon:

«Das gesamte Unternehmen versteht nunmehr, dass unsere Konkurrenzfähigkeit wesentlich von der Schnelligkeit abhängt, mit der wir arbeiten und unsere Projekte vorantreiben. Wir müssen schneller sein als die Konkurrenten. Wir haben in den höheren Gang geschaltet.»

Und Vernier-Palliez: «Schon in den Jahren 1958 bis 1965 waren wir bloss Zweite, damals hinter Citroën. Es ist ganz gut, nur Herausforderer zu sein. Es stärkt die Kraft und die Nerven.»

Ein neuer Rekord bei Renault: der fünfmillionste Renault 4 – keineswegs der letzte – läuft am 7. September 1977 in Billancourt vom Bande. Der Renault 5 wird eines Tages noch erfolgreicher sein.

Zu neuen Grenzen

Im eigenen Lande in die Zange genommen, setzt Renault zum Sturmlauf ausserhalb des Heimatmarktes an. Wenn in Frankreich ein ernstzunehmender Konkurrent da ist, so hat es doch keinen Sinn, von dieser Tatsache besessen zu sein. Konkurrenten hat die Régie überall, in Deutschland, in Japan und in Amerika. Mehr und mehr verlegt Renault das Schlachtfeld ins Ausland und kämpft an immer länger werdenden Fronten. Die Strategie ist bereits klar festgelegt. Die Gruppe hat genau definierte Schwerpunkte der Geschäftsausweitung. Hier gibt es den Schwerpunkt Mittelmeer mit dem spanischen und portugiesischen Markt. Der Schwerpunkt Nordamerika umfasst neben den Vereinigten Staaten auch Kanada und Mexiko. Der Schwerpunkt Südamerika wird von den Abschussrampen in Argentinien, Kolumbien, Chile und Venezuela aus bearbeitet.

In einem von Arbeitslosigkeit gequälten Europa ist die Arbeitsplatzsicherung zur höchsten Priorität geworden. Vernier-Palliez hält fest, dass der Beschäftigtenstand der Régie in Frankreich zwischen 1973 und 1978 von 98 000 auf 110 000 Personen angewachsen ist und die Gruppe als Ganzes 230 000 Arbeiter und Angestellte beschäftigt. Er lässt aber keine Illusionen aufkommen. Die Strategie von Renault kann nur eine internationale sein. Will man im Ausland erfolgreich eine grosse Politik der Ausweitung betreiben, so führt dies zwangsläufig zur Produktion im Marktlande selbst – und zwar nicht nur, weil Vorschriften des Gastlandes dazu zwingen.

«Mehr und mehr», erklärt V.P., «werden wir in unseren französischen Fabriken nur noch die für Frankreich und für die wichtigsten europäischen Industriestaaten bestimmten Fahrzeuge bauen. Es wird zunehmend dazu kommen, dass die ausserhalb Europas verkauften Fahrzeuge im Bestimmungslande selbst fabriziert werden. Die Automobilindustrie wird in künftigen Jahren nicht mehr jener Generator einer Vollbeschäftigung sein wie in den letzten 15 Jahren.»

In immer kürzeren Zeitabständen verlautbart Renault immer neue Auslandsprojekte, wie eingegangene Beteiligungen, Kooperationsverträge oder Assoziierungskontrakte an allen Ecken der Welt. 1977 wird ein Vertrag mit Österreich zur Errichtung einer Aluminium-Druckgusserzeugung geschlossen, um die Handelsbilanz zwischen den beiden Staaten etwas auszugleichen. Ein Vertrag mit der UdSSR umfasst die Vergabe von Herstellungslizenzen, die Weitergabe von «Know-How» bei Schweissverfahren, wobei auch Werkzeugmaschinen im Werte von 100 Millionen Francs durch die R.M.O. geliefert werden sollen. Ein weiterer Vertrag mit Russland sieht die Lieferung einer kompletten Fertigungsstrasse für die Herstellung und den Zusammenbau von Zylinderköpfen für die Gorki-Werke in Zavloge vor.

Ein weiteres Übereinkommen mit British Leyland dient dem Aufbau einer technischen und eventuell auch industriellen Kooperation zwischen dem britischen und dem französischen Konzern; leider sollte dieses keine Früchte tragen. Im Rahmen der Nordamerika-Strategie werden in Mexiko die Firmen Diesel Nacional (welche seit 1960 Renault assembliert) und Renault Mexicana (welche diese Wagen vertreibt) umgruppiert und in der Firma Renault de Mexico, welche beide Tätigkeiten ausüben wird, zusammengefasst. Die Régie hält 40% des Aktienkapitals des neuen Unternehmens. Dieses beschliesst Investition von 1600 Millionen Pesos innerhalb von fünf Jahren zum Ausbau der Produktionsanlagen und der Verkaufsorganisation sowie zur Entwicklung einer Modellreihe.

Im Rahmen der iberischen Strategie von Renault wird im September 1977 mit der portugiesischen Regierung ein Vertrag abgeschlossen, der die Régie zum bevorzugten Partner beim Aufbau einer lokalen Automobilindustrie macht. Die Entscheidung fiel zugunsten von Renault, nachdem Portugal eine Reihe von Alternativprojekten eingehend studiert und verworfen hatte. Zwei Jahre später sind sämtliche Konditionen dieser Kollaboration präzise definiert und man gründet vier Gesellschaften. Die COMFRAPOR agiert als Holding und gehört zu gleichen Teilen Renault sowie der Regierung in Lissabon, sie hält jeweils 10% des Aktienkapitals der drei anderen Unternehmen; Renault Portuguesa (zu 65% im Besitz von Renault) soll 1985 im Werk Setubal 65 000 Fahrzeuge und im Werk Aveira in Nordportugal 220 000 Motoren und 80 000 Getriebe herstellen. Eine Handelsfirma wird für den Inlandsverkauf errichtet und die Firma Renault-FIC soll den Export ankurbeln.

Die Hinzufügung des Stützpunktes Portugal zu jenen in Spanien, Jugoslawien und der Türkei erlaubt es Renault nunmehr, eine starke Südeuropa-Politik zu betreiben. Die Régie, welche schon 1951 die ersten Schritte über die Pyrenäen gemacht hat, wo sie lange Zeit im Schatten der SEAT die zweite Geige spielen musste, entwickelt sich nun unter Pierre Semerena zum ersten Automobilhersteller Spaniens. F.A.S.A.-Renault konnte laufend ihre Neuzulassungen erhöhen, selbst in Jahren der Rezession. Nun erreicht sie im Jahre 1980 einen Marktanteil von 37%, vor SEAT (24,6%), Citroën, Fiat und Talbot. Die spanische Tochter hat in ihren Werken Valladolid, Sevilla und Palencia 340 000 Einheiten produziert (von denen 80 000 in den Export gingen), das ist mehr als die gesamte Régie im Jahre 1957. 1980 stellt dies immerhin 15% der Gesamtproduktion der Gruppe dar!

*

Und die Saat geht weiter auf. In technischen Belangen assoziiert sich Renault mit Bendix, um in Toulouse eine von der Régie

230

König Juan Carlos präsidiert im Oktober 1978 persönlich bei der Einweihung des neuen Werkes der FASA-Renault in Palancia. Renault verdrängt nun SEAT von der Position als grösster Automobilhersteller Spaniens.

geleitete gemeinsame Tochterunternehmung zur Entwicklung elektronischer Systeme für seine Wagen zu errichten. Auch mit Polen und der Tschechoslowakei werden Verträge über Werkzeugmaschinen abgeschlossen. Ein Übereinkommen mit Dassault sieht die Lieferung der Régie von «Geräten zum dreidimensionalen Vermessen» für die Bauteile der Mirage 2000 und 4000 vor, ein Vertrag mit Rank-Taylor-Hobson in den U.S.A. den Zusammenbau derartiger Messgeräte in Amerika. Dazu kommen Verträge mit dem Irak zum Bau eines Spitals, mit Saudi-Arabien zur Errichtung von Grenzwachtposten, wie auch eines Laboratoriums zur Herstellung von veterinärmedizinischen Impfstoffen, mit der Elfenbeinküste zwecks Gründung von immensen Lagerhäusern für Landwirtschaftsprodukte durch die Renault Industrie Equipement et Technique. Mit National Car Rentals in den U.S.A., mit Tilden in Kanada und später mit Godfrey Davis in England werden Verträge geschlossen, um das Leihwagen-Tochterunternehmen Europcars, mittlerweile das drittgrösste der Welt, weiter auszubauen. Übereinkommen, Verträge, Verträge, Übereinkommen...

Die Régie ist ständig im Auslug und beobachtet den Horizont nach allen Richtungen, wobei sie immer in Richtung Amerika ein besonders wachsames Auge hat. Denn Amerika, dort könnte man vielleicht noch einmal einen grossen Schatz finden, wie Pizarro bei den Inkas in Peru... Zwar hat man dort vor zwei Jahrzehnten eine böse Schlappe erlitten, was Dreyfus dazu bewegt hatte, sich mit der guten Entwicklung in Europa zu trösten. Doch für Hanon ist das schlimme Dauphine-Erlebnis noch immer unbewältigte Vergangenheit. Die Vereinigten Staaten sind ihm zur zweiten Heimat geworden. Sein in New York geborener Sohn reist mit amerikanischem Pass. Hanon beobachtet Amerika unentwegt und wartet auf eine Gelegenheit.

Diese bietet sich endlich anfangs 1978. In Detroit hat man beträchtliche Schwierigkeiten. Die gesetzlichen Vorschriften vor allem, dazu auch noch die Marktsituation, machen eine komplette Änderung der allgemeinen Modellpolitik erforderlich. Detroit ist gezwungen, Lösungen zu suchen, wie sie in Europa und Japan gewählt worden sind. Renault ist bereit...

American Motors ruft Renault zu Hilfe. Der kleine, viertgrösste Konzern aus Detroit hat mit verschiedenen europäischen Herstellern Fühlung aufgenommen in der Hoffnung, bei ihnen technologische Unterstützung und jene Prototypen zu finden, welche der Firma die Zukunft sichern können. Gespräche mit Peugeot sind bereits recht fortgeschritten, als François Doubin im Februar 1978 bei A.M.C. eintrifft. Dieser feine und subtile Absolvent der Ecole Nationale d'Administration, ein ungezwungener, stets lächelnder Mensch, hat lange im kommerziellen Bereich bei der SAVIEM und bei Renault gearbeitet, bis er zum Präsidenten von Renault Moteurs Developpement bestellt wurde. 1977 wird er zum Direktor für «Sonderprojekte» ernannt. Und der amerikanische Durchbruch ist weiss Gott ein Sonderprojekt!

Bei American Motors zieht er vorerst Erkundigungen ein. Es wimmelt von Peugeot-Ingenieuren und -Finanzleuten, die alles sehen und alles kalkulieren wollen, bevor man sich zum grossen Sprung entschliesst. Doubin hat ein Meeting mit drei Herren des Generalstabes von A.M.C., Chapin, Meyers und Hyde. Man erklärt ihm, man wäre auf der Suche nach einem Wagen mit kompakten Abmessungen und einem sparsamen Motor. Man habe nicht die Möglichkeiten, ein solches Modell genügend rasch zu entwickeln. Man ist bereit, ein entsprechendes Aktienpaket abzutreten. Doubin notiert alles und kehrt auf dem schnellsten Wege nach Billancourt zurück.

Er berichtet Hanon, welcher ihm eine Liste von Propositionen zusammenstellt, die zu unterbreiten er autorisiert wird. Achtundvierzig Stunden später landet Doubin neuerlich in Detroit. Diesmal dauern die Diskussionen länger, sie werden sehr konkret. Die Chefs von American Motors sind von der Seriosität ihres Gesprächspartners und vor allem von der Schnelligkeit, mit der Renault reagiert, beeindruckt. So geht es unter der Leitung von Vernier-Palliez mit allen Übereinkommen. Die Konzentration der Machtbefugnisse und die Entscheidungsfähigkeit erlauben es, sehr schnell zu reagieren. Ist eine Entscheidung getroffen, dann folgt aber auch die Ausführung sehr prompt.

Auf seiner dritten Reise, bloss eine Woche später, wird Doubin von Bernard Hanon begleitet. Vernier-Palliez hat ihnen eine weitgehende Vollmacht für die Verhandlungen erteilt. Und sie verhandeln auch tatsächlich, Schritt für Schritt, von neun Uhr morgens bis sieben Uhr abends. Ein Übereinkommen scheint in greifbare Nähe gerückt. Hanon lässt Doubin bei American Motors zurück. Acht Tage lang stellt er, gestützt auf eine umfangreiche Dokumentation über den Renault 5 und den Renault 18, gemeinsam mit dem A.M.C.-General-stab Berechnungen an, studiert die Verkaufsmöglichkeiten des einen Modells durch das amerikanische Vertriebsnetz, die Exportmöglich-keiten des anderen in C.K.D.-Form (in Komponenten zerlegt). Sobald man über die Ziffern zu einem Einverständnis gelangt ist, beginnt man die Konditionen eines Vertrags zu entwerfen.

Bernard Hanon und «Le Car»: wird die zweite Amerika-Offensive erfolgreich verlaufen?

Das vierte Treffen findet im März in New York statt. Diesmal sind drei Personen im Morgengrauen mit der Concorde auf der eisigen Piste des Kennedy Airports gelandet, V.P., Hanon und Doubin. Es herrscht sibirische Kälte. Den ganzen Vormittag verhandeln sie mit ihren zukünftigen Partnern. Man hat sich im Büro der New Yorker Rechtsanwaltsfirma Sullivan & Cromwell, den amerikanischen Advokaten der Régie, zusammengesetzt. Beim Mittagessen findet man sich im Essex House wieder, jenem Hotel, wo die Verhandlungsdelegation der Régie abgestiegen ist. Die beiden Bernards, Vernier-Palliez und Hanon, sitzen nebeneinander auf demselben Canapee. Ihnen gegenüber haben die Chefs von A.M.C., Meyers und Hyde, Platz genommen. Zwischen den beiden macht sich Doubin daran, den «Letter of Intent» vorzulesen, dessen wohlüberlegte definitive Konditionen von den Juristen der beiden Lager ausgearbeitet worden waren.

«Das also sind die Punkte des Übereinkommens», sagt er. «Irgendwelche Einwände?»

Die vier Herren schütteln die Köpfe. Man zückt die Füllfedern, man unterschreibt. Es hat nicht länger als drei Wochen gedauert, bis man sich auf diese Absichtserklärung geeinigt hat, welche die beiden Partner aneinander bindet und den Rahmen der konkreten Studien absteckt, welche zu einem definitiven Vertrag führen sollen.

In der Halle geht Vernier-Palliez auf Doubin zu und schüttelt ihm die Hand:

«Ich bin zufrieden», sagt er.

Seit er die Geschicke der Régie leitet, ist dies vielleicht das erste Mal, dass er einem Mitarbeiter gegenüber ein persönliches Gefühl zum Ausdruck bringt.

*

Am 10. Jänner 1979 trifft Bernard Hanon neuerlich in Detroit mit Gerald Meyers, dem Präsidenten von A.M.C., zusammen. Es hat fast zehn Monate gedauert, um den Letter of Intent vom vergangenen Winter in einen festen Vertrag umzugestalten. Die Probleme sind tatsächlich nicht einfach. Die Ziffern haben gezeigt, dass es nicht möglich sein wird, den Renault 5 in den Vereinigten Staaten zu assemblieren. Der Vertrag sieht folglich den Import fertig montierter Wagen vor, welche über den Grossteil der zweitausend Händler von A.M.C. in den U.S.A. und Kanada verkauft werden sollen. Man hat daran gedacht, den Renault 18 im Werk Kenosha zu bauen. Zu spät, entschieden die Partner, man muss sich damit begnügen, ihn ab Ende 1980 zu importieren. Für den Verkauf ist damit dasselbe erreicht, doch ist das Risiko geringer. Die industrielle Kollaboration soll hingegen besser mit einem ganz neuen Modell beginnen, das sich zur Zeit noch im Prototypen-Stadium befindet und in Frankreich im Herbst 1981 auf den Markt gebracht werden soll. Die Produktion in

Kenosha könnte dann im darauffolgenden Jahr aufgenommen werden. Renault wiederum übernimmt den Vertrieb der A.M.C.-Jeeps in Frankreich und einigen südamerikanischen Märkten.

«Wir werden uns in Detroit selbst installieren», verkündet Hanon, «um direkt an der technischen Revolution, die sich dort ereignet, teilzuhaben. Wir werden dies in enger Zusammenarbeit mit der Einkaufsabteilung von American Motors und den amerikanischen Zulieferern tun. Wir haben viel zu lernen. Die gesamte Régie wird daraus einen Nutzen ziehen, egal ob wir nun eines unserer Modelle in Amerika bauen können oder nicht.»

Und er fügt hinzu:

«Weniger als zwanzig Jahre nach dem Missgeschick mit der Dauphine können wir allein aus eigener Kraft keinen neuen Start machen. Wir werden vorsichtig vorgehen, um die zu Ende der Fünfzigerjahre gemachten Fehler nicht zu wiederholen. Heute braucht uns American Motors, genau so, wie wir American Motors brauchen. Gemeinsam werden wir viel Zeit gewinnen.»

Pierre Semerena, welcher die Leitung der FASA-Renault in Spanien zurücklegte, um die Verantwortung für die Internationalen Angelegenheiten der Régie zu übernehmen, meinte dazu:

«Für Renault ist der Vertrag eine gute Sache. Für A.M.C. aber hängt die gesamte Zukunft davon ab.»

Rasch, wenn auch mit gehöriger Vorsicht, gehen die beiden Partner an die Arbeit. Zwischen Detroit und Billancourt entwickelt sich ein regelrechter Pendelverkehr. In den Büros der Régie hört man immer öfter die englische Sprache – das nasale, singende Englisch aus dem Mid-West. Eine Truppe von Kaufleuten und Technikern der Régie installiert sich am Sitze von A.M.C., vor allem in der Entwicklungsabteilung und im Einkauf. Renault hat einen seiner fähigsten Techniker, Philippe Ventre, für diese Aufgabe abgestellt, um die Produktionsvorbereitung für den franco-amerikanischen Prototyp voranzutreiben. Bernard Hanon steht ihm häufig zur Seite und gibt zu, dass das A.M.C.-Projekt in dieser Phase etwa 15% seiner wertvollen Zeit beansprucht.

In der Öffentlichkeit herrscht mancherorts die Meinung, dass die ganze Affäre, wie auch die Régie überhaupt, auf der Stelle träte. L'Expansion veröffentlichte sogar auf der ersten Seite einen Bericht unter dem Titel «Renault steckt zurück.» Da platzt am 12. Oktober 1979 neuerlich eine Bombe. Renault begnügt sich nicht mehr mit einer Kollaboration, es geht sogar eine Kapitalbeteiligung bei A.M.C. ein. In dieser Zeit stehen die Dinge in Detroit nicht zum Besten, so dass man jetzt die Finanzen in Ordnung bringen muss, um später die Ernte einfahren zu können... Der Partner wird Schritt für Schritt zum Tochterunternehmen, selbst wenn von höchster Seite in Billancourt verkündet wird, man denke nicht daran, den amerikanischen

Bis zum Produktionsbeginn der Amerika-Version des Renault 9 in Kenosha im Jahre 1982 wird in Flins der Renault 5 «Le Car» assembliert und in den Vereinigten Staaten über die A.M.C.-Verkaufsorganisation vertrieben. Ein langsamer und schwieriger Gegenangriff auf einem krisengeschüttelten Markt.

Automobilhersteller zu kolonialisieren. Die Kapitalbeteiligung der Régie an American Motors steigt von den anfänglichen 5% stufenweise auf 22,5%, dann auf 46% – dies alles mit der logistischen Unterstützung durch die Renault Holding.

Vereinigte Staaten, Kanada, Mexiko: das nordamerikanische Puzzle-Spiel ist komplett.

Und die Presse kommentiert:

«Renault ist zum fünftgrössten amerikanischen Automobilproduzenten geworden.»

*

Auch in Südamerika sind die Dinge im Fluss. Zwei Wochen nach dem Abschluss mit A.M.C. in Detroit ist Hanon in Bogota, um den 1970 mit Kolumbien abgeschlossenen Vertrag zu erneuern und auszuweiten. Renault hat in Kolumbien einen Marktanteil von 70% und konnte auch in den anderen Staaten des Anden-Paktes Fuss fassen. Nun verpflichtet sich die Régie zu einer Investition von 500 Millionen Francs, um die Kapazität der Werke in Duitama (Motoren) und Medellin (Assembling) zu vergrössern. Die Régie wird auch eine

Getriebe-Zahnradfertigung mit einer Jahreskapazität von 200 000 Garnituren errichten, von denen die Hälfte in den Export gehen soll.

Weiter südlich beschliesst Renault-Argentina, das im Jahre 1978 33 000 Fahrzeuge verkaufte und einen Marktanteil von 22,2% erreichte, eine äquivalente Summe innerhalb von fünf Jahren zu investieren, um die Industrieanlagen zu verbessern und die Kapazität auszuweiten.

In Europa selbst bringt Renault einen weiteren Bauern auf dem internationalen Schachbrett ins Spiel. Wenn 1978 aus der Sicht von Billancourt wegen der kräftigen Peugeot-Dusche als Jahr des Unwetters erschien, so wird 1979 ganz entschieden das Jahr der Saat, eine neue Aufmarsch-Phase! Wenige Tage vor Jahresschluss legt «der achte Stock» der Régie ein schönes Weihnachtsgeschenk auf den Gabentisch.

Renault erwirbt 10% der Aktien der Automobil-Division von Volvo, dazu noch weitere 10% in Form einer Wandelanleihe. Die beiden Unternehmen kennen und schätzen einander seit langem. Schon viele Jahre lang liefert Renault an DAF, den kleinen holländischen Automobilhersteller – mittlerweile ein Teil der Volvo-Gruppe –, die Motoren, rund 80 000 Stück pro Jahr. Per Gyllenhammar, der Präsident der schwedischen Gruppe, hat sich stets mit der Kollaboration Renault-Peugeot-Volvo im Rahmen der «Franco-Suédoise de Mécanique» in Douvrin zufrieden erklärt. Gyllenhammar ist sich der längerfristigen Problematik der geringen Unternehmensgrösse seiner Gruppe bewusst und er hat seine Strategie festgelegt:

«Unsere Zukunft», hat er erklärt, «könnte vor allem im Zusammenbau liegen. Wir werden die Aggregate unserer Fahrzeuge auswärts einkaufen. Unsere Originalität wird dann in der Qualität des Gesamtkonzeptes unserer Modelle liegen, somit von unserer Imagination und unserem Marken-Image abhängen.»

Renault wiederum steuert vor allem die Verbesserung der «Economies of Scale» an. Das Ziel ist die Verteilung der Entwicklungs- und Herstellungskosten auf immer längere «Serien». Man will bis 1985 2 500 000 Einheiten bauen. Der technische und kommerzielle Kooperationsvertrag mit Volvo wird dazu ebenso beitragen wie der Zusammenschluss mit American Motors und die abgeschlossenen Verträge in Portugal und Mexiko. Volvo wird in Zukunft seine Bauaggregate und seine Basis-Technologie zunehmend von Renault beziehen. Die Schweden verschaffen sich damit Zugang zu einer der besten «Banken für mechanische Aggregate» in Europa und sichern sich dies zu Großserienpreisen. Man spricht bereits von 150 000 kompletten mechanischen Aggregaten für einen Volvo-Mittelklassewagen, der 1984 erscheinen soll.

«Wir hoffen», sagt Vernier-Palliez, «dass Volvo möglichst viele Wagen mit einem Maximum an Renault-Komponenten verkaufen wird.»

Sollte dies alles für den expansionistischen Heisshunger der Régie noch nicht genug sein, ein weiterer bedeutender Vertrag in diesem Bilanzjahr wird ihn stillen: François Zannotti hat für Renault Véhicules Industriels ein Übereinkommen mit der amerikanischen Schwerlastwagenfirma Mack abgeschlossen.

Paul Berliet, Bernard Vernier-Palliez und François Zannotti. Endlich ist die französische LKW-Industrie vereinigt!

Raute und Bulldogge

Für Paul Berliet war als Kind der Sonntag der schlimmste Tag der Woche. Denn Marius, der Gründer der Dynastie, verbot Paul, dem jüngsten seiner drei Söhne, an Sonntagen in die Fabrik zu gehen. Paul Berliet kannte sein ganzes Leben lang nur eine Passion, die Fabrik. Sie war seine Schule, sie sollte sein Leben werden. Er hätte auch sicher niemals Sprachen oder Nationalökonomie gelernt, wenn er nicht unmittelbar nach dem Kriege fast zwei Jahre im Gefängnis verbracht hätte, genau wie Louis Renault – und aus demselben Grunde.

«Das Gefängnis war meine zweite Schule», pflegte Paul Berliet zu sagen, «dort habe ich die Bücher entdeckt.»

Paul Berliet ist enthusiastisch, eigensinnig, schnell handelnd, ein Draufgänger, ein echter Gründer-Typus. Als er sich im Jahre 1966 in den Schoss von Citroën begeben musste, wachte er eifersüchtig über seine Unabhängigkeit und er lehnte jegliche weitere Annäherung ein Vierteljahrhundert lang ab. Ganz so einfach kann man sich mit einem solchen Manne nicht zusammentun, das muss seine Formen haben. Eine regelrechte Fusion war anfangs völlig undenkbar und man legte auf höchster Ebene fest, dass SAVIEM und Berliet ihre eigenen Rechtspersönlichkeiten, mit eigenem Marken-Image und eigenen Modell-Reihen, dazu auch mit ihren eigenen separaten Verkaufsorganisationen, beibehalten würden.

Die Annäherung der beiden Unternehmen hatte also kein anderes Ziel als eine industrielle Kooperation zum Zwecke einer Optimierung der Kapazitäten, einer Rationalisierung der Aktivitäten und einer Senkung der Produktionskosten.

Diese Absichten hielten allerdings bei einer genaueren Durchleuchtung der Sachlage nicht stand. Die Regruppierung von Berliet und SAVIEM war nicht nur zu spät erfolgt, sondern auch im unglücklichsten Moment. Der Markt war 1975 zusammengebrochen und nach einem künstlichen Aufschwung im Jahre 1976 verschlechterte sich die Marktlage in Frankreich wie weltweit gegen Jahresende neuerlich. Bei Renault standen sich zwei Gruppen gegenüber. Die eine wollte beide Firmen im Wettbewerb miteinander weiterbestehen lassen, die andere verfocht die Notwendigkeit einer totalen Fusion. Nach einigen stürmischen Sitzungen, an denen im Jahre 1975 Dreyfus, Vernier-Palliez, Beullac, Zannotti und Grob teilnahmen, entschied man sich für eine Bestätigung der Unabhängigkeit beider Firmen. Es wurde jedoch immer offensichtlicher, dass diese Position auf Dauer nicht haltbar sein würde. Die Händler der beiden Marken glaubten fest an eine Integration der beiden Verkaufsorganisationen und lieferten sich folglich einen Kampf bis aufs Messer, wodurch ihre Gewinnspannen gefährlich schrumpften. Unabhängig voneinander und getrennt, koordinierten die Teams aus Lyon und aus Paris ihre Überlegungen und Handlungen mehr schlecht als recht, so dass anfangs 1977 Zannotti neuerdings eine Fusion vorschlagen musste.

Man hatte schon vordem eine gemeinsame Filiale für den Auslandsverkauf gegründet, die unter dem Namen Renault Vehicules Industriels International firmierte. Zannotti erachtet es als wichtig, nunmehr auch die nationalen Aktivitäten unter einen Hut zu bringen. Ein Aktionsprogramm wird dem Industrieminister René Monory vorgelegt, der es approbieren lässt.

Renault Vehicules Industriels wird zwischen 1977 und 1981 5 Milliarden Francs investieren und die beiden Modellreihen integrieren, wobei allerdings die Identität der Marken gewahrt bleiben soll. Die Régie wird das Kapital der neuen Firma innerhalb von fünf Jahren um 1,4 Milliarden Francs aufstocken, was nur dank Kapitalzuwendungen durch den Staat möglich ist. François Zannotti übernimmt die Präsidentschaft der neuen Gesellschaft mit Paul Berliet als Stellvertreter, dessen Rat in technischen Belangen wie auch im Exportgeschäft, wo ihm immer wieder grosse Fischzüge gelingen, hoch geschätzt ist.

Doch man kann zwei Giganten wie diese nicht so ohne weiteres fusionieren. Erst muss ein Einverständnis zwischen den Handelsgerichten von Paris und Lyon hergestellt werden, die sich um die Zuständigkeit für diese monumentale Fusion streiten. Rechtlich dauert dies volle achtzehn Monate! Mittlerweile handelt Zannotti pragmatisch, Zug um Zug. Er fusioniert SAVIEM und Berliet in Deutschland, wo die beiden Marken kein ausgeprägtes Image besitzen, zu einer Firma unter dem Namen Renault Nutzfahrzeuge, welche im September 1977 zum Zeitpunkt der Fünfzigjahrfeier von Renault Deutschland und dem Frankfurter Salon das Licht der Welt erblickt. In der riesigen Nutzfahrzeughalle in Frankfurt sind sämtliche französischen Lastwagen unter die Farben von Renault getreten, ein Vorgriff auf die unausweichliche Entwicklung in Frankreich selbst.

Denn man hat sich endlich entschlossen, auch die nationalen Verkaufsorganisationen zusammenzulegen. Vom Dezember 1978 bis März 1979 ergreift Zannotti den Wanderstab und macht eine grosse Frankreich-Tournee. Er hat den Mut zur Unbeliebtheit und gibt gerne zu, «dass es ihm egal ist, was die anderen über seine Arbeit denken». Was immer es kosten mag, er baut seine Verkaufsorganisation um, verteilt die Händler-Konzessionen neu, teilt das Territorium auf und errichtet so methodisch die kommerziellen Strukturen der Renault-Nutzfahrzeuge. Er ist von einem verwirrenden Netz von 210 Verkaufsstellen und 58 Filialen der Marken Renault, SAVIEM und Berliet ausgegangen. Nunmehr errichtet er ein System von bloss 160 Händlern und 32 Filialen. Die Zahl der regionalen Direktionen reduziert er von 22 auf 11, alles im Interesse einer verbesserten Wirtschaftlichkeit. Im Juli 1979 ist die neue Verkaufsorganisation komplett und die erste nationale Händlertagung des vereinheitlichten

Vertriebsnetzes findet in Lyon im Bürgermeisteramt des 8. Bezirks statt. Zannotti kann auf eine beachtliche Leistung verweisen, denn im Zuge der Neugruppierung hat er bloss zwölf Händler verloren, von denen sechs sich neuen Aufgaben zuwandten, während die restlichen sechs zur Konkurrenz gingen.

Gewiss, die Umstrukturierung kostet die R.V.I. sechs Prozentpunkte Marktanteil. Doch diese werden in zunehmendem Masse wiedergewonnen und die Gruppe hat nicht zu teuer für eine einheitliche Verkaufsorganisation bezahlt, die unerlässlich geworden war. Noch im Jahre 1978 sind die Verluste schwer – fast 400 Millionen Francs – und man muss den Investitionsplan vorsichtigerweise reduzieren. Die Autorität ist in Vénissieux wiederhergestellt, wie in Billancourt selbstverständlich auch. Die Rationalisierung der Modellreihen kann beginnen. Es zeichnet sich bereits ab, dass die R.V.I. mit Hilfe der neuen Modellreihe im Jahre 1980 aus den roten Zahlen sein wird.

Mittlerweile gelingt Zannotti ein Coup, der in den Nutzfahrzeug-Dimensionen durchaus dem Arrangement mit American Motors auf dem PKW-Sektor gleichzusetzen ist. Bei der Analyse der Exportstrukturen von Berliet und SAVIEM hat Zannotti sehr bald deren Verwundbarkeit bemerkt. Drei Viertel der Exporte gehen in Länder, die wirtschaftlich wie politisch ein hohes Risiko darstellen, wie die Maghrib-Staaten, das französischsprechende Schwarzafrika, den Irak. Hingegen glänzen die französischen Schwerlastwagen auf den traditionellen grossen Märkten durch Abwesenheit. Eine Schwerpunktverlagerung im Export ist also unerlässlich. Vor allem verkauft R.V.I. überhaupt nicht in den Vereinigten Staaten, die 34% des Weltmarktes für Schwerlastwagen darstellen. Die Gelegenheit, diesen Mangel abzustellen, bietet sich im Jahre 1978. Die Signal-Gruppe, zu der Mack gehört, versucht Kapital für Neuacquisitionen freizubekommen. Sie sind bereit, erfährt Zannotti, ein Aktienpaket ihrer Nutzfahrzeug-Tochter abzugeben. Über die Lazard-Bank war Dreyfus bereits seit 1974 mit Mack in Kontakt. Die Firma ist auf Schwerlastwagen über 15 Tonnen spezialisiert und der zweitgrösste amerikanische Hersteller in dieser Kategorie. Sie hat eine interessante Verkaufsorganisation mit 50 Filialen, 150 unabhängigen Händlern und 550 Vertragswerkstätten. Sie ist jedoch in dem Marktsegment, wo R.V.I. seine Stärken hat, also unter 15 Tonnen, überhaupt nicht präsent. Sollte das nicht die Basis für eine Zusammenarbeit darstellen?

Zannotti erfährt, dass der Verwaltungsrat von Signal in Los Angeles zusammentreten wird, um rasch eine Entscheidung über Mack Trucks zu treffen. Schnell entschlossen, springt er in das nächste Flugzeug. Auf der direkten Air France Maschine bekommt er keinen Platz mehr. Zannotti zögert nicht, sondern fliegt über London mit der TWA. Am Flugplatz von Los Angeles angekommen, mar-

Wenn Renault Löwen frisst… Jean Boillot, Präsident des Direktoriums von Peugeot, und François Zannotti vereinigen die Dodge-LKW mit jenen der Régie.

schiert er zum Ausgang. Plötzlich macht er sich ganz klein, versteckt sich hinter zwei Passagieren. Er hat Dr. Prinz, Vorstandsmitglied und späterer Generaldirektor der Daimler-Benz A.G., erkannt, der sich zum Rückflug nach Europa begibt. Eine Stunde später sitzt er in demselben Fauteuil, den Prinz gerade verlassen hat, dem Verwaltungs-rat von Signal gegenüber.

Zannotti tat gut daran, schnell zu handeln! Seine Gespräche sind positiv. Man beschliesst, sich bald wiederzusehen. Zannotti empfängt auf seinem Besitz in Korsika den Chairman von Mack, Alfred W. Pelletier, einen Französisch-Kanadier und dessen Frau. Als Ergebnis dieser Besprechung unterfertigt man im Juli 1978 einen «Letter of Intent», eine Absichtserklärung, der im folgenden Frühjahr in einen Vertrag umgewandelt wird. Zannotti und Pelletier unterzeichnen ein Übereinkommen mit einer Laufzeit von zehn Jahren, das weitreichende Folgen haben dürfte. Mack wird unter seinem Emblem, der Bulldogge, in den Vereinigten Staaten und Kanada die Diesel-Lastkraftwagen der R.V.I. vertreiben, und zwar die Typen MS 200 und MS 300 MS (9 bis 15 Tonnen), welche in Blainville gebaut werden. Die besten Industrie- und Handelsverträge sind meist durch finan-zielle Verflechtungen abgesichert. Deshalb übernimmt Renault für 115 Millionen Dollar 20% des Aktienkapitals von Mack Trucks.

Im Sitzungssaal von Mack, in Allentown (Pennsylvania), lässt Pelletier neben den traditionellen Stars and Stripes die Trikolore aufhängen und Zannotti schmückt sein Büro in Billancourt ebenfalls mit den beiden Nationalflaggen!

Die begeisterten Mack-Händler bestellen im September 1979 bei der Convention in Chicago einige tausend Renault-Lastkraftwagen für 1980. Der Vertrag sah nur 1000 Stück vor. Die ersten 300 Einheiten werden im Dezember 1979 in Baltimore ausgeladen. Im darauffolgenden Jahr überqueren 1988 Lastwagen den Atlantik. Sie werden unter dem Namen «Mid-Liners» und der Marke Mack mit der Bulldogge auf der Kühlermaske verkauft. Die Verkaufsziele sind mit

4000 Einheiten für 1981 und 9000 Stück für 1984 festgelegt. Die Bulldogge hat lange Zähne!

Der Aufschwung der R.V.I. ist so weit gediehen, dass Renault nach Bereitstellung seines Kapitals und seines Personals nun auch willens ist, seinen guten Ruf und sein Image, also seinen Namen, dem Unternehmen zur Verfügung zu stellen.

Dies ereignet sich am 21. April 1980. Nach der Vereinheitlichung der Modellreihe, der Verkaufsorganisation und der Marke führt die Gruppe nunmehr für ihre Schwerfuhrwerke – Lastwagen und Autobusse – den einheitlichen Namen Renault ein. Ein massiver Werbefeldzug unterstützt die Operation und präsentiert der Öffentlichkeit die neugeborene Marke: «Renault, das französische LKW-Team.» Verglichen mit seinen Konkurrenten ist das Team spät auf den Plan getreten, doch beweist es seine Schlagkraft.

Es zeigt auch Appetit. Ein Jahr später wird es selbst Löwen fressen. In der Mitgift seiner Ehe mit Chrysler-Europa hat Peugeot auch die Dodge-LKW gefunden. Es gibt vier Produktionsstätten in Grossbritannien und eine in Spanien. Die Modellreihe umfasst LKWs von 3,5 Tonnen bis zu riesigen Lastwagenzügen sowie 38-Tonnen-Traktoren. Die Jahresproduktion umfasst 12 000 Einheiten. Das Vertriebsnetz in Spanien und Grossbritannien ist gut, man ist auch in Finnland, Dänemark und den Niederlanden präsent. Zum Überleben ist das alles aber zu wenig.

Ein Teil der Produktion und das Wesentliche an der Verkaufsorganisation wäre für Renault eine willkommene Ergänzung. Warum kann man sich nicht zusammentun? Die Gespräche zwischen Jean-Paul Parayre und François Zannotti finden im September 1980 statt. Sie führen sieben Monate später zum Ziel. Am 14. April 1981 kauft Renault von Peugeot die Hälfte von Dodge Trucks, wobei der Immobilienbesitz unverändert bleibt. Renault V.I. übernimmt die industrielle und kommerzielle Leitung.

Auch hier beginnt man zu rationalisieren und zu standardisieren, doch in viel grösseren Dimensionen und unter geographisch schwierigeren Verhältnissen.

Das stört aber nicht. Mit einer weltweiten Produktion von insgesamt 63 000 Einheiten über 3,5 Tonnen, zu denen noch 3000 Autobusse hinzukommen, konsolidiert Renault seinen dritten Platz in Europa hinter IVECO (Fiat) mit 100 000 Einheiten und dem Marktführer, Daimler-Benz, der 136 000 Einheiten produziert. Vor allem aber kann Renault seinen 300 Händlern und 500 LKW-Verkaufsstellen in Europa noch weitere 102 Händler in Spanien, wo man vordem überhaupt nicht vertreten war, und 81 in Grossbritannien hinzufügen, wo man bisher bloss 28 Händler unter Vertrag hatte.

Das französische Team ist reif für die Europameisterschaft und schickt sich an, als Aussenseiter in der Weltklasse mitzuspielen...

Die Herausforderungen von Vernier-Palliez – vom Renault 5 über die Formel 1 bis zu den Schwerlastwagen.

Sport in Gelb-Schwarz

Als Renault offen als grosser Nutzfahrzeughersteller auf den Plan trat, präsentierte man diese Tatsache unter dem Motto der «neuen Herausforderung». Hintergründig erinnerte die Régie dabei an die beiden letzten Herausforderungen, Le Mans mit dem brillanten Erfolg des Jahres 1978 sowie die Formel 1, ein noch nicht abgeschlossenes Projekt.

Renault hat sich dem Rennsport nicht planlos verschrieben. Der Spitzensport ist eines der wirksamsten und vielleicht das schnellste Mittel, um in abgelegenen Märkten einen hohen Bekanntheitsgrad zu erreichen und überall dort ein junges, dynamisches und attraktives Image aufzubauen, wo man bereits bekannt ist. Renault wendet für den Automobilsport ein Tausendstel seines Budgets auf, das ist gar nicht wenig. Ohne es zu wissen, trägt jeder Käufer eines Renault auf der ganzen Welt somit 20 bis 40 Francs zu den Bemühungen von Renault-Sport bei!

Die Régie hatte bereits alle nur denkbaren Erfolge mit den kleinen Rallye-Gordini und mit Alpine im Rennsport. Renault triumphierte bei nahezu sämtlichen Rallyes.

In Le Mans hat man den Leistungs-Index und den Energie-Index gewonnen sowie Gruppen- und Klassensiege erzielt. Doch noch nie hat man die grossen internationalen Ziele angepeilt, den Gesamtsieg in Le Mans sowie die Formel 1.

Wie auch in anderen Bereichen, legt die grösser und ehrgeiziger gewordene Régie auch im Sport die Latte höher, viel höher!

Claude Haerdt und Jean Terramorsi, in vollem Einsatz vom Tode hinweggerafft, wiesen bereits den Weg. François Gautier, der Werbechef von Elf und seit dem Jahre 1968 mit den sportlichen Erfolgen dieser Benzinmarke untrennbar verbunden, streckt Renault die Hand hin. Im Februar 1975 gibt er bei Renault-Gordini zwei 1500-cm^3-Versuchsmotoren mit Turbolader in Auftrag.

«Mit den Motoren hat alles begonnen», wird Bernard Hanon später sagen. Er selbst ist ein begeisterter Anhänger des Automobilsports und wird bald der Mentor des grossen Projektes sein. «Traditionsgemäss hat Renault dem Motor immer den grössten Stellenwert eingeräumt. Die Motorenbauer bemühen sich stets, mehr PS aus den Motoren herauszuholen. Ausserdem lieben wir Herausforderungen und glauben an den Werbewert des Automobilsports...»

Der V 6 Gordini hat bereits die Europameisterschaft für Zweiliter-Prototypen im Jahre 1974 gewonnen. 1976 nimmt er an der «Rekognoszierungsmission» in Le Mans teil. Der Turbomotor leistet 490 PS, man fährt im Training wie im Rennen die schnellste Runde, doch nach einem Viertel der Distanz gibt der Wagen mit einem Zündungsdefekt den Geist auf.

«Wir sind hierhergekommen, um zu lernen, nicht um zu paradieren», sagt Gérard Larrousse, selbst ehemaliger Le Mans-Sieger und nunmehr zum Generaldirektor von Renault-Sport bestellt.

Zwei Jahre später verfolgt man die beiden Ziele, Le Mans und die Formel 1, parallel. Dies bedeutet für das Team von Larrousse eine schwere Belastung. 130 Mann – Arbeiter, Monteure und Techniker – arbeiten mit voller Kraft für den Sieg, doch ihre Bemühungen sind zersplittert. Der Motor für einen etwaigen Formel-1-Wagen dreht am 18. November 1975 in Le Castellet seine ersten Runden. Man hat ihn vorläufig in einen Alpine-Renault-Prototyp eingebaut. Im folgenden März geht ein «Laboratoriums-Prototyp» auf der Michelin-Geheimpiste in Clermont-Ferrand auf Versuchsfahrten. Eine Formel-1-Abteilung wird gegründet und im September in Viry-Chatillon bei Gordini, mittlerweile zu einer Renault-Sport-Tochter geworden, installiert.

Der Renault-Elf-Formel-1-Wagen wird im Renault-Haus auf den Champs-Elysées am 10. Mai 1977 der Öffentlichkeit vorgestellt, einen Monat vor den 24 Stunden von Le Mans. Das ganze Team erhofft für Renault diesmal einen Le Mans-Sieg, um anschliessend konzentriert am Formel-1-Programm arbeiten zu können. Doch einmal mehr ist Fortuna Porsche günstig gesinnt, der siegreiche Stuttgarter Wagen haucht auf der Ziellinie seine Lebensgeister aus, am zweiten Platz landet der Mirage-Renault von Jarier-Schuppan. Alle anderen, einschliesslich des Renault-Alpine von Jabouille-Bell, welche nach 17 Stunden in Führung lagen, sind mit Bruch des Kolbenbolzens ausgeschieden.

Der RS 01 steht erstmals mit Jean-Pierre Jabouille am Steuer am 14. Juli in Silverstone am Start. Doch offensichtlich ist es noch stark verfrüht, auf einen Erfolg und auf die Marseillaise zu hoffen. Sie wird in diesem Jahr zwar für René Arnoux, den Nachfolger von Jabouille als Formel-2-Europameister, gespielt, auch für Guy Frequelin, den französischen Rallyemeister auf einem Alpine V 6. Aber im kommenden Jahr wird man sie in Le Mans gut hören können!

Die 24 Stunden werden diesmal wie eine Mondlandung vorbereitet und Renault verschweigt seine Ambitionen keineswegs. Nach zwei Probegalopps will man endlich siegen. Der Wagen hat tausende Testkilometer ohne ernste Probleme zurückgelegt, wobei Fahrer wie Jabouille, Jaussaud, Bell, Frequelin und Ragnotti eingesetzt wurden. Oft ging man nach Castellet zu Testfahrten, aber auch auf das riesige schnelle Betonoval von Columbus, Ohio. Die beiden je vier Kilometer langen Geraden werden durch überhöhte Kurven verbunden und damit kann man die Verhältnisse auf der Hunaudières-Geraden von Le Mans gut erproben, die Spitzengeschwindigkeiten liegen bei 320 km/h.

Ganz Renault nimmt an der Offensive teil. Die SERI baut einen Prüfstand, der die Strecke von Le Mans simuliert. Das Forschungszentrum von Rueil erstellt in Zusammenarbeit mit Berliet ein Computer-Programm zur Optimierung der Fahreigenschaften auf dem Sarthe-Rundkurs. Das metallurgische Labor, die Nockenwellenfertigung, der Getriebebau, die Zahnradschleiferei werden mobilisiert. Ein Ausleseverfahren für die Bauteile wird entwickelt, besonders für die Selektion der neuen Auslassventilfedern.

Die Monteurmannschaften werden einem intensiven Training unterworfen, unter Rennbedingungen. Sie können ein Getriebe in 14 Minuten auswechseln, einen Turbo in fünf Minuten!

Für das Rennen werden vier Wagen in Dieppe bei Alpine gebaut, dazu kommen zwei in Phoenix, Arizona hergestellte Mirage, welche ebenfalls mit Renault-Turbomotoren ausgerüstet sind.

Das Rennen nimmt einen triumphalen Verlauf. Renault liegt vom Start bis ins Ziel an der Spitze, vorerst mit Jabouille-Depailler, dann mit den späteren Siegern Pironi-Jaussaud, welche mehr als 5000 km in den 24 Stunden zurücklegen. Diesmal entblössen die Porsche ihre Achillesferse. Ihre Getriebe brechen wie morsches Holz. Acht Tage später wird Bernard Hinault als Sieger der Tour de France für Radfahrer von einer Million Pariser auf den Champs-Elysées stürmisch gefeiert, im gelben Renault-Trikot, ein weiterer Triumph, dem Le Mans-Sieg werblich durchaus gleichzusetzen.

Durch den Sieg bei den 24 Stunden sind die Techniker und Piloten von Renault-Sport nunmehr entlastet, eines der beiden Ziele ist erreicht. Nun konzentriert man sich auf einen Erfolg in der Fahrer-Weltmeisterschaft auf den fürchterlichen Rundkursen der Formel 1.

*

Die Konkurrenz auf den Rennstrecken ist womöglich noch härter als jene auf den Märkten. Hier genügt es keineswegs, mit beträchtlichen Mitteln und einer gutstrukturierten Organisation anzutreten, um mit Sicherheit zum Erfolg zu gelangen. Der Kampf ist um so ungewisser, als man bei dem Entschluss, sich an den Grossen Preisen zu engagieren, ein sehr grosses Risiko eingehen musste. Nur wenige glauben anfangs an die Chancen des Turbo-Motors. Die wiederholten Schwierigkeiten des «gelb-schwarzen» Rennstalles scheinen den Skeptikern recht zu geben. Zu oft verrecken die Motoren. Wenn sie nicht brechen, dann ist die Ansprechzeit des Turbo am Kurvenausgang immer noch zu lange, als dass Jabouille mit den schnellsten Konkurrenten mithalten könnte. Man muss bis zum letzten Rennen des Jahres 1978 warten, bis man sich endlich beim Grossen Preis der U.S.A. die ersten Weltmeisterschaftpunkte holen kann.

Die Rennen erfordern viel Geduld, doch das Team verliert nicht den Mut. Noch sind die Motoren nicht genügend zuverlässig, doch immerhin bringt die Einführung des Doppelladers im neuen RS 10

Triumph in Le Mans 1978. Der Renault-Elf mit der Startnummer 2 ist als Erster vom Start weggekommen und er wird auch 24 Stunden später als Erster die Ziellinie überfahren. Bei ihrer Rückkehr nach Paris fahren Pironi und Jaussaud im Triumphzug über die Champs-Elysées.

beim Grossen Preis von Monaco am 27. Mai 1979 eine beträchtliche Mehrleistung.

«Wir werden in diesem Sommer siegen», prophezeit Jabouille, der nun nicht mehr der einzige Fahrer des Teams ist. Zur Verbesserung der Chancen setzen die Verantwortlichen von Renault-Sport einen zweiten Wagen für René Arnoux aus Grenoble ein.

Die Ausdauer macht sich bezahlt und Jabouille soll rechtbehalten. Der Tag der Glorie kommt am 1. Juli beim Grossen Preis von Frankreich in Dijon. Der Sieg von Jabouille vor dem heimischen Publikum hat Motorsportgeschichte gemacht. Es ist dies der erste Grand-Prix-Sieg eines Wagens mit Turbo-Motor und zugleich der erste eines hundertprozentig französischen Wagens, vom Motor bis zu den Michelin-Reifen. Es ist auch das erste Mal, dass ein Automobilhersteller von weltweiten Dimensionen innerhalb eines Jahres sowohl Le Mans als auch den französischen Grand Prix gewinnt.

1979 ist der Renault-Elf-Turbo sechsmal der schnellste Wagen im Training und damit in der Pole Position. Doch der Sieg von Jabouille wiederholt sich nicht. Jabouille stimmt zwar den Wagen ab, aber Arnoux, fährt die Ernte ein. Zwar siegt er noch nicht, doch steht er in England und in den U.S.A. auf der zweiten Stufe des Podiums, beim französischen Grand Prix auf der dritten.

Anfangs 1980 zählt Renault endlich zu den Favoriten. Auf den schnellen Pisten sind die französischen Wagen gefürchtet. Man kann ihnen auch auf Rennstrecken in grosser Seehöhe, wie in Südafrika, schwer beikommen. So beginnt das Jahr mit Fanfaren. René Arnoux und sein neuer RS 20 siegen in Brasilien und Südafrika, beide Male tritt er das Erbe des vom Pech verfolgten Jabouille an. «Wir werden Weltmeister», prophezeit Jabouille diesmal.

Doch er setzt die Zuverlässigkeit des Turbomotors voraus. Sechsmal qualifiziert er sich für die erste Startreihe, Arnoux ebenfalls. Doch es will und will nicht klappen. Jabouille gewinnt zwar in Zeltweg, doch das sollte der einzige Erfolg seiner Saison sein, die für ihn dramatisch endet. Beim Grossen Preis von Kanada stürzt er schwer, wird mit multiplen Beinbrüchen mühsam aus dem Wrack befreit. Arnoux hat mehr Glück und fügt seinen beiden Siegen vom Saisonbeginn noch einen zweiten Platz in Holland, einen vierten in Belgien und einen fünften in Le Castellet hinzu, womit er den sechsten Platz in der Weltmeisterschaft belegt. Bis zum Titel ist noch ein weiter Weg...

Renault aber macht sich wieder an die Arbeit, wird sich bis zum grossen Triumph mit voller Kraft weiter einsetzen, selbst wenn es lange dauert. Die Weltmeisterschaft soll den natürlichen Abschluss und Höhepunkt jener beträchtlichen und jahrelangen sportlichen Bemühungen sein, welche Nachwuchsformeln, den Gordini-Pokal, die verschiedenen Renault-Formeln und Rennfahrerlehrgänge umfasst. 5000 verschiedene Piloten haben an der einen oder anderen

Beim Grossen Preis von Frankreich 1981 in Dijon wiederholt Alain Prost auf dem Renault Elf Turbo den Erfolg von Jabouille, der auf derselben Strecke zwei Jahre zuvor siegreich war.

Der Gewinn des GP von Frankreich wird von Gérard Larrousse, Bernard Hanon, René Arnoux und Alain Prost (von links nach rechts) gebührend gefeiert.

dieser Einmarken-Nachwuchsformeln teilgenommen, davon allein 3000 in Frankreich. Unter ihnen findet man sämtliche französischen Grand-Prix-Fahrer: Jabouille, Laffite, der 1980 tragisch verunglückte Depailler, Pironi, Arnoux, Jarier, Tambay und Prost.

Da Jabouille zu seinem Schwager Jacques Laffite in das Ligier-Team überwechselte, vertreten 1981 die Fahrer Arnoux und Prost die gelb-schwarzen Farben. Die Saison beginnt mit Schwierigkeiten, vor allem aus Reglement-Gründen wegen des sportpolitischen Konflikts in der Formel 1. Doch man hofft zuversichtlich auf künftige Erfolge, bis Prost im Juli in Dijon den ersten französischen Sieg des Jahres erringt und damit den Triumph von Jabouille vor zwei Jahren auf dieser Piste wiederholt.

«Das ganze Image der hochentwickelten Technologie unserer Gruppe hängt am Formel-1-Renault», sagt Vernier-Palliez. «Wir lieben den Rennsport. Er stimuliert die Menschen, dynamisiert die Händlerorganisation und motiviert das Unternehmen.»

Um die Motivation noch weiter zu verbessern, schlägt man eine Brücke zwischen Fliessband und Rennstrecke, ruft die Operation «Werksfahrer» ins Leben. Wer immer als Arbeiter oder Angestellter der Régie Lust hat, kann an einem Selektionsrennen teilnehmen. Die besten unter ihnen dürfen eine volle Saison des Renault-Elf-Pokals auf Kosten des Unternehmens bestreiten und wer weiss .. hat nicht auch Arnoux, wie so viele andere, als Mechaniker begonnen?

Von einer Million zur anderen

Traditionsgemäss empfängt der Präsident der Republik als Vormund der Régie in der ersten Jännerhälfte den Präsidenten von Renault, um sich die Geschäftsergebnisse des Vorjahres vorlegen zu lassen. Diese Tradition wurde zu Jahresbeginn 1980 für Vernier-Palliez – in Begleitung von Hanon – zu einer besonders angenehmen Pflicht – wie übrigens auch ein Jahr später, anfangs 1981. Die vor zehn, acht oder fünf Jahren getätigten Investitionen haben tatsächlich reife Früchte getragen.

«Wenn wir heute ein wenig Weissbrot essen können», sagt Vernier-Palliez, «dann nur aus dem einfachen Grunde, dass wir nie davor zurückschreckten, Schwarzbrot zu beissen.»

Zum ersten Male sind die Gewinne des Jahres 1979 gleich hoch wie jene des grossen nationalen Rivalen, der Peugeot S.A. Die Régie hat die Krise im Jahre 1980 gut durchstanden, während Citroën und vor allem Talbot schwer auf Peugeot lasten, das selbst ebenfalls Rückschläge in Kauf nehmen muss. Mitten in der Restrukturierung von Talbot durch die Krise getroffen, leidet der Löwe schwer. Renault hingegen spielt in voller Stärke ein organisches Wachstum aus und erobert den ersten Platz auf dem französischen Markte zurück, nicht bloss im Vergleich der Marken, sondern der beiden Gruppen. Daneben kann die Régie auch ihre kommerzielle Position als erste Marke Europas konsolidieren – und zwar mit einem Rekord-Marktanteil von 14,4% gegenüber 12,9% vordem.

Renault konnte im Jahre 1980, von einem gedrückten Markte ausgehend, 40,5% der Neuzulassungen in Frankreich für sich verbuchen, was nicht nur einen neuen Rekord, sondern auch den Gewinn von 10 Prozentpunkten Marktanteil in einem einzigen Geschäftsjahr bedeutet, ein enormer Fortschritt. Einmal mehr bewies Renault damit, dass es Krisen besser und länger durchsteht als die meisten seiner Konkurrenten. Der konsolidierte Umsatz der Gruppe stieg um 17% und betrug mehr als 80 Milliarden Francs, die Investitionen beliefen sich auf fast 6 Milliarden.

Renault gewann auch die Position des ersten Automobilherstellers von Frankreich zurück und stellte 51% der nationalen Produktion. Weltweit gesehen verringerte sich der Rückstand der Renault-Gruppe zu P.S.A. beträchtlich. Elf Jahre nach Erreichen einer Jahresproduktion von einer Million Einheiten wurde die Régie nunmehr Doppel-Millionär! 2 055 000 Fahrzeuge liefen in den verschiedenen Werken der Régie im In- und Ausland vom Bande. In dieser Summe sind jedoch die Produktionsziffern von American Motors, das in technischer Hinsicht bei den derzeitigen Modellen Renault noch nichts verdankt, auch wenn die Firma zur Hälfte Billancourt gehört, noch nicht inbegriffen.

Keine Marktlücke wird ausgelassen. Das Sportcoupé Fuego wird sofort bei
seinem Erscheinen 1980 zum Erfolg.

Ein ungewöhnliches Ereignis unterstreicht die anderen: das Personal der Régie, welches bereits 8% des Aktienkapitals besitzt, erhält
1980 die erste Dividendenzahlung: 3,40 Francs plus 1,70 Francs
Steuerguthaben pro Aktie werden im Oktober ausgezahlt beziehungsweise gutgebracht.

«Kikeriki?» Beim Verlassen des Elysée-Palastes begnügt sich Vernier-Palliez mit der Feststellung:

«Die Régie hat sich 1980 gut geschlagen und angesichts dieser
Resultate kann ihr auch 1981 nichts Schlimmes widerfahren.»

Doch überall tobt das Unwetter. Sämtliche Märkte Europas mit
Ausnahme von Italien sind leckgeschlagen. Es ist dies das Ergebnis der
gebündelten Wirkung von Ölschock, Kreditverteuerung und japani-
schem Druck. Die japanischen Automobilproduzenten rahmen die
Märkte ab und dies wirkt sich bei den schwächsten wie auch bei den
stärksten europäischen Herstellern verheerend aus.

Die Verteidigungskraft von Renault liegt nach wie vor in der
Verkaufsorganisation, gepaart mit dem Modellangebot. Dieses wurde
pausenlos weiterentwickelt. Nach der Vorstellung des Renault 18

wurde es durch einen R 4 Pick-Up und zwei Schwestermodelle des Renault 14 TL, nämlich GTL und TS, bereichert. Das eine ist komfortabler, das andere schneller geworden. Dann folgte der 30 TX, das erste Modell mit elektronischer Zündung von Renix, der Konzerntochter in Toulouse. Der Renault 20 TS erhielt ein Fünfganggetriebe und der Renault 18 eine Getriebeautomatik.

Das Jahr 1979 beginnt mit dem Erscheinen des Renault 18 Kombi, gefolgt von einer Neuerung beim Renault 5, welche dieses Modell zu einem neuen Höhenflug starten lässt: die fünftürige Version, welche man bisher in Reserve gehalten hatte, wird zu einem herrlichen Regenschirm gegen die Krise, um so mehr, als eine neue Modellversion mit 1108-cm³-Motor mit einer Verbrauchsziffer von 4,9 Liter/100 km aufwarten kann, was eine Verbesserung um 20% darstellt, ohne dass die Leistung darunter leiden würde. Nach Toyota Corolla und VW Golf ist der Renault 5 nunmehr das meistgebaute Auto der Welt.

Eine weitere gewichtige Waffe ist der erste Diesel-Motor von Renault, welcher in den Renault 20 eingebaut wird. Renault hat lange Zeit der Dieselwelle widerstanden, da man dieses Prinzip als anti-ökonomisch betrachtete. Doch diesmal verlangt der Markt stürmisch danach – und glücklicherweise hat das Team in Rueil einen Dieselmotor am Prüfstand, der bereits in zahlreichen Taxis erprobt worden ist. Man beschloss, diesen Diesel einzusetzen, um damit die grossen Renault-Modelle während der Krise attraktiver zu machen. Bald lauteten 45% aller Renault-20-Bestellungen auf Diesel!

In Rueil hat man noch etwas Neues für 1980 geschaffen, den Fuego, ein Coupé mit verführerischer Linie als Ersatz für die alten Modelle Renault 15 und 17. Die Fuego-Vorstellung im Februar war ein voller und sofortiger Erfolg, der alle Erwartungen übertraf, selbst wenn man sich in Billancourt keine Illusionen macht, dass Triumphe bei derartigen Automobilen sehr kurzzeitig sein können. In weniger als zehn Monaten brachte es der Fuego auf 38 000 Neuzulassungen und er erreichte den 15. Platz in der französischen Hit-Parade, mit Abstand das meistverkaufte Coupé überhaupt. Der Wagen wird in Maubeuge im Karosseriewerk Chausson assembliert, welches seit 1979 eine hundertprozentige Régie-Tochter ist.

Auf den Fuego folgt eine Rakete, der R 5 Turbo. Schon mehrmals wurde er auf Automobilsalons gezeigt, nun geht er in Serie. Dieser Renault-5-Frosch macht sich stark wie ein Stier und schnell wie eine Antilope. Sein Motor ist vom 1397-cm³-Triebwerk des Alpine abgeleitet und im Heck eingebaut. Die Leistung des Motors kann, so verlautet, bis 250 PS gesteigert werden. Man wird 400 Einheiten für den Rennsport bauen. Mehr will man gar nicht. Als erstaunlicher Fahnenträger der Modellpalette kostet der Turbo über 100 000 Francs und ist damit der teuerste Renault überhaupt. Man rauft sich

Trafic und Master: 70 Versionen für Beruf und Freizeit.

um ihn. Und Ragnotti-Andruet werden ihn bei der nächsten Rallye
Monte Carlo zum Triumph führen.

Dann folgen neue Varianten des Renault 20, darunter das Modell TX mit dem 2,2-Liter-Motor des TS, der ebenfalls wiederum eine
elektronische Zündung erhält. Diesen folgen bald darauf im Sommer
1980 einige Diesel-Modelle, welche es innerhalb eines Monats auf
2,5% Marktanteil bringen. Im Herbst erscheint der Renault 18 Turbo,
ein Wagen mit Doppelcharakter. Im Normalbetrieb ist er zivilisiert,
weich und wirtschaftlich; oberhalb von 2500 U/min wird er zum
leistungsstarken sportlichen Wagen.

Mit den Ende 1980 vorgestellten Modellen Trafic und Master greift
Renault nach einem anderen Marktsegment, dem der Estafette. Dabei
wurde jedoch das Konzept des Kleinlieferwagens neu definiert, so dass
diese Fahrzeuge darüber hinaus auch einen hohen Freizeit-Wert
besitzen. Mit einem einzigen Schlag werden diese beiden Modelle in
70 verschiedenen Varianten, zwei verschiedenen mechanischen
Anordnungen, mit fünf Motoren, sieben Karosserieversionen und
vier Höheneinstellungen je nach Belastung, zwei Radständen und
neun verschiedenen Kofferraum-Volumen angeboten!

Renault präsentiert sie als Kleinlieferwagen im Zuge eines massiven
Werbefeldzuges: «Sie haben Kraft, sie haben Stil, sie haben Platz!»,
liest man auf den Plakaten. Und sie sammeln Punkte!

Wenn der Markt schlecht ist, muss man ihn füttern. Renault tut
dies bis zur Sättigung! Man kann auch gar nicht anders, wenn man
sich die von Hanon formulierten Zielsetzungen der Régie vor Augen
hält:

«Wir bauen 5,5% der Weltproduktion», bemerkt er. «Wir müssen
dies aber auf 7% steigern, wenn wir wirklich im Club der Grossen mit
dabei sein wollen.»

Unter Ausnützung seiner letzten Entdeckungen, Turbo und Diesel, erweitert Renault im Jahre 1981 die Palette um den Renault 30 Diesel Turbo, dem ersten Fahrzeug dieser Art bei der Régie, sowie um den Renault 5 Alpine Turbo. Der letztere vereint die Leistung des Turbo-Motors mit dem Komfort des Alpine und lockt damit die Freunde des Golf GTI an ...

Da man aber auch nicht die kleinste Marktlücke offen lassen will, erhält der Rodeo eine neue Karosserie, um den Freizeitmarkt aggressiv anzugehen.

Doch vor allem werden die Ambitionen der Régie von dem völlig neuen Modell unterstützt, das im Sommer 1981 aus der Pipe-Line kommt. Es handelt sich um das Projekt 142, den ersten «Universal-Wagen» aus Billancourt, der unter der Bezeichnung Renault 9 dem Markte vorgestellt wird. Ebenso wie schon beim Renault 18 stellt man nicht einen Wagen, sondern eine ganze Modellreihe vor – drei Motoren, zwei Getriebe, sechs Ausstattungsvarianten, davon vier für Frankreich, die beiden anderen für Märkte mit unterschiedlichen Erfordernissen.

Der Renault 9 ist der erste Wagen der Régie, welcher seit der Ölkrise völlig neu konzipiert wurde. Seine 1400-cm³-Motoren mit einem oder mit Doppelvergaser können mit Normalbenzin betrieben werden. Doch vor allem sichert ihm der geringe Benzinverbrauch – je nach Modellvariante 6,6 bis 7,2 Liter – den Wirtschaftlichkeits-Weltrekord in seiner Kategorie.

«Das ist der beste Wagen, der jemals von Renault entworfen wurde», sagt man in Billancourt mit Stolz.

Man hat ihm eine ganz klassische Drei-Box-Karosserie gegeben, die überall gefällt. Die Linienführung erinnert manchmal an Mercedes, manchmal an Lancia, doch alles in allem ist der Wagen entschieden ein Renault. Er ist bloss 406 cm lang, doch verleiht ihm die Quermotor-Anordnung eine aussergewöhnliche Geräumigkeit. Er

Ein neuer Rodeo setzt zum Angriff auf den Geländewagenmarkt an.

Unwiderstehlicher Renault 5. 1981 triumphiert der Turbo von Ragnotti und
Andrié bei der Rallye Monte Carlo.

hat eine gute Strassenlage, er ist bequem, die originelle Ausführung
der Sitze gibt den Passagieren auf den Rücksitzen mehr Platz, und er
weist eine Vielzahl von nützlichen Ausstattungsdetails auf, welche
ihn zum ersten Modell einer neuen Fahrzeuggeneration werden
lassen.

Für Europa wird er in Douai hergestellt; die Produktion des
Renault 14 wurde in das belgische Werk nach Haren verlegt. Ein Jahr
später wird der Renault 9 aber auch von A.M.C. in Kenosha für die
nordamerikanischen Märkte gefertigt werden. Dann soll auch in
Mexiko bei Vehiculos Automotores Mexicanos, dem örtlichen A.M.C.-
Werk, mit welchem die Régie ein Übereinkommen treffen konnte, die
Produktion beginnen. Anfangs sollen in Frankreich täglich 1500
Wagen gebaut werden, später wird der Ausstoss auf 2000 erhöht. In
den Vereinigten Staaten wird die Jahresproduktion anfangs 150 000
Einheiten betragen, wobei eine Verdoppelung der Produktion bis
1985 für die drei nordamerikanischen Märkte geplant ist.

Für diesen bedeutenden Anlass hat Douai einige weitere Schritte in
Richtung «Japanisierung» getan. Das Musterwerk der Régie braucht
einen Vergleich mit den modernsten Hochleistungsfabriken von
Nippon nicht zu scheuen. Die von der Régie-Tochter ACMA
konstruierten und gebauten Roboter werden auch in Kenosha
aufgestellt, was diesem Werk eine bisher nicht erreichbare Flexibilität
verleiht. Nun muss man nur noch das Computer-Programm austau-
schen, um auf den Fliessbändern völlig unterschiedliche Wagen
bauen zu können.

Renault hat in seinen Fertigungsanlagen die Flexibilität beträchtlich erhöht, um sich den Nachfrageschwankungen des Marktes in Zukunft gut anpassen zu können. Dank ihrem grossen Roboter-Park nähert sich die Régie mit Riesenschritten ihren höchstautomatisierten Konkurrenten. Anfangs 1981 verlautbarte die japanische Automobilindustrie, dass sie insgesamt 14 000 Roboter im Einsatz habe. Nach denselben wenig erschöpfenden Kriterien verfügt die Renault-Gruppe über 8000, davon 4600 im Automobil-Bereich. Eine «Direction déléguée aux automatismes» wurde ins Leben gerufen, welche in enger Zusammenarbeit mit den Töchtern ACMA-Cribier und SEIV Automation die industrielle Entwicklung der Régie beschleunigen soll. ACMA gründet in Zusammenarbeit mit der Rensburg Corp. eine Tochterunternehmung, welche unter dem Namen Cybotech in den Vereinigten Staaten die von der Renault-Gruppe entwickelten Roboter vertreibt.

In Billancourt selbst stehen umwälzende Veränderungen bevor. Es ist nicht mehr möglich, im verbauten Stadtgebiet umweltschädliche Betriebe wie Giessereien oder lärmende Blechpressen weiterzubetreiben. Ausserdem fehlt es an Platz, vor allem in den Produktionsstätten, die noch auf Louis Renault zurückgehen. Man kann hier nicht mehr wirtschaftlich produzieren. Daher die Idee, Billancourt umzugestalten, um hier das logistische Zentrum der Gruppe zu errichten und die Entwicklungs- und Forschungsabteilungen, die Informatik und Robotik hier zu konzentrieren.

In den nächsten zehn Jahren soll hier das Nervenzentrum und das technologische Herz einer modernen Automobilindustrie an dem Orte entstehen, der einst der «gewerkschaftliche Balkon von Paris» genannt wurde. Denn die Automobilindustrie der Zukunft wird nur noch eine ganz weit entfernte Verwandtschaft mit jener der Siebzigerjahre aufweisen.

Der technologische Fortschritt wirkt sich immer stärker auf die Arbeitsbedingungen in den Werken aus. Die Zahl der Arbeiter an den Fliessbändern ist innerhalb von zwölf Jahren von 25 000 auf 8000 gesunken. Die Arbeit ist weniger schwer und mühselig geworden, doch steigt dafür das Niveau der geforderten Qualifikation ständig an. Heute werden vor allem junge Techniker eingestellt, hingegen weniger Arbeitskräfte für die Produktion.

«Die Teams, welche die Roboter kontrollieren», erklärt Personaldirektor R. Houdart, «spielen nicht die Rolle von Krankenpflegern, sondern die von Ärzten.»

Die Régie hält ihren Grundsatz der Nachwuchsförderung aus den eigenen Reihen unverändert aufrecht und budgetiert zunehmend grössere Summen für die Ausbildung und Weiterentwicklung ihres Personals. Die Hälfte der Ingenieure und leitenden Angestellten haben von der Pike auf gedient, fast 90% der Meister sind ehemalige

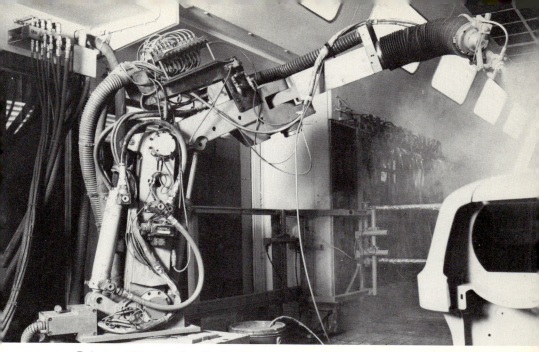

Roboter aller Art, für die Lackierung, zum Schweissen, zum Schleifen, zu
Förderzwecken. Das ist die Régie im Zeitalter der Elektronik, auf der ständigen
Suche nach Produktivitätsverbesserung!

Produktionsarbeiter. Wieviele unter den Arbeitern von heute werden
die Informatiker von morgen sein?

Denn der soziale und wirtschaftliche Fortschritt geht über die
Konkurrenzfähigkeit, welche ihrerseits auf den neuen Technologien
fusst. Das von Hanon definierte Ziel ist eine Senkung des «Break-even
points» der Auslastung, um das Unternehmen gegen konjunkturelle
Schwankungen resistenter zu machen, was in der zunehmend
zyklischer werdenden Automobilindustrie mehr und mehr an Bedeutung gewinnt. Man steuert hierbei einen Auslastungsgrad von 83%
an, was im Vergleich mit den europäischen Konkurrenten wie
Volkswagen oder Ford noch immer zu hoch ist. Das bedeutet, dass die
Régie noch immer ohne Verlust arbeiten kann, wenn lediglich 83%
ihrer Produktionskapazität ausgelastet ist.

Parallel zu diesen Bestrebungen betreibt die Gruppe energisch ihren
Forschungs- und Entwicklungsplan. Es gab bereits den Plan G für die
Entwicklung der Modellreihen («gamme»), sowie den Plan F («fabri-
cation») für die Produktionsprobleme. Für jeden dieser Pläne gibt es
drei variable – optimistische oder pessimistische – Zukunftsvisionen,
also jeweils ein rosa, ein graues und ein schwarzes Scenario.
Nunmehr tritt noch der Plan R («recherche») hinzu, welcher für die
Forschung von der Direktion der wissenschaftlich-technischen Angelegenheiten unter Jean Lagasse erarbeitet wurde. Diese Direktion
arbeitet eng mit dem neugegründeten Komitee zur wissenschaftli-

chen Orientierung zusammen, dem die wichtigsten Verantwortlichen aus dem operationellen Bereich angehören und das sich auf drei Gruppierungen von wirtschaftlichem Interesse stützt, in welchen die wichtigsten Unternehmen der Renault-Gruppe zusammengefasst sind.

In den ersten Jahren seiner Anwendung gingen 50% der Aufwendungen des «Planes R» in die Forschung zur Energieersparnis (24% Motor, 20% Material und Aerodynamik, 4% Elektronik, 2% Elektrofahrzeuge). Forschungen zur Verbesserung der Produktivität wurden mit 28% der Mittel dotiert (9,5% Design mit Computer-Hilfe, 7% Robotik, 5% Automatisierung und Flexibilität der Fabrikationsanlagen, 6,5% Produktionsqualität). Die verbleibenden 22% gingen in Entwicklungen zur Komfortverbesserung und Fahrzeugsicherheit (16%), technologische Grundlagenforschung (4%) sowie in das Studium neuer Anbauverfahren und Auswertung der Biomasse (2%), also Themen, welche für die Division Landwirtschaftsmaschinen von besonderem Interesse sind.

So treten die technologischen Prioritäten von Renault klar hervor. Seine Modellpalette, das Rückgrat des Unternehmens, ist bereits die sparsamste der Welt mit einem durchschnittlichen Verbrauch von 7,6 Litern/100 km. Das Ziel ist eine weitere Reduktion des Treibstoffverbrauchs bis 1990 um 30%. Der Experimental-Prototyp EVE (Elements pour une Voiture Econome) zeigt bereits im Jahre 1981, um welche Dinge man sich im zukünftigen Serienbau bemühen wird. Dieses rollende Laboratorium mit den Dimensionen des Renault 18 ist um 100 kg leichter, aerodynamisch viel günstiger, mit Elektronik

Im Rahmen des Planes «R» wurden 7% für die Fertigung mit Robotern und 5% für die Automatisation aufgewendet.

Dieser Wagen heisst EVE (Eléments pour une Voiture Econome) und braucht 33% weniger Treibstoff als ein Serienwagen mit gleichem Platzangebot. Das Versuchsfahrzeug hat einen $C_W = 0,239$ und arbeitet mit den modernsten Hilfsmitteln der Elektronik als ein Prototyp für das wirtschaftliche Fahrzeug von morgen. Bei konstanten 90 km/h verbraucht EVE 4,1 Liter/100 km, bei 120 km/h 5,5 Liter und im Stadtzyklus 6,6 Liter.

vollgepfropft und es verbraucht bloss 6 Liter/100 km, also zwei Liter weniger als der Renault 18. Man weiss bereits, dass die Elektronik im Jahre 1985 fast 10% des Wagenwertes darstellen wird, im Jahre 1990 vielleicht schon 15%.

Elektronik, Informatik, Robotik – die Worte auf «ik» stellen den versteckten Teil des Eisberges Renault dar, der in seine Zukunft schwimmt. Doch die Wörter auf «ion» – Automatisation, Rationalisation, Standardisation – haben, obzwar etwas älter, nichts an aktuellem Wert eingebüsst. Ein Standardisations-Komitee wurde erst kürzlich unter dem Vorsitz von Tiberghien gegründet. Man ist bereits so weit, für jedes Fahrzeug ein Standardisationsverhältnis zu berechnen. Man ermittelt die Zahl der verwendeten Teile im Verhältnis zu den existierenden Modellen sowie die Komponenten, welche für die Zukunftsmodelle verwendet werden könnten. Ist die Verhältniszahl einmal errechnet, dann geht es darum, sie zu verbessern, im Interesse der «Economies of Scale» und des Gesetzes der grossen Serien.

Die wichtigsten Fahrzeugorgane wird Renault recht bald im Rhythmus von 10 000 Einheiten pro Tag produzieren. Zu Beginn der Siebzigerjahre war für einen grossen Automobilproduzenten eine Million Fahrzeuge im Jahr die «kritische Masse». Zehn Jahre später hat sich diese auf zwei Millionen erhöht. Man weiss bei Renault, dass die Zahl im Jahre 1990 zweifellos bei drei Millionen liegen wird. Für die Assemblierung braucht man keine Riesenfabriken. Doch die grossen automatisierten Werke von morgen werden die wichtigsten Fahrzeugorgane wirtschaftlich nur in grossen Stückzahlen herstellen können. Und die «software» des Automobils, seine graue Materie, wird sich rentabel und konkurrenzfähig nur dann amortisieren, wenn man lange Serien bauen kann.

Dies führt zu den «Universalfahrzeugen», die ausser ihrer Grundkonzeption und ihren Organen oder Aggregaten eigentlich gar nichts Weltweites aufzuweisen haben. Dies führt zu den Übereinkommen zwischen rivalisierenden Automobilherstellern etwa in der Art des Vertrages zwischen Renault und Volkswagen, welche Ende 1980 trotz der Konkurrenzsituation den gemeinsamen Bau eines neuen benzinsparenden Getriebes beschlossen haben. Dies führt mit den Worten von Jean-Louis Servan-Schreiber zu einer «automobilen Konsanguinität» unter den Automobilfürsten Europas und der ganzen Welt.

«Die Zukunft», sagt Hanon, «wird einer kleinen Zahl von Firmen gehören, welche über ein starkes Image und starke Persönlichkeiten verfügen und die durch eine Reihe von Querverbindungen untereinander verknüpft sein werden.»

Das Universum des Automobils mit seinen gigantischen Unternehmen – international, multinational, transnational? – wird keine Grenzen mehr kennen.

Management und Teamgeist

Bernard Vernier-Palliez dirigierte die Geschicke von Renault bereits fünf Jahre lang, als ihm die Leser des «Nouvel Economiste» den begehrten Titel «Manager des Jahres» verliehen. Seine natürliche Reserviertheit litt darunter.

«Ich hätte verlangen müssen», bekennt er, «dass man den Titel in *Die* Manager des Jahres" umtauft. Das Management der Régie Renault ist nicht Sache eines Mannes, sondern eines Teams.»

Er hat nicht alle Männer dieses Teams selbst eingesetzt. Er gibt gerade noch zu, dass er diesem Team seine modernen, funktionstüchtigen Strukturen gegeben hat und dass er dieses Team dirigiert.

Vor einem Forum aus Persönlichkeiten der Wirtschaftswelt antwortet V.P. wie ein errötender Schüler auf die Ehrungen, die ihm zuteil wurden. Mit grosser Einfachheit gibt er den Schlüssel zu seinem Erfolg preis:

«Dieses Diplom hat meine Ruhe gestört», sagt er. «Bis jetzt habe ich Management betrieben, ohne es zu wissen. Nun musste ich mein Gewissen erforschen, um zu begreifen, womit ich den mir verliehenen Titel verdient habe. Ich habe also eine Selbstbeobachtung angestellt.

Ich glaube, durch gute Lektüre zum Manager geworden zu sein, ganz besonders durch mein Lieblingsbuch seit gut dreissig Jahren: ,,Die guten Vorsätze des Zuckerbäckers Barenton" von Detoeuf. Einige seiner Maximen sind mir schliesslich in Fleisch und Blut übergegangen: ,,Ehrlichkeit ist selten ein Zeichen von Intelligenz, aber stets ein Beweis für Vernunft." ,,Im Geschäftsleben ist es niemals notwendig zu lügen. Es ist selten nützlich und immer gefährlich." ,,Wenn Sie mit einem Menschen diskutieren, denken Sie immer, er sei intelligenter als Sie selbst, stellen Sie sich aber vor, dass er weniger Willenskraft habe." ,,Um ein Unternehmen zu leiten, muss man die Menschen kennen; um sie zu kennen, muss man ihnen zuhören." Und schliesslich noch etwas, das mich sehr überrascht hat: "Die Entscheidung, die man trifft, ist gar nicht so wichtig. Wichtig ist, sich an die Entscheidung zu halten."»

Daran schliesst Vernier-Palliez noch vier Rezepte aus seiner eigenen Küche an:

«Erstens: Man muss stets den gemachten Erfahrungen Rechnung tragen. Diese stellen die Summe der begangenen Fehler dar. Selbstverständlich ist man ein Bahnbrecher, wenn man neue macht.

Zweitens: Man muss an seinem Unternehmen hängen, nicht an seinem Sessel kleben.

Drittens: Man hüte sich vor der Konjugation des Wörtchens ,,dank" mit der ersten Person und des Wörtchens ,,wegen" mit der zweiten oder dritten Person.

Viertens, und das ist das Wichtigste: Man soll seinen Beruf ernstnehmen, nicht aber sich selbst.»

Diese erstaunliche Persönlichkeit antwortete auf die Frage, was ihn denn motiviere:

«Jeden Morgen der Gedanke an die bemerkenswerten Taten meiner Konkurrenten...»

Wäre die Laufbahn der grossen Manager bloss eine Funktion ihrer mangelnden Bescheidenheit, so hätte V.P. niemals den Sprung zum Chef des grössten französischen Industrie-Imperiums geschafft, zum 22. der Weltrangliste, mit 230 000 Beschäftigten in 225 Firmen der Gruppe. In seinem Falle haben Rechtschaffenheit, Willenskraft, Fleiss und Härte über die Schüchternheit gesiegt.

Vernier-Palliez wird in die Geschichte der Régie als der Mann eingehen, der ihr ihre Strukturen und dem Nutzfahrzeug-Sektor Bedeutung gegeben hat, der die internationale Entfaltung sicherte und Renault auf das Niveau einer internationalen Gruppe hinaufhob, während die Traditionalisten in Billancourt Renault stets als «ein französisches Unternehmen mit internationaler Berufung» definiert sehen wollten.

Er hingegen, getreu der Verpflichtung zur Zurückhaltung, die ihm ein für alle Mal auferlegt ist, betont stets, nur «ein Mann der Kontinuität» zu sein.

Sein Glück ist es, überall «Chefs» eingesetzt zu haben, von denen ihn zumindest zwei Personen durch ihre Intelligenz und ihre technische Brillanz faszinieren, Hanon und Zannotti.

Die von ihm eingeführten Systeme sichern und regeln sämtliche Nachfolgen, einschliesslich seiner eigenen.

«Man müsste Sie zum Generaldirektor bestellen», sagte er eines Tages zwischen Tür und Angel zu Hanon.

Einige Wochen später, am 1. Februar 1981, hat er ihn in dieser Funktion bestätigt und Hanon selbst verlautbarte die Neuigkeit wie etwas recht Ungewichtiges vis-à-vis dem Generalstab:

«Mit heutigem Tage entfällt das Wort „stellvertretend" in meinem Titel...»

Der Respekt und die fast zärtliche Verehrung Hanon's für V.P. finden in der Bewunderung von Vernier-Palliez für seine rechte Hand ihr Gegenstück.

«Hanon hat einen aussergewöhnlichen Sinn für das Produkt», sagt der Präsident, «und er nimmt Probleme auf eine bemerkenswert wissenschaftliche Art in Angriff.»

«V.P. ist wirklich ein grosser Chef», sagt Hanon. «Eine grosse Warmherzigkeit versteckt sich hinter einer erstaunlichen Scham vor Gefühlsäusserungen. Für mich ist er der Inbegriff eines englischen Gentleman. Er könnte Lord Vernier-Palliez sein und das Aussenamt der britischen Krone leiten.»

264

Der jüngste Spross der Régie, der Renault 9, wird ab 1982 auch bei A.M.C. in den Vereinigten Staaten gebaut werden.

Sobald sie Probleme der internationalen Strategie erörtern, und wann immer sie sich auf dem Gebiete der Geo-Politik befinden, sind diese beiden Männer auf derselben Wellenlänge. Sie haben weder denselben Charakter noch dieselbe Ausbildung, doch sie haben viel von einander gelernt und sie ergänzen sich grossartig. V.P. war der Mann im Felde, bis sich Hanon mit den operationellen Fragen vertraut gemacht hatte. Dann fand Hanon seinen Stil und seine Sprache. Zunehmend akzeptierte ihn Billancourt, bis er unter den Marschällen des Renault-Imperiums, wie selbstverständlich, als erster Mann nach dem Präsidenten galt. Gleichzeitig entlastete er Vernier-Palliez von den Sorgen der Tagesprobleme.

Die Mikro-Ökonomie, welche V.P. im Felde aufstöbert, nährt seine makro-ökonomischen Überlegungen. Auf seiner Weltkarte – er liebt Landkarten so sehr wie die Musik, und seine Beigeordneten schenkten ihm anlässlich seiner Ernennung zum Kommandeur der Ehrenlegion einen Atlas und Platten – steckt Vernier-Palliez Rauten ...

Rauten auf den Territorien der Direktion für Internationale Angelegenheiten, wo die Männer unter Pierre Semerena bereits ein Viertel aller Renault-Wagen produzieren oder verkaufen und dabei daran denken, dies bis 1985 auf ein Drittel zu steigern. Rauten in den Staaten des Gemeinsamen Marktes, wo Philippe Lamirault und seine Männer jahraus jahrein Renault am ersten Platz stabilisieren.

Rauten auf den Automobilen von Renault und Alpine, doch auch auf den Nutzfahrzeugen der Renault V.I. Die Fahrräder von Micmo-Gitanes. Die Motoren von D.R.M., Bernard Moteurs und Renault

265

Marine. Die Land- und Forstmaschinen von D.M.A., CEMET und Rivierre-Casalis.

Die Werkzeugmaschinen von R.M.O., ACMA, Constructions de Clichy, Société de Mécanique de Castres, SEIV Automation und SOFERMO. Industriebedarf von den Feinstahlwerken Ost, von der Société Nouvelle de Roulements (Kugellager), Metaltemple, Société Bretonne de Fonderie (Giesserei), Compagnie Industrielle des Produits de l'Ouest, und der Société de Mécanique d'Irigny. Transportsysteme von der Trégie. Engineering von SERI und SIRTES. Anlagenbau von DODM. Transport und Lagerhäuser von der Compagnie d'Affrètement et de Transport und der Société de Magasinage et de Gestion des Stocks. Dienstleistungsunternehmen: Europcars, Sorimex, Seica. Kreditunternehmen: DIAC, Renault-Acceptance. Finanzierungsgesellschaften wie Renault Holding und Renault Finance. Dutzende anderer Firmen in Frankreich, Industrie- und Handelsfilialen auf allen Kontinenten, Beteiligungen, ein immenses Puzzle.

*

Im Laufe der Zeit ist in Billancourt die Romantik der Fünfzigerjahre dem pragmatischen Realismus der Sechzigerjahre gewichen. Es folgte der geplante Realismus der Siebzigerjahre, der nun vom Geist einer positivistischen Wissenschaft der Achtzigerjahre abgelöst wird.

Im Laufe der Jahre ist auch nach der heiteren Philosophie eines Dreyfus die strenge Klarheit von Vernier-Palliez im Hause eingekehrt. Man hat gelernt, Krisen entgegenzutreten, ohne sich aufzuregen. Man gerät nicht in Panik, man handelt nach den Leitlinien des Planes und ist den exakten Zielsetzungen und dem Terminkalender verpflichtet. Die Régie ist nicht mehr, kann nicht mehr rein französisch sein. Die Ambition ihrer Ziele gibt ihr eine internationale Dimension, welche wiederum auf sie rückwirkt und ihr ein Korsett anlegt. Weil man mit so hohem Einsatz spielt wie nie zuvor, ergeben sich auch Beschränkungen: eine finanzielle Orthodoxie ohnegleichen, eine eiserne Disziplin. Die Einsätze auf dem Teppich der Welt, die Investitionserfordernisse, sind nicht mehr von französischen Dimensionen. Die Régie ist bewusst und unwiderruflich in das internationale System eingetreten, dessen Herausforderungen sie annimmt und auch zurückgibt. Innerhalb weniger Jahre hat sie ihre Grössenordnung gewechselt und diese Mutation beeinflusst sie jeden Tag stärker.

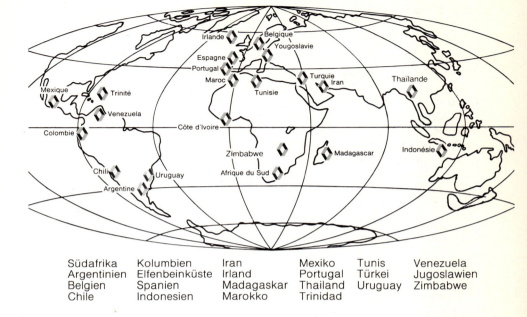

Südafrika	Kolumbien	Iran	Mexiko	Tunis	Venezuela
Argentinien	Elfenbeinküste	Irland	Portugal	Türkei	Jugoslawien
Belgien	Spanien	Madagaskar	Thailand	Uruguay	Zimbabwe
Chile	Indonesien	Marokko	Trinidad		

Eine multinationale Raute, Werke in allen Kontinenten – und ab 1982 auch amerikanische Renault bei A.M.C.

Zur Stunde der sanften Gewalt, zu der sich François Mitterand als neuer Präsident der Republik bekennt, stellt die Régie nicht ohne Stolz fest, dass ihr ehemaliger Kapitän Pierre Dreyfus zum Industrieminister bestellt wurde und sie selbst zum Muster, vielleicht auch zum Alibi für alle künftigen Verstaatlichungen geworden ist.

Verdankt jedoch Renault seinen Erfolg nicht dem einzigartigen Charakter dieses einen verstaatlichten Unternehmens? Ist es nicht vor allem sein ganz besonderes Statut, welches das Unternehmen der Bürokratisierung der üblichen Staatsverwaltung und den administrativen Kontrollen enthob? Ein Statut, welches – um Dreyfus selbst zu zitieren – der Régie stets die Mittel ihrer Freiheit gab, «der Freiheit, erfolgreich zu sein».

Denjenigen aber, welche in seiner Gegenwart den Streit um das Statut wiederaufleben lassen wollen, antwortet Vernier-Palliez unbewegt:

«Die Trennlinie verläuft nicht zwischen privaten Gruppen und verstaatlichten Unternehmen. Sie teilt die gestützten Unternehmen von jenen ab, die keiner Stützung bedürfen. Die Régie hat es nicht nötig, betteln zu gehen.»

267

BERNARD HANON

AUFBRUCH ZUM JAHR 2000

Als Pierre Dreyfus 1975 von Renault seinen Abschied nahm, konnte er seinen intimen Freunden mit Gelassenheit anvertrauen: «Es ist alles in Ordnung. Ich habe meine Nachfolge bis zum Jahr 2000 gesichert!»

Das war auch kaum eine Übertreibung. Dreyfus war davon überzeugt, Valéry Giscard d'Estaing für sein Projekt gewonnen zu haben. Vernier-Palliez würde sein Nachfolger sein, doch anschliessend sollte Bernard Hanon an die Spitze der Régie treten.

Im Sommer 1981 ist Giscard allerdings nicht mehr in Amt und Würden, um das Dreyfus-Programm durchzuziehen. François Mitterand hat ihn im Elysée-Palast abgelöst. Hingegen ist Dreyfus als neuer Industrie-Minister wieder an einer Schaltstelle der Macht, um seinen eigenen Plan zu konkretisieren!

Das Mandat von Vernier-Palliez läuft zu Weihnachten aus. Mit bloss 63 Jahren und dem Glorienschein der jüngsten Renault-Erfolge wäre es V.P. leicht gefallen, eine Vertragsverlängerung zu erwirken. Doch daran ist ihm nicht mehr viel gelegen. Man weiss dies im achten Stockwerk am Point du Jour schon seit einigen Monaten. Vernier-Palliez ist der Auffassung, dass Bernard Hanon jetzt für die grosse Aufgabe reif ist und auch die operationelle Verantwortung geistig verarbeitet hat, um die Nachfolge antreten zu können. Seit 36 Jahren ist Vernier-Palliez nunmehr in Billancourt am Ruder, sei es als Zweiter Offizier oder als Kapitän.

Während seiner sechsjährigen Präsidentschaft hat er wahre Chefs herangebildet, welche ihrerseits in der Lage wären, die Wache zu übernehmen. Vernier-Palliez möchte gerne all das nachholen, worauf er in den Jahrzehnten seines Totaleinsatzes für die Régie verzichten musste. Er will sich seinen anderen Interessen widmen, der Musik, der Literatur und den Pferden.

Mit der Bestellung von Hanon zum Generaldirektor hat er seine Absichten bereits klar zum Ausdruck gebracht. Selbstverständlich gab es auch keine Schwierigkeiten, den neuen Minister als «Vormund» der Régie zu überzeugen. Die Wahl von Vernier-Palliez ist identisch mit jener, welche Pierre Dreyfus schon vor sechs Jahren getroffen hat.

Seinerzeit setzte Dreyfus eine halbjährige Übergangszeit durch, um seine eigene Nachfolge harmonisch zu regeln. Nunmehr erreicht er bei François Mitterand eine analoge Lösung, damit Vernier-Palliez sein Erbe erschütterungsfrei an Bernard Hanon übergeben kann. Am

268

Nach sechsjähriger Regierungszeit übergibt Bernard Vernier-Palliez seinem Stellvertreter Bernard Hanon die Zügel.

Mittwoch, den 5. August 1981 designiert der Ministerrat Hanon offiziell als Nachfolger von Vernier-Palliez, wobei die Amtsübergabe aber erst für Weihnachten festgelegt wird.

Der fünfte Patron von Renault innerhalb von 83 Jahren, der vierte Präsident der Régie wird damit die Zügel wenige Wochen vor seinem fünfzigsten Geburtstag in die Hand nehmen. Dabei hat er ein Ziel im Auge, das «Jahr 2000», für welches er Renault vorbereiten will und muss.

Genau wie seine Vorgänger ist auch Bernard Hanon ein bisschen durch Zufall nach Billancourt gekommen. Lefaucheux hätte die Politik eigentlich einer Industrielaufbahn vorgezogen, Dreyfus wollte eigentlich seine Beamten-Karriere nicht aufgeben. Vernier-Palliez träumte davon, Diplomat zu werden und Hanon schwankte zwischen seiner Professur und einer öffentlichen Funktion im Planungsbereich. Dennoch wurde jeder einzelne dieser Männer ein bemerkenswerter Industriekapitän. Alles weist darauf hin, dass Bernard Hanon, von seinen beiden Vorgängern ausgewählt und auf diese Aufgabe vorbereitet, seinen Mann stellen wird.

Jeder einzelne – und dies war das grosse Glück der Régie – war für die jeweiligen Probleme seiner Zeit genau der richtige Mann. Genauso ist Hanon jene Persönlichkeit, welche die heutigen Ambitionen der Gruppe vertritt. Er hat in Billancourt bereits ein wissenschaftliches Management eingeführt, er hat Renault bereits eine moderne Modellpalette geschaffen und er hat nicht zuletzt gemeinsam mit Vernier-Palliez der Régie die weltweiten Ziele gesteckt.

Ihm obliegt es nun, die Régie fix an jenem Range zu verankern, welcher ihre Zukunft sichern wird, als ein unbestreitbar multinationales Unternehmen, als eine Gruppe ohne Komplexe und ohne Grenzen.

INHALT